消費するインドネシア

倉沢愛子 編著

慶應義塾大学出版会

はしがき

　2008年頃から、首都圏在住の若手の研究者たちを中心に、およそ月1回のペースで慶應義塾大学においてインドネシアの現代社会に関する研究会を開催してきた。さまざまな大学に所属し、さまざまなディシプリンで研究する者たちの集まりであるが、ちょうど編者の慶應義塾大学定年退職を機に、その参加者たちで本を出版しようということになった。できれば各自がそれぞれの研究成果を書いた論文の集合体ではなく、全員が同じテーマを同じ目線でながめ、多様な角度やディシプリンで分析してひとつの作品を作ろうということになり、討論を重ねた結果、近年誰の目にも驚くべき拡大を見せているインドネシアの「消費」という問題を取り上げることにした。同じ問題意識や視点を共有できるように何度も研究会を重ね、合宿も行った。そののちに各自がインドネシアへ赴いて調査を行い、最新の情報を集めた。そしてここに提示するような共通論題に沿った論考を書きあげることができた。研究会での討議に参加しながら、諸般の事情で執筆に参加できなかったメンバーもいるが、そのアイディアや見識は間接的に本書のいたるところで反映させていただいた。全ての研究会メンバーに感謝したい。

　最後に、本書出版のために助成をくださった慶應義塾経済学会、適切な助言をくださるとともに最後まで根気よくサポートしてくださった慶應義塾大学出版会の喜多村直之さん、そして編者の私よりもずっと細かい心配りをし、多くの時間を割いて編集作業を補佐してくださった野中葉さんに心から御礼を申し上げたい。

2013年2月

倉沢愛子

目　　次

はしがき　i

序　　　　　　　　　　　　　　　　　　　　　倉沢愛子　1
　凡例　14

第1部　市場の変容

第1章　伝統的市場(パサール)の近代化
　　　　　──ジャカルタ南部L市場をめぐって　　　内藤　耕　17
　第1節　はじめに　17
　第2節　地域の中の伝統的市場(パサール)　22
　第3節　若返ったL市場　27
　第4節　L市場の人々　32
　第5節　カキリマと「秩序」　37
　第6節　おわりに　42

第2章　ジャカルタの衣料品市場の変容
　　　　　──タナアバン市場における西カリマンタン華人の役割
　　　　　　　　　　　　　　　　　　　　　　松村智雄　45
　第1節　はじめに　45
　第2節　タナアバンと西カリマンタン華人　47
　第3節　タナアバンにおける西カリマンタン華人の軌跡　56
　第4節　おわりに　65

第3章　現代的な消費と「インフォーマル・セクター」
　　　　　──ジョグジャカルタ特別州スレマン県の学生街の事例
　　　　　　　　　　　　　　　　　　　　　　間瀬朋子　69
　第1節　はじめに──学生街での消費に変化が生じた背景　69

第2節　消費の舞台――学生街A地区の様相　73
第3節　学生街A地区の大学生（消費者側）の変化　82
第4節　財・サービス提供者側の変化　85
第5節　おわりに――現代的な消費社会を生き抜く
　　　　　　「インフォーマル・セクター」　93

Column
　ジャカルタの変わる食風景――モール・グルメと路地グルメ　101
　ミニマーケットの進出と外資コンビニの参入　106
　サッカーに熱狂する若者たち　110

第2部　消費の変容

第4章　ディズニー化する郊外――商品としての分譲住宅
　　　　　　　　　　　　　　　　　　　　　　　新井健一郎　121

第1節　はじめに　121
第2節　大型ニュータウンの時代　127
第3節　テーマ住宅街を売る　133
第4節　クラスター内の生活　145
第5節　おわりに　150

第5章　浴室タイルの家
　　　　――東ジャワ海外出稼ぎ村における顕示的消費と社会変容
　　　　　　　　　　　　　　　　　　　　　　　南家三津子　155

第1節　はじめに　155
第2節　顕示的消費とジャワ農村社会　159
第3節　海外出稼ぎ村の誕生
　　　　――竹編みの家から「浴室タイルの家」へ　163
第4節　タイル（飾り）は成功の証し　173
第5節　家と教育とのはざまで――社会的上昇への2つの選択肢　181
第6節　おわりに　184

目　次　v

Column
　　ジャカルタのコスと若者たちの生活　189
　　インドネシアにおけるフェイスブック現象　196
　　都市カンポンの携帯電話事情　205

第3部　教育・文化の変容

第6章　消費行為としての教育――次世代に託す希望
倉沢愛子　211

　第1節　はじめに　211
　第2節　調査地の概要　213
　第3節　教育は2歳児から――幼児教育にかける熱　215
　第4節　学習塾とエリート校の出現　224
　第5節　教育という梯子をのぼった若者たち　228
　第6節　おわりに――疑似中間層の消費スタイル　234

第7章　商品化するイスラーム
　　　　　――雑誌『アル＝キッサ』と預言者一族　　新井和広　241

　第1節　はじめに　241
　第2節　イスラームの商品化　242
　第3節　インドネシアのサイイド　244
　第4節　イスラーム雑誌『アル＝キッサ』　248
　第5節　サイイドと『アル＝キッサ』　252
　第6節　『アル＝キッサ』発行の意図　259
　第7節　おわりに　266

第8章　イスラーム的価値の大衆化
　　　　　――書籍と映画に見るイスラーム的小説の台頭
野中葉　269

　第1節　はじめに　269
　第2節　第一波――イスラーム的短編小説の流行　272

第3節　第二波──映画化を伴う長編小説の流行　280
第4節　社会変容とイスラーム的小説　287

Column
　現代インドネシア人の「音楽」における消費傾向　291
　ムスリマによるムスリマのためのもう1つのミスコン
　　──ムスリマ・ビューティー　296
　美と健康のジャカルタ──拡大するマッサージ産業　301

執筆者紹介　307

序

倉沢愛子

　32年も続いたスハルト独裁政権を崩壊に導くほどすさまじい影響をもたらした1997年のアジア経済危機から立ちあがり、2000年代の後半から非常に強い経済力を示しつつあるインドネシア。そこにおいて誰の目にも明らかなのは、目覚ましいスピードで消費がのびているという現象である。それも単に食糧や衣料品などの生活必需品だけではなく、情報、レジャー、教育、健康管理などのさまざまなサービスに至るまでその現象が見出され、「必要」による消費から「願望」に基づく消費へと変容しつつある。

　そのような消費拡大は、しばしば経済成長と、それに伴って出現した新中間層の増加とセットにして語られることが多い。「新中間層」、あるいは「中間層」という用語には分析の視点によってさまざまな定義があり、いまだに決まった尺度がない。開発が進む以前のインドネシア社会では中間層と言えば、植民地時代からの名残で、役人や軍人など、「官」のセクターに身を置く人々がその中心になっていると言われてきた。そしてそれに、小金を貯めて流通機構を握る華僑・華人や、わずかではあるが一部の企業家精神を持ったプリブミ（華人、アラブ人など外来の住民に対して現地民を指す）のビジネスマンなどが加えられるのであるが、すべてあわせてもその数はきわめて少なく、社会階層としては薄いものであった。民族資本育成の遅れが何よりその大きな原因であった。

　ところが開発政策の進展とともに、特に1980年代以降は、民間セクターが急速に拡大し、ここに身を置く民間大企業のサラリーマン、ならびに彼らの仕事や生活を支える弁護士、会計士、ジャーナリストらの専門職が多数登

場してくるようになった。これを従来の中間層と区別して「新中間層」と呼ぶのであり、本書で主たる関心の対象とするのはこの新興の「新中間層」である。とはいえ、本書が扱うさまざまな消費行動の主体には、当然従来からの「中間層」も含まれている。とりわけ、階層間の比較を行う場合、つまり他の階層との対比を意識して語る場合には、総合的に「中間層」と表現している。

　筆者自身はアジア経済危機以前の、スハルト全盛期（1996年）にインドネシアの新中間層に関する論考を発表したことがあり、その中で新中間層の定義は収入規模よりも、むしろ学歴や職種、そして何よりも価値観やライフスタイルによって規定されるという点を強調した（倉沢 1996）。つまり、実際の収入や支出の規模がどうであるかということよりも、中間層的な消費パターン、価値観・意識、行動様式などが問題だと指摘したのである。それから20年近くたった今も、筆者の基本的理解は変わっていない。ただ新中間層と思しき人たちの価値観やライフスタイルの中身はかなり変容しているかもしれない。

　中間層を定義するに際して、経済規模をある程度限定することは必要であると思うが、その指標を中心に置くことの限界は、たとえば世界銀行の定義などをよく見ると感じられる。世界銀行は、1日の消費が2米ドル（以下、ドルと記す）から20ドルまでの層を中間層としており、それに従えば2011年段階でインドネシアの人口の56.5％（1億3,000万人）がこれにあたる。そして都市人口の非常に多くの部分がそれに含まれることになる。しかしながら筆者自身は、現実のインドネシア社会を見ていて、国民の半数が中間層と言われても戸惑いを禁じえない。このような幅の広い中間層の定義はあまりにも大ざっぱすぎるうえ、当該国の消費者物価の指数などによって、その数字の意味するところは異なってくるであろうから、数的に分類することには限界を感じるものである。

　実際学問的に中間層を定義するということはきわめて難しく、本書においては、収入など経済的指標に基づいた中間層の定義はあえてせず、彼らの消費行動に焦点を置き、その特徴を分析するにとどめておく[1]。

　インドネシア社会では一般に中間層は、自分たちの立ち位置にふさわしい

ライフスタイルをとることが求められている。インドネシア社会で社会階層の問題を論じるときよく使われるものとして「ゲンシ（gengsi）」という概念がある。これは元来「体面」「威信」「良い出自」などという意味であるが、中間層の人はそれなりの「ゲンシ」を持っていなくてはならないとされる。この「ゲンシ」を大切にする傾向、あるいはそれを大切にせざるを得ないような社会的プレッシャーが存在するのである。金銭的余裕があるのに、貧困層の人たちと同じような店で買い物し、店先に山積みされて売っているTシャツを着ているのは「ふさわしくない」行為だと思われる。また安くておいしいが汚い道端の屋台（ワルン）で食べるのは恥ずかしいことだと見なされる。このような社会的プレッシャーのある社会では、「それなりの」高価な消費が行われる。 *Consumption in Asia: Lifestyle and Identities* という研究書（2000年刊行）のなかでソルベイ・ゲルク（Solvay Gerke）は、「ライフスタイルの構成要因である消費実践は、social rank を指し示すものとして、ますます重要な意味を持ちつつある。」と述べている（p. 136）。高級なショッピングモールが次々と誕生し、いったい誰がお金を落とすのだろう、とわれわれ日本人は懐疑的に見ているが、入居しているテナントの多くが倒産もせずに続いている背後にはそのような消費行動があると思われるのである。

疑似中間層

ところが、前述の筆者の研究（1996年）からはもちろん、またゲルクらの研究（2000年）から見ても、すでに10年以上経た今、状況は大きく変わりつつある。最近見られる新しい現象として、真正の、「ゲンシを持った」中間層の人たちとは別に、一見経済力は伴わないにもかかわらず彼らと類似した消費行動を見せる人たちが大量に出現してきているということを指摘できるだろう。つまり現在の消費は決してゆとりのある層ばかりでなく、一見生

---

1) ゲルクは中間層（middle class）という言葉をアジアにおける工業的変化の中から出てきた、資本、専門知識、国家機構の中でのポジションなどに基礎を置いた社会グループを差す、と定義している（p. 135）。彼はまた貧困ラインと消費ラインという概念を導入して中間層をさらに細かく定義している（pp. 142-145）。

活が「カツカツ（pas pasan）」に見える人々が、かつてはかなり厳密な意味で「中間層的」と見られた人々だけが入手可能であったような商品やサービスを、何とか手に入れることが可能になってきたという状況が出現してきているのである。この、実際には経済力を伴わないが消費行動においてそれに類似している人々を、本書では「疑似中間層」としておこう[2]。つまりその職種（主としてブルーカラーの給与所得者など）、学歴（中卒ないしは高卒）、収入規模からすれば、一般にイメージされる中間層とはほど遠いにもかかわらず、その意識やライフスタイルの一部において中間層的な様相をとっている、あるいはとろうとしている人たちと言えよう。

　実はここで前述の、1日の消費が2ドル以上の人を中間層と規定する世界銀行の数字はある程度現実味をおびてくるともいえよう。その数字をもう少しくわしく見ると、インドネシアの場合、1日2〜4ドルの消費者が38.5％、4〜6ドルが11.7％、6〜10ドルが5％、10〜20ドルが1.3％となっている。すなわち世界銀行が「中間層」と定義している人々の大半（全人口の50.2％）は2ドルから6ドルの消費をしている層であり、6ドル以上の人は人口の6.3％しかいない。6ドル以下の人たちは、「断崖絶壁に立つ人（penduduk di tubir jurang）たち、つまりマクロ経済の状況が悪化すると貧困層に逆戻りする階層と言われている（"Mereka Yang beranjak Kaya," Tempo, 26 Februari, 2012: 54）が、じつはこの層が注目に値する。

　筆者は、世界銀行の定義で1日2ドル以上の消費者を一律「中間層」とするのには抵抗があるが、そのうち1日当たり2〜4ドルの消費をする人たちのほぼ全部、そして4〜6ドルの消費する人たちの一部を「疑似中間層」と見るのであれば現実的ではないかと考える。そしてじつは、この層こそが現在の消費ブームを支えているのではないかと思われるのである。

　消費が助長されるにはいわゆる可処分所得という部分が膨らんでゆくことが必要である。貧困であればあるほど食費など生活必需品への支出の割合が多いという通説に沿って語るなら、消費拡大にはいわゆるエンゲル係数の低い人たちの存在がかなめになる。つまり本書が対象とするような「消費」拡

---

[2]　このような人々のことをゲルクは「ポピュリスト的な下層中間層」と呼んでいるが、筆者が念頭に置いているのもほぼこれに近いイメージである。

大のためには、生存に不可欠でないものに支出することが可能な「余裕（可処分所得）」の存在が重要なのである。マッキンゼー社の調査によると、世界銀行の言うところの中間層が持っている所得の余剰分は、インドネシア全体の所得の3分の1を占めるという。またイギリス系の調査機関Euromonitorによれば、年間5,000～1万5,000ドルの余剰を持っている階層は、2012年の36%から2020年には58%に増えると予想されている（*Tempo*, 26 Februari, 2012: 57）。

路地裏(カンポン)の世界

　筆者はちょうど12年前の2001年に『ジャカルタ路地裏(カンポン)フィールドノート』と題して、ジャカルタ市南郊の路地裏(カンポン)の集住地区に住む住民のプロフィールの分析やライフスタイルの考察に焦点を当てた研究成果を出版した。「カンポン（kampongあるいはkampung）」とはもともと「田舎」「故郷」「集落」などを意味するインドネシア語であるが、都市部におけるカンポン（本書では都市カンポンという表現を使っている）という場合には、区画整理され大通りに面した住宅街ではなく、細い路地に面して小さな家がひしめいているような集住地区を指す。もともと植民地時代オランダ人やインドネシア人のエリートたちの住む区画と区別してそのように呼ばれていたもので、相対的に低所得者が多く居住している。したがって本書では都市カンポンという表現と路地裏(カンポン)という呼称が併用されているが、基本的に異なるものを指しているわけではなく、強いて言うならば前者の中のより限定的な属性を持ったものとして後者が存在するものとご理解いただきたい。

　筆者の調査地である路地裏(カンポン)の住民は、(a)行商・露天商や日雇い建設労働などのインフォーマル・セクターで日銭を稼ぐ人たちが多いが、(b)警備員、配送係、運転手、工場労働者などブルーカラー的な職種ではあるが定まった給与所得を得ている者もおり、さらに数は少ないが、(c)下級公務員や私企業の事務職、大規模店舗の店員などホワイトカラーとして給与所得を得ている者もいる。これらの中で、とりわけ(c)のグループの人々、ならびに(b)の一部の人々――つまりこの路地裏(カンポン)では経済力から見て相対的に上位に位置する住民

——の間に、ごくわずかではあるが中間層的ライフスタイルや行動様式、価値観を持った人々が見出されることを指摘した。たとえばその人たちは子どもたちの教育に非常に熱心で、英語の家庭教師をつけたり、水泳教室に通わせたり、また妻たちはエアロビクスに通って健康と美容管理に努めたりしていた。この現象に注目して筆者は、彼らを「上昇志向の強い「中間層」志願者たち」として紹介するとともに、これが今後の変化の大きな「芽」になるのではないかと述べた（倉沢 2001: 181-190）。

　その調査を発表してからおよそ10年、路地裏においてその種の中間層的な「芽」は、限りなく拡大してきたように思われる。少なくとも10年前の段階で、そのような中間層的アスピレーションや上昇志向を持った親によって育てられていた子どもたちの間には明らかにその傾向が見出され、彼らが成人して新しい世帯を形成している今、当然親世代よりもさらに進んで新しいライフスタイルを取り入れるようになっている。彼らはしばしば一見その住環境や経済力に見合わない（と筆者の目に映る）ライフスタイルや消費行動をしている。そしてそのような「いびつな」現象こそが、インドネシアの全体的な消費の拡大を支えているのではないかと考える。

　上において「経済力に見合わない」という表現を使ったが、それではここで筆者が疑似中間層と呼んでいる人たちの経済力は、おおよそどのようなものなのであろうか？　限定できないものの私が脳裏に描いているほぼ典型的なイメージは次のようなものである。第1にフォーマルな仕事に就いて毎月ほぼ定額の給与所得あるいはそれに匹敵する収入を得ており、その額は世帯の合算で300万ないし500万ルピア（2万7,000円ないし4万5,000円）にのぼる。住宅は持ち家で、ベッドルームのほかに小さなリビングと、それに家の中に台所と水浴び場、トイレが付いている。エアコンはないが、扇風機程度はあり、リビングにはカラーテレビ、小さな冷蔵庫が置かれている。パソコンや洗濯機は、まだ所有していない者が多い。バイクはすでに持っている者もいるが、持たない者にとっては当面最も入手を希望し、隣近所の所有動向が気になる商品である。ただし、以上の様な経済力があれば誰もが筆者の言うところの疑似中間層に入るのかというとそうではない。あくまでライフスタイルや消費パターンにおいてある種の属性を持った人々を指し、何よ

り親の代よりは高い教育を受け、親の世代より一歩社会的階段を上昇させたいという強い上層志向を持っていることも1つの特徴である。

シンボリックな消費、自己顕示的な消費

　本書では、シンボリックな消費、あるいは消費のための経済的基礎を持たずに、そのデモンストレーションに向ける自己顕示的な消費、あるいは、そこまで自覚的ではなく、単なる「背伸び」とも見られる消費の実態に1つの焦点を当てる。

　筆者のこのような視点はソルベイ・ゲルクの見解と多くの考え方を共有している。彼女は、（経済力の制約などによって）実際に中間層と同じような消費行動をとれない人は、自分にはかなえられない生活水準を表示するシンボルを示すことに力を傾けるという。現実の（real）消費ではなく、虚像の（virtual）消費、ライフスタイル商品（lifestyle goods）を買う代わりに近代的なライフスタイルのシンボルを示すこと、ある種のライフスタイルのデモンストレーションに頼る行為をするのであり、ゲルクはこれを「ライフスタイリング」と呼んでいる。本物と同じものが手に入らなくても、それに近い代替物を探したり、高級なものをシェアしあったりという形で、少しでも中間層のそれに近いものを示そうとするのである。彼女は「背伸び」の例として、ベネトンのセーターを2、3人でシェアする学生たちがいることを指摘している。そしてまた中古のHammer T-shirtを着たり、ショッピングセンターへ行くのにルームメイトの宝石を借りて行く、などの例をあげている。

　中間層的消費の市場を、現実の経済力の趨勢よりも大きなものにしている1つの要因は、ステータス・シンボルと見なされている商品を背伸びして求めたいという人々の欲求の高さであろう。ただし、その際に、ソルベイ・ゲルクが扱った10年前とはかなり様相が変わってきていて、その「背伸び」はさほど無理しなくても実行可能になってきていることに注目する必要があるだろう。つまり市場も柔軟に対応し、そのような「背伸び」を可能にするような戦略をとっていることが重要である。

疑似中間層を取り込む営業戦略

　つまり「疑似中間層」が「真正中間層」と「同じような」ものを賞味するのは、そのような商品がまったく手の届かないようなところにあるのではなく、それを「それなりの」方法と価格で提供してくれる供給側のアレンジメントがあることも見落としてはならない。たとえば、10年前には高嶺の花、あるいはほんの特別なときにしか行けなかったマクドナルド、ケンタッキーフライドチキン、ピザハットなども[3]、何か１つ格安のメニューを用意して多くの人が敷居をまたげるように配慮している。当初は本当に一部の中間層しか取り込んでいなかったマクドナルドは、現在、なんとハンバーガーではなくて、ご飯にフライドチキンとゆで卵そしてサンバル（唐辛子のペースト）にドリンクで２万4,545ルピア（約230円）のパナス・スペシャル（激辛メニュー）を提供し、これが最大の「売れ筋」になっている[4]。これは道端の一膳飯屋でおなか一杯食べるのとくらべていくぶん高いが払えない金額ではない。一方チーズバーガーとポテトにコークを飲めば３万ルピア（270円）かかり、しかもご飯がついていないから食事をした感じがしないのだ。

　さらにまたバイクの入手もたやすくなっている。全国でのバイクの年間販売台数は2000年に86万4,144台だったのが、2011年には10倍近い804万3,535台に増加しているが（*Tempo*, 26 Februari, 2012: 76）、これは収入規模から言えばとても手の届かないバイクを、驚くほど審査の簡単な分割払いで提供することによって販売が拡大したものである。さらに中古車市場もあらゆる価格帯で大きな広がりを見せている。

---

[3]　こういった外資系のファーストフードがいかに高嶺の花でステータス・シンボルになっていたかを示すエピソードとしてゲルクは13年前の研究で、たとえばマクドナルドやピザハットなどでは店内の戦略的な場所で人からよく見えるところに座り、バーガーを食べながらコークやミルクシェークを飲む、ファーストフードのレストランを出るときには、人々が彼らがそこで食べてきたのだとわかるように、空のバーガーのバックを持って出るなどの顕示的な行動をとることを指摘している。

[4]　この傾向は2007年に、調査地の隣組(エル・テー)で慶應義塾大学の学生たちが食生活のあり方について15歳から45歳の男女139名を対象に実施した調査においてすでに見え始めていた。調査票の中で、「マクドナルドで食べたことがありますか」という質問に対して、調査前の仮説に反して肯定的な回答をした人が103人（73％）もいたが、その大半［95人］はご飯とチキンのメニューを食べたということであった。

フィットネス・クラブ、エステサロン、エアロビクス、インターネット・カフェなどという一見ゆとりのシンボルのような贅沢なサービスも、「それなりに」安い価格設定で提供しているところがたくさんあり、幅広い選択肢の中から自分に適したものを選べばよいようにできている。

多様化する新中間層の価値観と消費パターン

　ところで、このような「疑似中間層」から、経済的社会的地位が上昇して、新たに「真正の」中間層の仲間入りをした人々の中に新しい消費動向が見られる。通常この種の人たちは「成金」などと言われて、急に派手な顕示的な消費に走る傾向があると考えられている。ところが、教育など社会階層上昇のための順当な手順を経て「金持ち（セレブ）」になった人たちには必ずしも浪費傾向は見られない。ステータス上昇に伴って、路地裏(カンポン)を出て新興の分譲住宅に移るという傾向は見られても、必ずしもすべての面においてライフスタイルが変わるかというとそうではない。たとえば、渋滞を避けるために電車通勤を厭わなかったり、安くておいしい屋台の昼ご飯を食べたり、少しでも安い携帯電話の利用方法を探し出したり、「合理的な」判断をしている人たちが見られたのだ。それがどの程度普遍的なことかはわからないが、ただ中間層のライフスタイル・パターンに多様性が見えてきているのは確かなようである。つまり「ゲンシ」に必ずしもこだわらない、「実をとる」タイプの若者たちが出現しているのである。

　このような傾向は Center for Middle Class Consumer Studies（中間層消費研究センター）のユスオハディも認めている。彼によればこれらの中間層はお互いにソーシャルメディアを通じて十分な情報を持っており、何が本当に安い（お買い得）かを見極めることができる。［消費する］物の選択に際して批判的になっているため、彼らは決して浪費的（boros）ではない、という（*Tempo*, 26 Februari, 2012: 57)。

本書の構成

　以上述べてきたように、本書は、真正の中間層と疑似中間層の双方に焦点を当て、前者が後者を牽引している現在の「消費」文化について、具体的な事例を取り上げ多面的な角度から考察しようとするものである。各執筆者は上述のような認識を共有したうえで、自分の専門の分野で、また各自が従来からフォローしている調査地において、それぞれの関心のあるトピックを通じて「消費」を考えることにした。

　全体は3部構成になっており、計8つの論文と9つのコラムから成り立っているが、その構成を大まかに説明すると次のとおりである。

　まず第1部は、モノを売る側から見た消費の現場の変容や消費動向の変化について論じる。第1章の内藤耕論文は、ショッピングモール、スーパーマーケット、ミニマーケット（コンビニ）など近代的な店舗がどんどん増えていく中で、「伝統的な」市場がどのような変容を迫られているのかを、近年建て替えを行ったジャカルタ郊外のL市場のフィールド調査をもとにまとめたものである。「汚い」「くさい」「べちゃべちゃした」伝統的市場は小商人たちが商う場であると同時に、露天商（カキリマ）たちが集まる空間でもあった。しかし、木造の伝統的市場が鉄筋の「近代的な」立派なビルに建て替わったとき、カキリマたちは排除されていく。建て替えによって何が変わり何が変わらなかったのか、2003年と2012年の2回にわたる詳細な調査に基づいて考察する。

　次いで第2章の松村智雄論文は、従来西スマトラ出身の商人がほぼ独占していたジャカルタのタナアバン市場の衣料品売り場が近年西カリマンタン出身の華人たちにとって代わられつつある現象について取り上げている。第1章の内藤が扱っているL市場と同じく、ジャカルタ市のパサール・ジャヤ公社が統括する公設の伝統的な市場であるが、その規模と機能は大きく異なる。L市場は小規模で、近辺の住民の生活必需品を販売する小売り機能が中心であるのに対し、タナアバン市場は東南アジア最大とも言われる大規模なもので、卸売機能が中心である。特に衣料品が有名で全インドネシアの流通の中心となっている。この非常に重要な機能を持った市場の商人として、ま

ったくよそ者であった西カリマンタンの華人が入り込んできたというのは注目に値する。その遠因を手繰れば、西カリマンタン奥地で農業を営んでいた華人たちが、9・30事件（1965年9月30日に発生した軍事クーデター）以後治安上の理由で土地を追われ、海岸部の町に集められ難民として苦しい生活を強いられていたその過去の歴史にたどり着くことができる。

　第3章の間瀬朋子による論文は、現代的な消費と、「インフォーマル・セクター」の代表的な職種である行商や屋台形式の食べ物売りの実態を中心に、ジョクジャカルタの学生街の一角を捉えて入念に調査し、その数のみならず、販売している食べ物の種類や販売形態別に詳細に洗い出している。それを通じて、その消費者である大学生たちの懐が豊かになり、嗜好が高級化する中でその購買力、消費スタイル、消費に対する価値観はどう変わっていったのか、またそれにより、行商人や屋台引きはどのような影響を受けどのように対処していったのかを詳細に分析している。

　次いで第2部は、人々のお金の「使い方」について、マイホームの建設を、まったく異なる角度から2人の執筆者が論じている。第4章で新井健一郎は、ジャカルタの新中間層が、より下の階層から自らを区分することを望んで、住宅街全体を塀で囲んであらたに開発され分譲されたクラスター住宅街の分譲地に居を構えることを好む傾向について論じている。これはいわゆる「狭い」「汚い」「貧しい」都市カンポンとは対極にある住宅である。しかもこれらのクラスター住宅街は、それぞれが何らかのテーマを持って設計されている。新井は、このようなテーマパーク的なニュータウンの開発、分譲、販売のプロセスを主として住宅を供給するデベロッパーの側から詳細に考察している。

　次の第5章の南家三津子論文は、東ジャワのトゥルンアグン県の農村部において海外出稼ぎから帰国した労働者たちが、持ち帰ったお金を使ってまず立派なレンガ造りの家を建て、しかも、その家は本来浴室用の陶器タイルを外装にした派手なつくりが多いことを指摘し、その行為を社会的地位の上昇を視野に入れた「顕示的消費」という概念を使って説明している。家の屋根、床、壁の建材が何であるかは、貧困や豊かさの基準になっており、センサスでの質問事項にも加えられている。それほど住居はステータスと結びつ

いたものなのである。

　第3部は消費の対象としての、教育や文化（イスラーム雑誌、イスラーム小説）を論じる。第6章の倉沢論文は、幼児教育熱や、有名校への入学熱がとても高く、そのニーズにこたえてさまざまな教育関連産業が登場していること、そしてその教育熱は単にゆとりのある階層の間のみならず、路地裏の相対的に経済力の小さな人たちの間でも同様に見られるということを指摘した。この研究は倉沢の2001年の著作と同じ調査地、つまりジャカルタ南郊のある都市カンポン地区における住民の間での調査に基づいている。

　第7章の新井和広論文は、説教師のCD、イスラーム雑誌、ファッションなど宗教が商品化され多くの人に消費されている現象を取り上げ、その1つとして預言者一族サイイドが刊行している『アル・キッサ』という雑誌を取り上げる。この雑誌はサイイド関係を初めとするさまざまな記事や、サイイドの肖像や著作物を使った豪華な付録が人気を呼んでいる。新井はこの雑誌の毎号を詳しく分析することによって、その中でイスラームが、とりわけサイイドが大衆によってどのように「消費」されているのかを考察している。

　第8章の野中葉論文は、生活スタイルや行動様式がイスラーム化し、イスラーム的価値が広がりを見せている中で、多数生産されているイスラーム的小説に注目する。女子高生や女子大生など若い女性たちを中心に流行したイスラーム短編小説や、書籍として出版されたのち映画化された長編小説など、いくつかの代表的作品を取り上げ、そういったヒット作がどのように消費されてきたか、またそれらがイスラーム的価値観の大衆化にどのように影響してきたかを分析している。

　この8つの論文のほかに、食文化、コンビニエンスストア、サッカー、下宿屋、フェイスブック、携帯電話、音楽、ムスリマのビューティー・コンテスト、マッサージ産業など身近な話題を紹介するコラムを設けている。

　対象とする時代は現在、すなわちこの著作のための調査を各執筆者が行った2011～2012年頃、つまりユドヨノ政権2期目の中頃である。「消費」にまつわる現象は刻一刻と変化しているので、あくまでこの時代的枠組みの中でご理解いただきたい。

【参考文献】

〈日本語文献〉

倉沢愛子 1996「開発体制下のインドネシアにおける新中間層の台頭と国民統合」『東南アジア研究』34 巻 1 号。

倉沢愛子 2001『ジャカルタ路地裏(カンポン)フィールドノート』中央公論新社。

〈外国語文献〉

Gerke, Solvay, 2000, "Global Lifestyles under Local Conditions: The New Indonesian Middle Class," Chus Beng-Huat (ed.), *Consumption in Asia: Lifestyles and Identities*, London: Routledge.

"Mereka Yang beranjak Kaya," 2012（特集記事）, *Tempo*, 26 Februari, 2012, pp. 52-103.

Robbison, Richard and Goodman, David, 1996, *The New Rich in Asia*, Routledge.

Tanter, Richard and Kenneth Young (eds.), 1990, *Politics of Middle Class Indonesia*, Monash Papers on Southeast Asia, No. 19, Center for Southeast Asian Studies.

凡例

　本書において円とルピアの為替計算は、各自がこの調査を実施した2009年から2012年までのものは一律1円＝110ルピアで、それ以前のものはその年の平均レートで計算した。
　インドネシア語の音(オン)のカタカナ表記は、出来る限り実際の発音に近いものを採用したが、一般的に定着しているものは慣用に従った。
　インドネシア人の名前は、かならずしも姓と名に分かれていない場合も多く、また配列も特に規則性がないので、参考文献等における表記は、個々のケースごとに一般的に使用されている呼び名に従った。
　雑誌・新聞などの文献は、本文中に書名と日付を記し、文献リストには書名だけを掲載した。なお、刊行月は以下のようにインドネシア語表記とした。

1月：Januari	2月：Februari	3月：Maret
4月：April	5月：Mei	6月：Juni
7月：Juli	8月：Agustus	9月：September
10月：Oktober	11月：November	12月：Desember

第1部
市場の変容

第 1 章
伝統的市場(パサール)の近代化
―― ジャカルタ南部 L 市場をめぐって

内藤　耕

第 1 節　はじめに

　ジャカルタでは市内の至るところに新しいショッピングモールが建設されてきている。1997 年の経済危機、そしてそれに続いた 98 年の政変以後、一時的に落ち込んでいたモールの建設は、海外に逃避していた中華系資本の回帰に合わせて急速に進んできた。
　東南アジアの他の国でも一般的なように、インドネシアのショッピングモールは中心部にガラス張りのエレベーターやエスカレーターを備えた吹き抜けを持っていることが多い。外からの偉容だけでなく、階を移動する間内側から多種多様の商品が並ぶ階層を一望できる構造が特徴となっている。モール内には高級ブランドのテナントやグローバルな展開を見せるファーストフード店などが収まって、1 つのスペクタクルをつくりあげている。地下や低層階にはたいてい、こぼれんばかりに商品を積み上げた有名スーパーマーケットがあって、購買客の消費意欲をそそる。モールを歩いていると、このように、インドネシア経済の勢い、グローバル経済のきらめきを見ているようで、ここちよい眩暈すら感じてしまう。商品を求める購買行動だけでなく、消費シーンそのものを消費する場、それがモールなのかもしれない[1]。
　こうしたショッピングモールの相次ぐ建設は[2]、この国の中間層の急速な

ショッピングモール内部
（2010年2月、筆者撮影）

成長とそれによる需要の伸びを象徴している。だが、資本の関心はブランドもののテナントや映画館を備えたショッピングモールだけではない。それは、街のあちらこちらにコンビニエンスストアが増えてきていることでもわかる。地元ブランドに加え日本のローソンなど外国資本と提携した店も次々と登場しているのである。

　だが、こうした現象を捉えて、ジャカルタにおける消費の景観は、急速に先進国のそれに近づいていると言い切ってよいであろうか。むしろ、モールの開発が進み、コンビニが街の至るところに顔を出すようになるにつれ、ジャカルタの消費の現場は著しく階層化されてきている、と言った方がよいと筆者は考えている。

　ショッピングモールは消費のピラミッドの頂点に位置していて、ほんの一握りとはいえ、無視できない数と十分すぎる購買力を持った富裕層やその下に位置する中間層をターゲットとしたブランド店などの店舗を包含している[3]。次に位置するのはコンビニなどで、下部には、伝統的市場、路地裏(カンポン)の民家の軒先で営業する店舗（ワルン）、露天商（カキリマ）などがある（表1-1）。

　のちに詳述する伝統的市場（pasar tradisional、以下、パサールとする）[4]は、

---

1) 高級ブランド店にあまり客の姿はなく、フードコートやカフェが満席状態にあるのを見ると、まさしく「場の消費」といった状況が先行しているのではないかと思えてくる。実際の購買にあたっては、モールのような固定価格で販売されるところよりも、ネゴシエーションが効く庶民的な店の方が選好されるように思われる。経済のバブル化の問題を含めてきちんとした検証が必要である。
2) ただし、ショッピングモールの建設は今に始まったことではない。スカルノ政権下の1960年代には、戦後賠償によってサリナ・デパートが作られたが、その後の低開発状態からデパート型の商業施設は普及しなかった。スハルト政権になって開発重視路線が続く中、1980年代、ガジャマダ・プラザがオープンし、以来、アジア経済危機をはさんでモール開発が進んだ。特に本章で述べているように、経済危機からの回復過程におけるモール開発の勢いはすさまじい。

表1−1　ジャカルタの小売業の形態

フォーマル・セクター	近代的市場（大資本による経営。価格交渉がなくレジで精算しクレジットカードが使用可能。清潔で安全）	ショッピングモール	専門店の集合体。映画館や飲食施設を兼ね備えている。食品や日常生活用品を供給するスーパーマーケットを併設。
		ハイパーマーケット	スーパーマーケットよりも大きく独立した施設であるケースが多い。ディスカウントがある。
		スーパーマーケット	ショッピングモールの中にある例が多い。ディスカウントがある。
		コンビニエンスストア	近年急増している。
	個人商店／小規模店		生鮮食料品の店は見られない。
	伝統的市場（小商人が集積。商品のほとんどに値札がなく相対の取引で価格が決定。レジはなくクレジットカードも使えない。不衛生な印象）		近代的市場との競争にさらされる中で、建て替えによる近代化をめざしている。
インフォーマル・セクター	路地裏のワルン（カンポン）		民家の一部をあてて開業。
	露天商（カキリマ）		主に路上や伝統的市場の周辺で営業。

出所：筆者作成。

ジャカルタに限らずインドネシアの至るところにあって庶民の生活を支えてきた。テナントとして入っているのは、小資本で店を起こした小商人たちである。扱われている商品には電化製品などの耐久消費財はあまり見られず[5]、生鮮食料品から雑貨、簡単な衣類などほとんどが日常的な消費財である。パ

---

3) モールもまた周辺地域の消費者の階層構造にしたがって差異化されている。たとえば都心のグランド・インドネシアと衛星都市デポックのマルゴ・シティとでは、明らかに出店する企業や扱われている商品に違いがある。前者が高級品中心であるのに対し、後者は比較的安価な商品を扱う店が多い。ただし後者にしてもモールの外観は、非常に近代的で洗練されている。

4) パサール（pasar）というインドネシア語は「市場（いちば、しじょう）」を指す名詞であるが、ここでは伝統的市場に限定して使うことにする。なお、文脈上、「伝統的市場」や「市場」を用いる場合もある。

5) 耐久消費財を扱う店舗があるかどうかは、パサールの性格にもよる。ジャカルタのグロドック地区のように伝統的市場に位置づけられていても電器商が密集するところもある。ただし、こうした電器商街でもパサールは建築構造上テナントスペースが細かく区切られていて、小商人の商売により適していることはたしかである。

サールは全体に雑然とした雰囲気に包まれ、空調が整備されておらず、構内は熱気と臭気にあふれ、慣れない者は1時間と耐えられない。にぎわっているパサールでは、行きかう購買客と荷物を運び込む商人たちとでごった返し、肩のぶつからないように歩こうとするだけで汗が吹き出てくる。スリなどの犯罪も多い空間だが、場所によってそのにぎわいはショッピングモールの比ではない。

　ワルンと呼ばれる路地裏(カンポン)の簡易店舗も庶民の生活を支えている。ほとんどが路地に面した部屋を改造したもので、駄菓子や洗剤などの日常生活用品を販売している。こうした店はたいていの場合、たとえばシャンプーの小分けパックのようにばら売りをしていて、日銭しかない住民の必要に応じている。中には軽食の類を扱うところもある。あるいは詰め込んでも数人しか入れないカウンター形式の店構えで食事を提供する店も一般的である。メニューは、奥の台所で調理したものばかりである。基本的に外食志向が強く、適当な時間に家族ばらばらに食事をすませる食文化に対応している。

　露天商（カキリマ）[6]は、パサール以上にインドネシア的、あるいはアジア的な存在として注目されてきた。自らの店舗を持つこともなく、ほとんど商品だけで開業できる手軽さから、不況時には多くの人々がこのセクターに流れ込んだ。ジャカルタ北部コタ地域のパンチョラン通りのように本来対面交通の片側車線すべてが300m近くにわたってカキリマに占拠されていた地域もあった。こうした小商いは、いわゆるインフォーマル・セクター[7]に属するもので先進国にはほとんど見られない商業形態としてジャカルタの商業シーンを特徴づけてきた。

---

[6]　カキリマの語源としては、路上、常設店舗の前に続く歩道部分、約5フィートの幅を営業域とすることにあるという説がある。英語のフィートの訳として「足」を意味する kaki が与えられ、数字の「5」を意味する lima が添えられたという。別に、移動する屋台（手押し車）の足、すなわち2つの車輪、留め置くための木の足、そしてそれを押す商人の足の5つを意味するという説もある。本書第3章では、カキリマを厳密に定義づけているが、本章ではパサール関係者の認識にしたがい、ビニルシートを地面の上に敷き商品を並べるような露天商も含む。

[7]　インフォーマル・セクターの定義は明確ではないが、一般的には、課税が難しく経済統計上把握することができない雑業層などによって成り立つ経済部門を総称するものと考えられている。労働としてはまったくの自営か、明確な契約がない、血縁関係や個人的社会関係をベースにした雇用が特徴である。

第1章　伝統的市場の近代化　21

　頂点にショッピングモールをいただき、底辺にカキリマを置くこうした階層構造に関して容易に想像されるのは、中間層の成長に伴ってパサールをはじめとする下部の商業施設や小商人が減少していくという構図であろう。ここではこれを近代化モデルと呼んでおく。対して、下部の商業施設は貧困層の需要を満たす装置として、従来のまま変わることなく存続していくという構図も立てられよう。これはいわば「伝統」を重視した近代化に対抗するモデルと言えよう。

　本章ではこの下部の商業施設／商人の中でも特にパサールに焦点を当てて、ジャカルタの消費シーンを素描してみたい。パサールはカキリマと比べると先行研究も少なく、その経済的位置づけに比して十分な紹介がされてこなかった。たしかにカキリマは前述のようにジャカルタの商業シーンを特徴づけていて、興味深い。しかし、近代化とそれへの抵抗という古典的にしてやや情緒的とも言える構図からある程度自由になってジャカルタの商業シーンを考えるとするなら、パサールを全体の文脈の中にきちんと位置づけることが必要であろう。なぜなら、それは近代化とそれへの抵抗という構図の中で、中間に位置しているからである。ジャカルタのパサールは、以下に見るように「近代化」の中にある。つまり、近代化モデルの中で、コンビニやスーパーマーケットといった大量消費のシステムに役割を譲ってしまうわけではなく、それ自身が「伝統」の名前を冠したまま「近代化」を遂げようとしているのである。

　そこで本章では、ジャカルタ南部に位置するパサールであるL市場を取り上げ、その「若返り」（＝近代化）について検討する。L市場はジャカルタの公設市場としては最も規模が小さいグループに属している。他の大規模なパサールは複数の商業施設の集合体（コンプレックス）を成しているのに対し、地域に密着したL市場は建物が1つだけで店舗数も数百程度と全体を把握しやすい。さらに、数年前まで木造平屋建てのバラック同然だったが、2011年に新しく半地下1階、地上2階の3層構造へ建て替えられた。筆者は、まだ建て替えの青写真すら定まっていなかった2002年から04年にかけて、このパサールを集中的に調査した[8]。その経験をもとに、最近、建て替え直後のL市場を再訪して10年前の旧市場からどのように変わってきて

いるのかを観察している。

ジャカルタのパサールはどこへ行こうとしているのか、L市場を例にして紹介していく。

第2節　地域の中の伝統的市場(パサール)

1　ジャカルタの伝統的市場(パサール)

「日曜市 (Pasar Minggu)」「月曜市 (Pasar Senen)」「新市 (Pasar Baru)」といった具合に「市 (pasar)」と呼ばれる地名がいくつもあることからわかるように、ジャカルタは市の街である。長距離交易の拠点としてオランダによって拓かれたバタビアの街の性格を引きずりつつ、世界でも屈指の大都市となったジャカルタにあって、住民の生活を支えるために、それらはある。卸売機能に特化した市場ももちろんあるが、地域住民の生活を直接支える地域市場が多数存在するのが、ジャカルタの特徴である。

こうした市場は、公設の市場としてジャカルタ首都特別州政府の出資によるパサール・ジャヤ公社によって運営・管理されている。もともと自然発生的に成立していた市場を同公社が監督するようになったのは、1966年のことであった。かつてはこれとは別に州政府が直接運営する市場もあったが、現在では、それらも公社の管理下に置かれるようになった。パサール・ジャヤ公社は、その収益の40％をジャカルタ州政府に収めるよう定められているという[9]。市場は州政府の重要な歳入源の1つである。

2012年現在、パサール・ジャヤ公社が監督する市場は、ジャカルタ市内だけで150を数える。一部にショッピングセンター型の商業施設、すなわち近代的市場 (pasar modern) も含まれるが、多くは伝統的市場(パサール) (pasar tradisional) である。近代的市場と違って、パサールでは売り手と買い手が相対で価格交渉を行っていく点が大きな特徴となっている。売られている商品にはたいていの場合、値札のようなものはついていない。いわゆるバザール経済を成立させる、あるいは制度的に囲い込む空間としてパサールはある[10]。

---

8)　その結果については、内藤（2003；2004；2006；2007）。
9)　パサール・ジャヤ公社広報担当へのインタビュー（2012年9月13日）。

第1章　伝統的市場の近代化　23

　もう1つパサールを特徴づけるのは、その物理的環境である。本章で述べるように「近代化」されたパサールであっても、エアコンもなく換気もされていない。まして、「近代化」前のパサールは木造で仮設的な様相さえ呈している。実際、ジャカルタではパサールの多くが鉄筋コンクリート造りの堅牢な建物へと変わってきているが、木造のものも残っていて、雨季には雨漏りと床面の浸水に悩まされている。パサールジャヤ公社は、こうした古いパサールを順次建て替えてきている。

2　L市場

　ジャカルタの南部に位置するレンテンアグン市場（以下L市場と称する）は、パサールジャヤ公社の分類によれば最も下位に属する、地域住民の購買需要に対応する市場である[11]。かつては300mほど離れた鉄道駅に隣接していたが、鉄道に併行して走る道路の拡幅に際して1981年に現在の場所に移転してきた。

　この地域はもともと果樹園が広がる郊外地であった。1970年代からここに家を建てて住む者が増えていった。その後、隣接するデポック市への国立インドネシア大学の移転によって、この地域の発展はさらに加速した。現在では、都心とデポックを結ぶ鉄道路線に併行して南北に走る道路は、朝夕のラッシュ時はもちろんのこと、昼の時間帯でもちょっとしたことで渋滞するほどの交通量となっている。一部に高所得者層の居宅も見られるが、基本的には小規模家屋が密集し、長屋型の賃貸住宅などで路地裏(カンポン)が形成されている。もはや郊外の面影はほとんどなく、いわゆる都市カンポンの様相が強い。この地域のより詳細な紹介は本書第6章でなされているが[12]、所得で捉えた場合、低位から中位（中間層）の階層が中心をなし、貧困層はさほど多くは

---

10)　バザール経済はイスラーム的商慣習と関わりが深いものとして紹介されることが多い。世界でも有数のムスリム大国であるインドネシアにおいてバザール経済がどのように発展してきたかについては歴史的検証が待たれるところであるが、同様の相対取引はイスラーム圏に限らずアジアに広く存在しているというのが筆者の見方である。
11)　パサール・ジャヤ公社は、伝統的市場を生活地域レベルの商圏にある地域市場、行政区レベルの商圏にある地区市場、市レベルの商圏を有する市域市場、そして市を越えた広域の商圏を有する広域市場の4つに分類している。
12)　第6章のほかに、倉沢（2001）。

旧L市場入口付近
（2002年12月、筆者撮影）

　L市場は、そうした地域のまん中に位置し、住民の日常生活を支えている。2010年に取り壊される前は木造平屋建ての構造で、「伝統的」市場と呼ぶにふさわしい景観をたたえていた。筆者が調査を開始した2002年当時、L市場の前には駐車場兼ミニバスの停留所があった。後部には路地裏（カンポン）との境界をなすレンガづくりの壁があって、小さな出入口しかなかった。とはいえ、地域全体から見れば、L市場は路地裏（カンポン）の世界に埋め込まれた構造となっていた。図1－1は2002年頃のL市場の見取り図である。

　このように、一見、地域に密着した市場の感が強いL市場であったが、消費行動にあたって地域住民の選択肢は限定されていない。むしろ地域の急速な発展の中で多様化してきている。たとえば、鉄道沿いの幹線道路などには冷房の効いたコンビニがある。公共の交通機関を利用しても10分少々でデポック市の巨大なショッピングモールに行くことができる。逆に20分くらい[13]北上すれば、ジャカルタ南部有数の消費基地とも言えるパサール・ミング（パサール）があって伝統的市場やスーパーマーケットなどの近代的市場からなるコンプレックスを形成している。路地裏（カンポン）に入れば、民家の軒先にワルンが商われているし、屋台を引いた行商人もやってくる。住民の消費の選択肢はじつに多様である。

　つまり、L市場は、地域密着型のパサールではあるが、他の商業施設やインフォーマルな商人たちとの競争にさらされているのである。そして、前述のショッピングモールに代表される近代的市場が次々と作られてくる中で、いかにも汚く、野菜のくさったような臭いに満ちたパサールは消費者によって敬遠されていった。それらは、近代的市場に比べると「暗くて」「汚く」

13）渋滞がひどければこうした時間では移動できない。

第1章　伝統的市場の近代化　25

図1-1　旧L市場

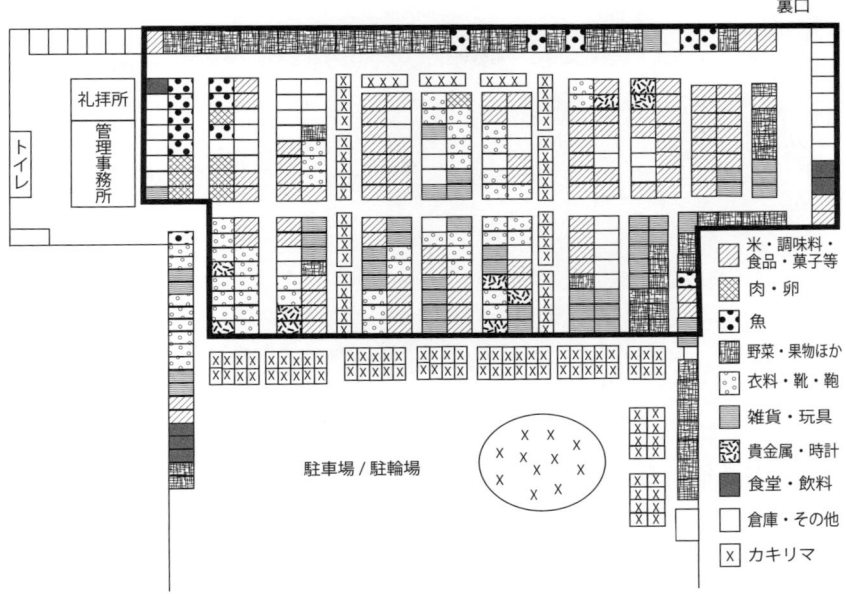

出所：筆者作成。
注：太線で囲まれた部分は屋根に覆われていた。図の方角は上が南。

「臭く」「暑い」場所と認識され、木造の建物は土間状の床で雨に弱いため「（浸入した雨水などで濡れていて）べちゃべちゃした」場所との印象を持たれてきた[14]。L市場は、パサールにまつわるそうした言説がぴったりの市場であった。そして、公社や常設店の商人たちは、こうした環境が買い物客の足をL市場から遠のかせているという認識を共有するようになり、建て替えを望むようになっていった。

加えて、カキリマと呼ばれる露天商たちの増加がL市場の常設店商人たちの危機感をいっそう募らせていった。1997年の経済危機以降、ジャカルタではその場その場で現金収入が得られるカキリマに身を転じる者が増えていった。彼らの多くは、もともと購買客が集まるパサールの周辺に店を広げ

---

14) パサールをめぐるこうしたイメージは、メディアにおいて繰り返されてきて、買い物客においても共有されている。

テントを得たカキリマたち。奥がL市場である
（2004年8月、筆者撮影）

る傾向があった。カキリマが広げた屋台店のせいで本来の市場の建物が見えないといったケースはジャカルタの至るところで観察された。

ところで、パサール・ジャヤ公社の監督下にあって登録もされている常設店は明らかにフォーマル・セクターに属する。これに対して、カキリマは公社によって十分には捕捉されていないことから、前述のようにインフォーマル・セクターに属していると見てよい。

建て替え前のL市場の場合、常設店とカキリマとのせめぎあいでは後者の方が優勢であった。本来はパサール内の通路にあたるところにカキリマ用のテーブルが並べられ、駐車場にはカキリマ用の屋台がほとんど常設店とみまがうほどの立派さで建てられていた。つまり、L市場ではカキリマと常設店との違いがあいまいで、インフォーマル・セクターとフォーマル・セクターの垣根がきわめて低いものとして観察された。これは他のパサールにおいても多かれ少なかれ同じである。

このカキリマによるパサールへの「侵入」ともいうべき動きの背景には、プレマンと呼ばれる地付きの「ごろつき」の存在が指摘できた[15]。彼らはパサールの事務所と交渉してカキリマの営業に便宜を図る見返りにみかじめ料をとっていた。常設店の店主たちはカキリマの台頭を苦々しく思いながらも、正面からその排除を訴えることもできなかった。こうしたケースはL市場に限らずジャカルタの地域市場であればどこでも見られるものであった。筆者は、パサールを州政府という公権力と在地の権力とが交差する場として示してきた（内藤 2007：157）。

また、2002年の調査によれば、客の3割程度は、購入した物を路地裏で

---

15) プレマンは、オランダ語の vrijman =「自由な人間」がなまったもので、日本語の「ちんぴら」「やくざ」に相当する。

売ったりするためにこのパサールを訪れていた（内藤 2007：116）。つまり、地域のパサールは一見すると、路地裏（カンポン）の経済と競争関係にあるように見えて、実際はそれを支える市場として存在していた。路地裏（カンポン）の商いのほとんどはインフォーマル・セクターに分類されるものであった。すなわち、L 市場はその空間自体がインフォーマル・セクターとフォーマル・セクターとがせめぎあう場所となっていただけでなく、両者をつなぐ機能を果たしていたのである。

こうした位置づけは、パサールの「近代化」の中でどのように変わっていったのであろうか。

第 3 節　若返った L 市場

鉄筋コンクリート造りのパサールへの転換は、「若返り（remajakan）」と表現される。老朽化した L 市場は 2010 年に取り壊され、同じ場所に新しく建て直された。新築工事の間は、近くの私有地に仮設市場が置かれ、商人たちはそこで営業していたが、2011 年 7 月の竣工後、念願の新しい建物への移転が行われた[16]。

老朽化したパサールの建て替えは、パサールジャヤ公社の基本方針である。入居している商人のブース使用権（20 年間）がきれて条件が整ったところから順次その方法について検討され、建設計画が立案されていく。商業的に十分見合うと判断される場合は、大手デベロッパーが中心となって建て替えることになる。まったく商業的に見合わないときは公社が自力で建設を行う。L 市場の場合は、両者の中間、すなわちパサールの協同組合との共同で建て替えが行われた[17]。建て替えの資金は、協同組合がインドネシア国立銀行（BNI）から借り入れた。

古い L 市場も仮設市場も木造の平屋であった。これに対して新しいパサ

---

[16] 新築なった L 市場への移転が行われたのは、2011 年 7 月 25 日であったが、ジャカルタ州知事が出席した開設式は 2012 年 1 月 22 日であった。
[17] 建て替えにあたってとられる 3 つの手法のどれを選択するのかは、パサール・ジャヤ公社によって判断される。

28　第 1 部　市場の変容

新しい L 市場
（2011 年 8 月、筆者撮影）

ールは鉄筋コンクリート造りの 3 層構造となっている。内部は、半地下部分が食料品関係のフロア、1 階部分が貴金属や衣料、雑貨のフロア、そして 2 階部分が管理事務所や協同組合事務所、礼拝所となっている。旧市場では前面にしかなかったバイクの駐輪場が、市場の背面にも設けられた。空調設備はなく、暑さから解放されたわけではないが、いかにも近代的な装いに生まれ変わった。図 1-2 は、新しい L 市場のフロアプランである。建物は奥行きが約 32 m、横幅が約 60 m となっている。

　公社は、強制ではないものの、このフロアプランの遵守を求めている。1 階の前面部のアクセスのよいところには貴金属商がブースをつらね、半地下階の奥には八百屋や肉屋、魚屋が集まっている。

　建て替えによってブース数は増加した。旧市場ではブース数 351 軒、登録商人数 185 人となっていた。これに対し、新しい建物は 1 階 196 軒、半地下階 241 軒となっている。ブースは建て替え前からの常設店への割当て、建て替え前のカキリマへの割当て、そして建て替えを請け負ったデベロッパーに販売がゆだねられた部分に分かれている[18]。ブースの大きさは、間口 2 m、奥行き 2 m が基本となっている。半地下階の野菜や魚、肉などの生鮮食料品のコーナーはブースではなくテーブル状になっていて 1 区画当たりの面積はもっと狭くなる。

　では、実際に新しくオープンしたあとのブースの利用状況はどうであろうか。表 1-2 は商品種別ごとのブース数を数え、2003 年の調査結果と比較

---

[18]　アクセスのよいところは、業者の販売用となっているとの見方もある（2011 年 8 月 8 日の Z 氏へのインタビュー）。実態は、ブース使用権の価格が位置によって異なるため、安いところは希望が集中してくじ引きになったのに対して、高いところは場所がよくてもくじ引きとならず、業者に販売がゆだねられたということのようである。

第 1 章　伝統的市場の近代化　29

図 1-2　L 市場のフロアプラン

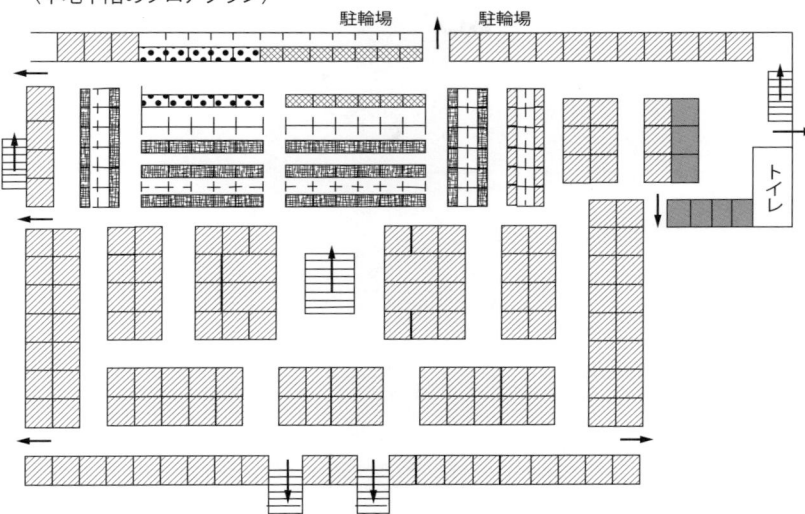

〈半地下階のフロアプラン〉

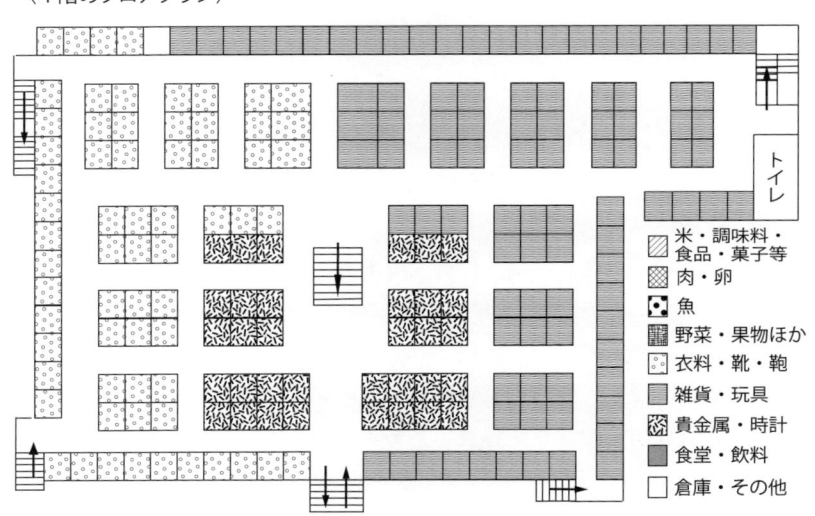

〈1 階のフロアプラン〉

米・調味料・食品・菓子等
肉・卵
魚
野菜・果物ほか
衣料・靴・鞄
雑貨・玩具
貴金属・時計
食堂・飲料
倉庫・その他

出所：デベロッパーの販促資料をもとに筆者作成。

表 1-2　L市場ブースの新旧比較

	2003年8月調査		2012年6月調査		増減***
	ブース数	比率	ブース数	比率	
米・調味料等	73	21	43	10	59
肉・卵	8	2	23	5	288
魚	11	3	9.5*	2	86
野菜・果物ほか	61	17	71.5*	16	117
加工食品	16	5	27	6	169
たばこ	10	3	2	0**	20
菓子	6	2	10	2	167
薬・化粧品	10	3	6	1	50
衣料・靴・鞄	55	16	83	19	150
雑貨・玩具	39	11	38	9	95
貴金属・時計	10	3	22	5	220
食堂・飲料	6	2	8	2	133
その他†	44	13	94	22	195

注1：複数の商品を扱っている場合は、目視により目立つものに基づいて分類した。
　2：ブース数は単純に足し合わせたもので、1階の衣料ブースと半地下の野菜などのテーブルでは面積に倍以上の違いがある。
　3：*魚と野菜が小数表示となっているのは隣り合った店で半分ずつ使用しているケースがあったためである。
　　**比率は小数点以下を四捨五入している。
　　***増減値は2003年のブース数を100として示している。
　†「その他」には、倉庫として使用されていると思われるもの、調査時に閉められていたもの（ただし看板などで明確に種別を確認できたものを除く）、販売中のブースなど、確認できなかったものを含む。なお、2012年調査の「その他」には、ディベロッパーが販促のために使用するブース1つと調査漏れ5つを含む。

したものである。

　表1-2から、まずL市場がじつに多様な商品を扱うパサールであることがわかる。商品は、貴金属などを除くと生活必需品にあたるものが大半を占めている。衣料のほとんどは女性向けであり、男性用は下着やムスリム用の装束を別とすればあまり見かけない。大規模な市場にはあったりする電化製品などの耐久消費財のブースは見られず、今では路地裏近くにもある携帯電話関係の店舗（カンポン）もない。まったく日常の生活の必要に応える市場と言えるが、それだけに貴金属商の存在が特異である。装飾品としての価値だけでなく、貨幣価値の不安定に慣らされてきた庶民の金融手段となっているのであろう。

　建て替え前の2003年調査と比較すると、貴金属関係のブースの増加が目立つが、肉・卵（その大半は肉である）や加工食品のブースも大きく増加している。日常的によく消費されるようになり、かつコンビニエンスストアで

は入手が容易でない品目であることが反映されているのであろうか。米や砂糖、塩、食用油など比較的保存のきく商品を扱うブースが減っていることも興味深い。

　ところで、ジャカルタ都心にある何階建てにもなる大きなパサールの場合、空きブースが目立っていることが多い。特に上層階でそれが見られるのは、客のアプローチの問題であろう。デパートでは上層階だからといって必ずしも集客状況が悪くないのと対照的である[19]。だが、ジャカルタのパサールの中でも小規模なL市場の場合、新しい建物はきわめてシンプルであり、しかも食料品を扱う半地下階も1階も数段の階段を上り下りする構造となっている。このため特に階ごとによってアクセスのしやすさに大きな違いが認められるわけではなく、空きブース問題からはある程度免れそうである。しかし、実際のところ、2012年6月現在、L市場の視認による空きブースは半地下階が20、1階が51となっている。もちろん、ブースが開いていないからといって所有者がいないとは限らない。デベロッパーによれば、同年6月時点で売れ残っていたブースは半地下階が9、1階が30の計39軒であった。視認した数値との差は、開店準備中のものを含んでいると考えられるが、転売中のものも多い。特に1階の空きブースには「店舗売ります」の表示とともにデベロッパー以外の連絡先が記された紙が貼られたところが目立っていた[20]。

　空きブースの状況は、食料品を扱う半地下階のフロアは商売として成り立っても、衣料や雑貨はよそとの競争が激しいということを反映しているのかもしれない。こうした事情からか、2012年の断食明け（8月下旬）には買い上げに応じて購買客に懸賞応募クーポンが与えられた。懸賞の特等賞品はバイクであった。だが、この企画に参加したのは1階の店ばかりであった[21]。

---

19) おそらくフロアプランやゾーニング、そして購買客の目的など、パサールとデパートでは大きな違いがあることに起因するのだろう。パサールの場合、デパートのように階ごとに商品種を変えていくことは容易ではない。小商人のためにブースを設定している以上、エスカレーターやエレベーターを降りた瞬間にそのフロアの全体を見通せるようなデパート型の配置は不可能である。
20) 本書校正中の2013年に訪れると空きブースの多くがすでにうまっていた。
21) 懸賞は商店主たちによって自発的に計画されたものではなく、外部のエージェントの提案によるものであった。

第4節　L市場の人々

　地域に根ざしたパサールであるL市場には、毎日多くの人々が訪れている。ジャカルタのどこの商業施設も人と人が行き交う空間であることには違いはないが、L市場にはどのような人々が集まっているのであろうか。また、このパサールで商売を展開する人たちはどのような顔の持ち主であろうか。2012年6月および9月に行った現地調査をもとに考察してみたい。

1　買い物客

　L市場は、どのような人々の購買によって支えられているのであろうか。このパサールの商圏を知るべく、L市場を訪れた買い物客へのアンケート調査を試みた（表1-3）。調査は、2012年9月13〜16日まで行った。調査手法はL市場来訪者に対する質問紙を用いた対面調査で、記入は調査者が行った。質問内容は、回答者の基本的な属性（住所、職業など）のほか買い物の目的・内容、このパサールを利用する理由、建て替えに関する感想などであった。

　回答者数の男女別は男性20人、女性163人と圧倒的に女性が多く、一般的に言われる「パサールは女の空間」という見方を裏づけている[22]。10年前の2002年にも同様の調査によって女性客中心のパサールという印象を得ているが、こうした性格は変わりないと言える。

　まず、来訪者たちの買い物はどのような目的でなされているのであろうか。2002年の調査で3割だった再販売目的の買い物は、10年を経た今も3割程度と大きな変化は見られなかった[23]。再販売とは、購入した商品を路地裏（カンポン）の店などでふたたび売ることを指し、簡単な食堂の運営のための食材購入も

---

[22]　調査者の選好などから回答者にある程度の偏りが生じているおそれはゼロとは言えない。ただし、買い物客の多くを占めるのが女性であるのは、パサールを訪問してみれば一目瞭然である。なお、2002年調査では調査者はすべて男性、2012年調査ではすべて女性であった。また、12年調査ではより客の多い半地下階での調査が中心となった。

[23]　2012年調査における買い物客の目的は、消費目的が183人中122人、再販売が61人となっている（後者には両方を回答した者を含む）。2002年調査では、274人中消費目的のみが188人、再販売が86人であった（同）。

表1-3 L市場の選好理由（買い物客に対する調査）

N＝183

理由	回答数
（自宅などから）近いから	157
安いから	23
品揃えが豊富だから	21
なじみの店があるから	3
安全だから	2
その他・無回答	16

含む。筆者はこうした状況から、公社による区分に関わりなくL市場が卸売り機能をも持つことに注目してきた。すなわち、地域市場は依然として路地裏に展開する店舗、すなわちワルンのようなインフォーマルな産業を支える役目を担っているのである。

では、なぜ買い物客たちはパサールを選好するのであろうか。調査では、L市場を利用する理由について訊いている。およそ85％の人々が自宅から近いことを理由に挙げている（複数回答）。地域の市場と位置づけられるゆえんである。

自宅からの近さが選好の理由に挙げられる背景には、ジャカルタの場合は交通渋滞がひどく、日用品の購買に要するエネルギーが大きいということもあろう（実際に「渋滞がない」ことをはっきり理由に挙げた回答者も1人いた）。また一般にその日暮らしのような家計の場合、いくら割安と言ってもハイパーマーケット（表1-1参照）のような大規模ショッピングセンターでまとめ買いするよりも、たとえ高くとも小口の購入の方が適しているといったこともある。食料品の場合は、購入した商品を保存できる冷蔵庫所有の有無という問題も関わる。

また、来訪者たちがあらかじめ買い物をする店を決めているかどうかについても調査を行った。回答によればおよそ9割弱の客がなじみの店で買い物をしていることがわかった。パサールが単なる市場原理に基づくのであれば、毎日の購買行動は安価で良質な商品を求める作業の繰り返しになるであろう。だが、バザール経済は売り手と買い手の信頼関係の集積の上に成り立っている。また、実際のL市場の相対取引の現場では、さほどシビアな価格交渉が行われるわけではない。パサール内の商品は通常の売買においては

同一の種類、品質である限り実際のところ価格は「みんな同じ」（ある買い物客の回答から）でさほど差があるわけではない。となれば、ますます価格外の要素が相対的に大きな意味を持つようになる。

　さて、買い物客たちはパサールの「若返り」をどう評価しているのであろうか。建て替えに対する感想を訊いたところ、183人中181人が肯定的評価をしていて（無回答1人）、購買客のほとんどが好意的に捉えている。彼らの回答から垣間見えるのは、古いL市場が「暑くて」「汚くて」「臭くて」「べちゃべちゃして」「安全でない」場所であったということである。部分的にも否定的評価をしているのは、7人であり、「価格が高い」「まだ大きさが十分でない」といったような回答があった[24]。

2　常設店商人

　2012年に行ったL市場の商人への対面調査では、76人の常設店関係者のデータを集めることができた[25]。回答者のうち店主が70人、従業員が6人である（表1-4）。得られたデータからL市場全体の状況を直接判断することはできないが、このパサールの性格を考える材料は提供してくれるであろう。

　まず店主の性別について、買い物客では圧倒的に女性が中心であったのに対し、商人の場合は男性37人、女性33人とほぼ半々となっている。ただし、商われている商品によって性別に傾向が見られる。婦人向け衣料や化粧品、野菜といった商品は女性が商っているケースがほとんどであり、その他では男性がほとんどである。

　店の営業規模はどうであろうか。得られた回答は、ブース数にして437軒（空きブース含む）中145軒分である。回答者が使用しているブース数の

24）　自由回答であったためか、全体として「よい」「整っている」といったような抽象的意見が多く、肯定的評価の細かい分析は行わない。
25）　2003年の調査と比べると回答に応じてくれた商人はかなり少なくなっているため、ここでは比較分析を避けることにした。全部の商人のリストはパサールの管理事務所が作成しているはずであるが、残念ながら「まだ全部のブースが入居しているわけではない」ことを理由に提供されなかった。この種の調査は年々やりにくくなってきているとの印象をもっている。

表 1-4　商人の出身地域

N＝76

出生地	人数
ジャカルタ	21
首都近郊	1（ボゴール）
西ジャワ／バンテン	4
中部・東ジャワ	25
スマトラ	24
無回答ほか	1

平均は約 1.9 ブースとなっている。また、従業員数の平均は 1.21 人（店主以外の従業員数で家族を含む）である。パサールで商う商人たちはかなり零細な営業状況にいることが想像できよう。L 市場は基本的に小商人たちが集積する場なのである。

　ところで、彼らの出自はどうであろうか。ジャカルタで生まれたと答えた者は、店主 70 人中 21 人であった。つまり、70％ の者が他地域からの流入者ということになる。こうした事情を反映してか、買い物客のように「自宅から近い」ことを、L 市場での営業理由として挙げた者は 6 人にすぎなかった。

　調査結果から浮かび上がってくる L 市場商人の典型は、地方から出てきて、このパサールに落ち着き、少ない元手で商いを始めた人々ということになる。しかも、その入れ替わりは激しい。協同組合によれば、建て替えの間使っていた仮設のパサールからこの新しいパサールに移った常設店は元の数の約半分という[26]。76 人の回答者を見ても、2011 年 7 月の新パサールへの移転の際に、あるいはそれ以降ここで営業を開始した商人が 22 人となっている。新たにパサールに入ってきた商人の中には、すでに店をたたんでしまった者もいるという。特に非食料品を扱う上の階の店の入れ替わりが激しいという[27]。観察では、半地下階の食料品階に比べて、1 階は客の入りもさほど多くはなかった。

---

26) L 市場協同組合へのインタビュー（2012 年 9 月 17 日）。ただし、仮設市場の店舗数については把握していない。
27) 建て替え以前から母親と一緒に野菜を商う I 氏へのインタビューから（2012 年 6 月 6 日）。

新しいL市場の1階部分
（2011年8月、筆者撮影）

新しいL市場の半地下階部分
（2011年8月、筆者撮影）

ところで、2003年の調査時には、建て替えを視野に入れて、パサールの一部商人たちが組合の設立をもくろむ運動を行っていた。これは、パサール・ジャヤ公社に敵対的な姿勢をとる全インドネシアパサール商人連盟（APPSI）への加盟を展望した運動であったが、建て替えを前にして瓦解している[28]。以来、L市場には入居する商人を束ねようとする組織はない。協同組合もあくまで相互扶助を中心とした共済事業を運営するための組織でしかなく[29]、たとえばパサール・ジャヤ公社の一部署である管理事務所に対して、商人たちの利害をとりまとめて交渉するような組織は存在しない。
　つまり、パサールは組織的に統制されてはおらず、いわば見えざる秩序によって成り立っている場でしかない。ここでは価格形成ですらも、個々の相対の集合でしかなく、「競り」は行われていない。売買は商人とその常連客との間の信頼関係で成り立っている部分が大きく、掛け売りも日常的に行われている。
　つづいて、建て替えに対する商人たちの評価はどうであろうか。調査では、建て替え前と比べてどのように変わったかを訊いた。結果はおおむね、買い

---

[28] この運動の先頭に立っていたのは駄菓子卸を商うZ氏であったが、APPSIがプラボウォ・スビアント率いるゲリンドラ党を支持するようになり政治的姿勢を鮮明にしていったことで、彼自身も含めたL市場の商人たちの組織化意欲が削がれていったという（Z氏へのインタビュー、2011年8月8日）。

[29] 現在、L市場の協同組合は90人ほどのメンバーで成り立っている。

物客たちの高評価と対応している。パサールが物理的にきれいになったことを評価する声は特に多い。だが、客足や売り上げに関しては、よくなったと答えている者が 31 人に対して、悪くなったと答えている者が 14 人と微妙である[30]。商人が増えたことで競争が激しくなったことを指摘する者もいる。また、入居に関わる費用の高さ[31]に対する不満はもともと強い（ただし回答では 5 人）。

第 5 節　カキリマと「秩序」

　質問紙調査の結果に見る限り、L 市場の建て替えは、買い物客にも彼らを迎える商人にも好評であった。「伝統的市場」の「若返り」＝「近代化」は、おおむねもくろみどおりだったと言えよう。

　ところで、この「若返り」に伴って使われるのが「整然とした（tertib）」という概念である。「べちゃべちゃした」低発展の状態から、きれいに整った状態への物理的転換である。だが、「tertib」は施設整備だけを意味するわけではない。むしろ、それは人の「秩序」を指し示すことが多い。

　実際、パサールの近代化、「秩序化」は単に老朽化したパサールを建て替えるだけにとどまらない。カキリマを敷地内から排除することも含む。建て替えられた L 市場にはカキリマの営業を禁じる横断幕が張られていた。

　カキリマに対する厳しい姿勢は、公社の基本的な方針である以前に、ジャカルタ地方政府の政策でもある。2003 年のジャカルタ政府による「秩序回復」作戦では、車道の片側車線すべてを長年にわたって占有していた華人街コタ・パンチョラン通りのカキリマが断食明け大祭の帰省中に首都治安部隊によって一斉排除された（内藤 2010）。2 年後には同じように車道にまで店を広げていたパサール・スネンのカキリマも排除され、現在でも出店を監視されている。ジャカルタの大渋滞の原因はカキリマによる路上占拠だけでは

---

[30] 自由回答の内容から肯定、否定の別を特に客数や売り上げにしぼって分析した。
[31] 商人たちは一般的に「賃料」という言い方をしているが、正確には「使用権料」である。ただし、サブリースの形で賃借されているブースも多く、そうした場合は本来の権利者に対して賃料が支払われる。

カキリマの営業禁止を告知する横断幕
（2012年8月、筆者撮影）

ないが、これらの地域ではその主因となってきたことはたしかであろう。

特に、1997年から98年にかけての経済危機では、多くの失業者が出る中で、カキリマとなって糊口をしのぐ者もたくさんいた。インフォーマル・セクターは、経済危機に際してそのショックアブソーバーとなっていた。概して従来の研究視点では、こうしたカキリマの存在について、庶民の生き残り戦略として好意的に取り上げているものが少なくない[32]。第1節で述べたように、カキリマは近代化に対抗するモデルとして位置づけられてきたと言えよう。しかし、路上を占拠するカキリマは交通の障害となってきたし、歩行の妨げとなっていることもたしかである。また、カキリマはパサールのように、買い物客が集まるところに出現するため、パサール内の常設店と競合する関係となる。欧米の研究者の視線とは違って、インドネシアの政策当局の姿勢は、近代化モデルに乗ってカキリマを排除する方向に傾いている。

L市場では、周辺の路上どころか、パサールの敷地内までカキリマが入っていた。常設店の店主たちは、やはり経済危機を契機にカキリマが増えていったと言う。前述のように2004年の調査ではあろうことか、カキリマたちのために仮設のブースまで置かれていた。

L市場のカキリマは、地付きの権力者であるプレマンによってコントロールされていた。じつは、建て替え前に仮設のブースをパサールの前庭に用意したのもプレマンであった。パサール・ジャヤ公社のカキリマに対する姿勢は、こうした行為を許していたことからもわかるように、かならずしも排除一辺倒ではない。そうした姿勢が庶民の生活戦略への理解に基づくものなの

---

[32] たとえばJellinek（1991）、マレー（1994）。筆者自身も、カキリマについてはかならずしも否定的な評価をしてはいない。

第 1 章　伝統的市場の近代化　39

表 1-5　カキリマ排除に対する評価

N = 99

カキリマ排除を肯定的に評価	71
排除はまだ不十分・不徹底	16
カキリマの存在を肯定（あるいは同情的）	11
その他「わからない」など	1

か、それともほかの理由、たとえばインドネシアでは容易に想像できる「癒着」に起因するものなのかはわからない。だが、現在においても、公社は、パサールの営業や交通の著しい障害とならない限り、カキリマの営業をある程度認めている[33]。実際、L市場以外のパサールでは、カキリマが細々ながらも営業している例を見る。

しかし、L市場の場合は、2011年の建て替えを機にカキリマはほぼ完璧な形で一掃されてしまった。2003年の調査では、前部駐車場に店を広げた野菜売りのカキリマの存在を、パサール奥で商う八百屋たちは「営業妨害」と感じていた[34]。彼女たちをはじめとして常設店店主たちは、カキリマの排除を強く求めていた。だが、現在ではパサール前部の駐車場で商う者はまったくいない。

こうしたカキリマ排除に対する買い物客の評価はどうであろうか（表1-5）。回答者99人中[35]、カキリマ排除の結果を評価している者は71人であった。逆にカキリマの存在を肯定的に捉えているのは11人で、そのほとんどが価格の安さ（特に野菜）を理由に挙げていた。また、L市場の敷地内から締め出されたことで、その一部がむしろ近くの路上に展開することになり交通の障害となっているので、カキリマを「パサールの中に入れるべきだ」といっ

---

[33]　パサール・ジャヤ公社の広報担当は、パサールの営業が終了したあとの「夜市」や、パサール内の常設店と競合する可能性がきわめて低く、かつパサールの商人や買い物客の便宜のためにあった方がよいカキリマは認められると語っている。後者はたとえば、常設店には食事を提供する店がなかったときに、軽食を商うカキリマを認めるといった例を指す（インタビュー、2012年9月13日）。

[34]　2003年において、ほんとうにカキリマの存在がパサール内常設店の営業妨害になっていたかどうかは論証できていない。常設店店主たちが売り上げの落ち込みについて語る中で示されただけである。

[35]　この質問は、調査の途中から加えられたため、前半の回答者からは回答が得られていない。

た意見もあった。

　では、カキリマはどこに行ったのであろうか。彼らがまとまった形で、ほかの場所に移転したり常設店へと業態を変化させたような形跡は認められない。ある者はパサールの管理区域を出てカキリマのまま路上で商っていたり、ある者は常設店の使用権を買ってパサールの中に入っていった。そのほかにも、そもそも商売そのものをやめて他のセクターに移っていった者もいるかもしれない。

　パサール・ジャヤ公社が描く「理想」は、カキリマがパサール内のブースに入っていくことである。ブースで常設店として商うということは、すなわちフォーマル・セクターの側に移っていくことであり、もはやカキリマではなくなることを意味する。公社ならずとも、こうした近代化モデルに沿った移行は為政者や多くの市民、そしてインドネシアの発展に期待する海外からの視線においても、青写真として歓迎されるところであろう。

　実際、L市場では、建て替えに際して増えたブースのうち40軒がカキリマ用に割り当てられた。だが、これは建て替え前の2003年の調査時に確認されたカキリマの数からはほど遠い。

　2012年6月に行ったL市場常設店へのインタビューでは、回答者76人のうち同市場ないしその近辺のカキリマからパサールに入った者は6人であった。これに対し、他地域のカキリマから常設店店主となったのは、15人であった。常設店を構えるための初期費用はローンを組むことで充てることが可能であったとしても、かなりの負担感を与える。地元のカキリマだけでは割当てのブースを埋められないということであろう。

　そもそもカキリマにとってパサール内に入って常設店となることが正しい戦略と言えるかどうかも疑わしい。第1に、常設店の使用権を購入する資金が必要となる。新しいパサールは当然使用権も高額となり、それを用意するだけの財力が求められる。電気代などの料金も発生する。パサールの敷地から周辺の路上に移っていったカキリマの場合にしても何らかの「所場代」を求められるものの、一般的には常設店を構えるよりも低コストでの経営が可能となる。

　第2に、路上と比べて集客が難しくなる。規模の大きいパサールの場合、

近代化後は数階建てのビルに入ることになる。1階のようにアクセスがよいところはそれなりに売り上げも伸びようが、上層階となると客を集めるのも難しい。

　これに対して路上は、カキリマたちにとってパサールの1階よりもさらに戦略的に好立地である。路上の場合、購買客はカキリマの前を通るからである。もっとも、路上は直射日光が照りつける場合、過酷な労働の場ともなり、長時間にわたる営業には不向きという見方もある。したがって、路上でカキリマにとどまるのか借金をしてもパサールに入るのかは個別の戦略となろう。

　L市場の場合、近隣の空き地に自然発生的に成立しているパサール・ジャヤ公社の管轄下になり、より小さなパサールに移っていった者もいる。もともとこぢんまりとヤギを商う場であった小パサールには、L市場から移ってきたカキリマが午前中店を開いている。

　なお、カキリマが経済不況の際のショックアブソーバーとなっていることを考えると、インドネシアの現在のような好況下では、フォーマル・セクターに属する仕事へと移っていった者もいるであろう。

　また、女性の場合、夫の収入が回復して専業主婦化ないし自宅の軒先などでの営業に移行した者もいるかもしれない。少なくとも、感覚的には2000年前後と比べるとジャカルタのカキリマの数は大きく減っているように思われる。単に一部地域への集積が公権力によって排除された結果だけとも言えないであろう。

　ところで、経済危機のあと増えたカキリマたちのために仮設ブースを設営したのは、この地域のプレマンであるB氏であった。彼の縄張りは基本的にパサールの敷地内となっていて、その外は他のプレマンのテリトリーとなっている。建て替えによってカキリマが排除されたため、一見、B氏は重要な収入源を失った形になっている。しかし、パサールには、管理事務所の職員のように公社の正規職員もいれば、警備員や清掃要員、駐車場職員のように派遣の身分にいる者もいる。「何でもかんでも派遣の時代」にあって、こうした非正規職員の一部は地付きのプレマンの紹介で入ってきたりする。また、L市場の場合、駐車料金は公社の収入になる分と駐車場職員がとる分と

に分かれている。後者の一部がB氏の収入になっていると見る者もいる。

　アンダーグラウンドな世界との断絶は、カキリマの排除以上に難しいのかもしれない。

第6節　おわりに

　伝統的市場（パサール）の「若返り」（＝近代化）は、民間資本との連携により近年一気に進んでいるように見える。だが、その歴史は古く、「若返り」初期に建てられた鉄筋コンクリート製のパサールの中にはすでに老朽化が進み、取り壊されているものすらある。1つ1つのパサールの「若返り」には相当な時間と労力がかかっている。公社の関係者は、その理由として、商人たちの教育が低くて、規律（disiplin）に欠け、理解を求めるのに時間がかかることを挙げている[36]。「近代化」に伴って、「秩序（tertib）」がうたわれるのも、現状に対するこうした評価が前提となっているからであろう。

　「指導的」とも言える、公社＝公権力の側のこうした視線は、経済発展の中で流れ込んできた民間の資金と相まって、たしかにパサールの「若返り」を推進してきた。だが、パサールに集まる商人たちはカキリマも含めて、ある種の合理的判断の中で、そこに現れたり、また消えていっているようにも思われる。L市場の建て替えでは、仮設のパサールにいた商人の約半数が新しいパサールに入ったという。逆に言えば半数は、この「近代化」についてこなかったということになる。それを「ついてこなかった」と見るのか、「ついてこられなかった」と見るのかは難しい。調査では、新しいパサールに入居した商人の中にも売り上げの伸びを感じられていない者が多かった。高い入居費用に見合うだけの利益を確信できていた商人ばかりではないであろう。その一部はよそへと活路を見出していったのではないか。

　カキリマはもっと象徴的である。L市場ではその排除にあたって、よそで見られたような抗議行動は起きていない。組織化すらされない彼らを権力に対して「弱い者」として描くことは可能であるが、実態はもっとしたたかな

---

[36]　パサール・ジャヤ公社の広報担当へのインタビューから（2012年9月13日）。

のかもしれない。
　伝統的市場の「若返り」（＝近代化）は、「伝統的」とはいったいなんなのか、といった問題を私たちにつきつけてくる。カキリマはもちろんのこと、ときには多くの小商人をも切り捨てて進むパサール（バサール）の建て替え事業は決してパサールのスーパーマーケットへの再編でもなければデパート化でもない。一部にそうした近代的市場を整備しつつもパサール・ジャヤ公社は、小商人のためのファシリティ整備といった目的を捨てることはできない。また、近年、郊外の高級住宅地やコンドミニアムに隣接してパサールを模したショッピングセンターが作られているように（近代的伝統的市場 pasar tradisional modern と呼ばれる！）、消費者の側も「伝統的」なものへのニーズを強く維持している[37]。
　しかし、他方で空きブースの目立つパサールが見られるように、箱物の近代化に「伝統」はすんなりとは納まらない。きれいで清潔な空間に対する欲求は確実にあるとしても、そこには決して小さくはないずれが垣間見える。
　そして、消えてしまったカキリマたちは、経済の好調が続く限りとりあえずパサールの空間にその姿を現すことはないだろうが、ひとたび不況に陥ればまた以前のような「にぎわい」となって戻ってくるのではないだろうか。中間層の成長が注目される一方で、そうした見えざるマス（大衆）への視線を失うことはできない。
　ところで、2012年、ジャカルタ市民はジョコ・ウィドド（通称ジョコウィ）を新しい州知事に選んだ。彼はソロ市長時代、カキリマのためのパサールを用意し、地道に対話をかさねて円満のうちに移転を実現させた実績を持つ。新知事が、はたして首都のカキリマに対して、あるいはその他の小商人に対して、どのような政策を打ち出してくるのか楽しみなところである[38]。

---

37) 新井健一郎氏のご教示による。氏によれば、相対取引やパック化されていない商品（たとえば目の前で加工処理される肉や魚）によって醸し出される雰囲気そのものが「商品」として求められているという。
38) 本章の校正中に筆者と問題意識を大きく重ねる Herman Malano の著作（2011）と接した。

【参考文献】
〈日本語文献〉
倉沢愛子 2001『ジャカルタ路地裏(カンポン)フィールドノート』中央公論新社。
内藤耕 2003「ジャカルタ南部における市場（いちば）の機能——レンテン・アグン市場を事例として」『文明研究』21号。
内藤耕 2004「ジャカルタ南部の市場（いちば）における常設店商人の構成——03年8月のL市場の調査をもとに」『文明研究』22号。
内藤耕 2006「熱気と混沌のパサール」『アジア遊学——ジャカルタのいまを読む』2006年8月。
内藤耕 2007「変容のなかのパサール（伝統的市場）——ジャカルタ南部L市場から」倉沢愛子編『都市下層の生活構造と移動ネットワーク』明石書店。
内藤耕 2010「ジャカルタ・コタ、華人街の情景——パンチョラン通りの調査から」『東海大学文学部紀要』第93輯。
マレー，アリソン 1994（熊谷圭知・葉倩瑋・内藤耕訳）『ノーマネー、ノーハネー——ジャカルタの女露天商と売春婦たち』木犀社。

〈外国語文献〉
Herman Malano, 2011, *Selamatkan Pasar Tradisional: Potret Ekonomi Rakyat Kecil*, Gramedia Pustaka Utama.
Jellinek, Lea, 1990, *Wheel of Fortune*, Allen & Unwin.
Poerbo, Heru W., 2010, "Competing for the Sidewalk: Street Peddling as an Unwanted Urban Activity," Heng Chye Kiang, Low Boon Liang and Hee Limin (eds.), *On Asian Streets and Public Space*, National University of Singapore.
Suwito Santoso, 2011, *Jakarta dan Pusat Perbelanjaan: Sejarah dan Seluk-Beluk Kondisi Bisnis Properti Pusat Perbelanjaan di Jakarta*, PT Elex Media Komputindo.
Zaenuddin, H. M., 2012, *212 Asal-Usul Djakarta Tempo Doeloe: Disertai Fakta, Foto, dan Kesaksian Unik Yang Membawa Anda ke Masa Lalu*, UFUK Press.

第 2 章
ジャカルタの衣料品市場の変容
——タナアバン市場における西カリマンタン華人の役割

松村智雄

第 1 節　はじめに

　ジャカルタの人々の消費行動は、時代を追って大きな変化を遂げてきている。消費行動の多様化は衣料品の分野でも起こった。人々は、より質がよくデザインも優れた衣料品を求めるようになり、また同時に、その種類にも変化を求めた。

　ジャカルタの衣料品市場として不動の地位を築いているタナアバン市場も、この消費者の購買行動の変化を反映して大きく変容してきた。

　1970 年代、タナアバン商人と言えば西スマトラ出身のパダン人[1]であり、タナアバンで売られるものと言えばバティック[2]、イスラーム服（busana Islam）[3]が主なものであった。ところが現在タナアバンに行くと、その目新しい巨大な空調付きの建物の中にひしめいているのはさまざまなデザインの

---

[1]　西スマトラの都市パダンとその周辺を故地とする民族集団はミナンカバウ人である。彼らは熱心なイスラーム教徒であること、また母系制社会であることでも有名である。
[2]　インドネシア独自のろうけつ染めによる衣類。日本では「ジャワ更紗」として知られる。
[3]　イスラーム服とは、イスラーム教徒が用いる体の輪郭がはっきりと表れることがない緩い形状の服であり、ジルバブ（jilbab）と呼ばれる頭を覆うスカーフなども含まれる。

女性のための服、子ども服、スポーツ服などである。たしかに、その巨大な建物の外側には昔ながらの建物があり、そこではパダン人が昔ながらの品目を販売しているのであるが、それ以外に目につくのは華人商人の姿である[4]。彼らは、1970年代にはパダン人が大部分を占めていたタナアバンの衣料品の分野に比較的短期間のうちに進出し、しかもパダン人よりも条件のよい場所で、新たな品目を売るようになっている。それが消費者の求めるものの変化に合致していたからこそ、華人商人の成功があったのであろう。そして、これらの華人商人たちの出身地を尋ねると、決まって西カリマンタン出身であると言う。彼らはどのような経緯でこの市場に進出し成功したのであろうか。

タナアバンの巨大な空調付き建物（筆者撮影）

さまざまなデザインの衣料品が並ぶ建物の内部
（筆者撮影）

本章では、インドネシアのみならず、東南アジア随一の規模であると言われるタナアバン市場の発展において重要な役割を果たした西カリマンタン出身の華人が、そもそもどのようにしてこの地域に進出するようになったのか、そして、ジャカルタの人々の消費行動を支えてきた、生産者・売り手としての彼らの活動はどのようなものなのかについて論述する。

まずタナアバンがどのような地区であり、どのような変遷を辿ったのかに

---

[4] 中国系住民のうち、中国籍を保持している人々を「華僑」、居住地国籍をすでに取得した人々を「華人」と区別する場合があるが、本章では中国にルーツのある人々の総称として「華人」の語を用いることにする。

ついて述べたあと、西カリマンタン華人がどうしてタナアバンに進出してきたのかを問う。その後、彼らの活動がどのようにタナアバンの発展に貢献しているのかを述べる。

第2節　タナアバンと西カリマンタン華人

1　タナアバン前史

　ジャカルタの地域史の一般的な解説によると、その地名についても諸説あり、有力なのは次のような説である。もともとこの地域は、自生していた木の名前にちなんで「ナバン」と呼ばれていた。ところがオランダ統治時代には、この「ナバン」という地名にも、オランダ語の定冠詞である de を置くことが書き言葉においては普通であり、「デナバン」と書かれていた。この「デナバン」という発音を、当時ここに住んでいた人々の訛りで「テナバン」と呼ぶようになり、1890年には、この地域に電車を通す際に、この言葉を「タナアバン」と意味の通る言葉と逆に誤解したために、これが地名として定着することになったのだという（Zaenuddin 2012: 348; 加納 2003: 147-149）[5]。

　この地区は、19世紀以前には農地であった[6]。蘭印政府からこの地区が民間に払い下げられた際、ユスティヌス・フィンクという人物が、現在のタナアバン地域を買い取り、ここを市場とする案を政府に提出した。彼は蘭印政府から許可を受けたあと、1735年に2つの市場を作った。これがタナアバン市場とスネン市場である。ここではさまざまな商品が取引された。

　19世紀末になると、多くのアラブ人がタナアバン付近に住むようになった。この地域に1920年に住んでいたアラブ人は、おおよそ1万3,000人であったという。彼らの多くはヤギ肉を好んだので、当時ここは山羊肉の市場として栄えた。その後この地域は、墓地、駅、モスク、華人の廟が作られてますます繁栄した。この地域の華人が増えたのは、オランダが20世紀初頭

---

[5]　「タナ」はインドネシア語で「土地」、「アバン」はインドネシア語では「兄」、ジャワ語では「赤」の意味を持つ。よって、「タナアバン」と言えば一応「兄の土地」あるいは「赤い土地」という意味を持つ言葉となる。

[6]　この地域の地名にはクボン・カチャン（豆畑の意）やクボン・ムラティ（ジャスミン畑の意）といった、農地をイメージさせるものが多い。

に、それまでの華人の居住地制限を緩めたことに起因していると思われる[7]。当時のタナアバン商人の商売の形態は行商であり、果物や服、菓子を売っていた。

インドネシア独立後、ジャカルタの都市化が進むのにつれて、この地域の農業は衰退した。そして、ジャカルタ地元民以外の移転者の居住も増えていく。彼らはジャカルタに出てきて、より良い生活を求めて努力を重ねた。このように発展してきたタナアバンの市場であるが、おおよそ1970年代までは、その大部分の商人は、西スマトラのパダン出身の商人で占められていた。しかし1980年代以降、西カリマンタン出身の華人が増加し始め、現在では主要な売り場を席巻している。

2　西カリマンタン華人の特徴

インドネシアの華人と一言で言ってもその多様性は顕著である。彼らは外見からして、いかにもその他の現地民と異なる風貌である場合があり、逆に見分けがつかない場合もある。ところが、外見上区別がつかず、また言語上も中国由来の言語を使用することもできない彼らが自分は華人であり、その他の民族とは異なるという集団的自意識を持っている例がある。たとえば、ジャカルタ近郊のタンゲランの華人はチナ・ベンテンと呼ばれており、彼らは彼らなりの華人としての儀礼を現在まで保存している[8]。

ジャワの華人の場合は、外見上さまざまであり、そのアイデンティティのあり方も多様であるが、概して彼らの第一言語はジャワ語[9]やスンダ語[10]である。ジャワの華人のルーツを辿ると福建系の華人[11]が多いのであるが、中国由来の福建語を現在まで話す人は少ない。

これと対照的に同じ福建系の華人であっても、スマトラ島のメダンの華人

---

[7]　ジャカルタにおける華人居住地は、ジャカルタ北部のコタ地区であり、現在も華人街として知られている。
[8]　タンゲランの中国系住民は、外見上はほとんどその中国系の雰囲気を留めていないが、中国系の伝統儀礼を保ち続け、独特な伝統音楽、祭儀を持っている。
[9]　ジャワ島東部、中部でジャワ人が話している地方語。
[10]　ジャワ島西部でスンダ人が話している地方語。
[11]　福建系華人は中国福建省の南部を故地とする民族集団である。

第2章　ジャカルタの衣料品市場の変容　49

は普段の会話に福建語を用いている。外見上はさまざまであるが、言語状況において有意の差異が見出せるのである。

　そのほかに、特に華人が多い地域としてリアウ島嶼部があるが、ここでの主流派は潮州系の華人[12]である。その他、バンカ島、ブリトゥン島の華人は客家系[13]が主流である。

　西カリマンタンでは、その州都ポンティアナックの主流派は潮州系の華人である。しかし、西カリマンタン内陸部や、州第2の都市であるシンカワン周辺と西側沿岸部においては客家系の華人が主流派である。

　特に本章に関係するのはこのうち客家系華人であるが、潮州系華人も含めて、西カリマンタンの華人は、ジャワの華人と比較した場合、より「中国的」である。彼らは現在でも、客家語や潮州語といった中国起源の言葉を日常生活の言語としている。また中国起源の儀礼、習慣、食文化も健在である。たしかにスハルト体制下の華人同化政策の一環として中国語教育が禁止されていたため、彼らのうち比較的若い世代は中国語の文字からは切り離されてしまっているが、しかしそれでも自分たちが「中国人」であり、その他の「土地っ子」とは違うのだという自意識を持っている。

　西カリマンタンの華人には客家系と潮州系の華人の2系統があることは先に述べたが、そのうち客家系華人は、元来18世紀に、この地域に複数存在したスルタン（イスラームを奉じる王）を中心とするムラユ人王国が、南中国（主に広東省）から呼び寄せた金鉱労働者の子孫である。彼らは、金が枯渇する19世紀半ばから内陸部でゴム栽培や稲作といった農業を生業（なりわい）としていた。　一方でポンティアナックを中心に活動する潮州系華人は商業に従事した。彼らの行動領域は広く、シンガポールやリアウ諸島との交易も多く行っていたようである。

　1950年代末まで、インドネシア国家の西カリマンタン華人に対する影響は限定的であった。彼らは、シンガポールや中国の影響を多く受けており、

---

[12]　潮州系華人は、中国大陸汕頭（潮州語読みのスワトウが知られる）周辺を故地とする民族集団であり、東南アジアでは商業、漁業に従事することが多い。

[13]　客家系華人は、現在、中国華南地方の山間部に多く住み、その社会は多数の言語集団に分かれる。東南アジアへの移民では、銀（英領マラヤ）、錫（バンカ、ブリトゥン）、金（西カリマンタン）の鉱山労働者としての移民が際立っている。

自分たちがインドネシアに属するという意識は希薄であった。ところが、1960年代になって、西カリマンタンが、マレーシア構想[14]に抵抗する共産主義者ゲリラの活動の舞台になったことが、この地域の華人の命運を左右することになった。

西カリマンタン州とマレーシア領サラワクの間の国境地帯で活動するゲリラは、マレーシア構想に反対するインドネシアのスカルノ政権の支持も受けて急成長した。ところが、インドネシアで1965年9月30日事件[15]が起きたのち成立したスハルト政権は、マレーシア軍と協力して、西カリマンタンの共産主義ゲリラの掃討作戦を展開するようになった。

この余波を受けて、西カリマンタン内部に居住していた客家系華人は、国境地帯で活動していた華人主体のサラワク出身の共産主義ゲリラの活動家を支援する可能性があるというので、インドネシア国軍によって居住地を追われ、監視のしやすいように沿岸部の土地に住まわされた（戴・井草1974; Mackie 1976 :127; Coppel 1983: 145-149; Somers Heidhues 2003: 243-255）。

彼らの移動は制限され、西カリマンタン全体の商業活動にも悪影響をもたらした。特にもともと内陸部で農業を営んでいた客家系華人にとっての追放事件の影響は大きかった。なぜなら、彼らは生活の術である土地を失ってしまったからである。彼らは身ひとつでシンカワンやポンティアナックに流入した。都市に流入した難民は概算によると6万人にのぼると言われる（Davidson and Kammen 2002: 72）。元農民であった彼らは、主な財産であった土地を失い、西沿岸部に強制移住させられたことにより、貧困の底に突き落とされた。彼らの中では、困窮のあまり子どもを売るという行為もはびこり、その初期には、栄養失調により多くの人が命を落とした（Somers Heidhues 2003: 252-255）[16]。また西沿岸部でもともと商業に携わっていた華人も多か

---

14) マラヤ連邦のアブドゥル・ラーマン首相が主張した、マレーシア半島部、サラワク、サバを含めて独立政体を作るという構想。
15) インドネシア陸軍の中の共産党寄りの人物がスカルノを擁護するためとして、首都ジャカルタでクーデターを起こし、6人の陸軍高官を暗殺したとされる事件である。事件の背景にインドネシア共産党が存在していることに疑いを持たない陸軍、そして陸軍のトップに上り詰めようとしていたスハルトは、この事態を収拾するために共産党員とその同調者に対して容赦ない弾圧を行い、治安維持を図った。

ったが、彼らの商業活動も、1967年以降1970年代半ばまでは軍により制限を受けていた。

　このいわゆる「1967年華人追放事件」と、西カリマンタン華人がジャカルタ行きを選び取ったということを直線的な因果関係として捉えるにはあまりにも複雑な要素が絡んでいると言えよう。しかしながら、その主要な原因の1つとしてこの事件を想定することはあながち間違いとは言えないだろう。この事件は紛れもなく、西カリマンタンの社会構造そのものを変化せしめたのであり、この事件によって西カリマンタンの西沿岸部の都市部には大量の生活に困窮する「難民」があふれることになったからである。

　スハルト体制下の経済発展の中で、首都ジャカルタは急速な発展を遂げ、インドネシア各地からの人々の移動が増えた。西カリマンタン出身者も例外ではなかった。西カリマンタン華人のジャカルタへの移動は1970年代後半から始まり、1980年代に盛んになった。1980年代に繊維業分野で成功を収める西カリマンタン出身の華人が続出し、タナアバンの繊維業のかなりの部分を掌握するまでになった。その後も時計、電気機器などの分野への進出も際立っており、ジャカルタの華人社会の中の存在感もますます増してきている。

3　先行研究

　タナアバンだけに限らない、ジャカルタへの西カリマンタン華人の移動に関しては、いくつか言及がある。ソマーズ・ハイトヒューズもその著書の中で、ジャカルタへの彼らの移動を台湾への移動[17]と並べて記述している。それらは西カリマンタン、特にシンカワン周辺の雇用の少なさ、貧しさゆえの出稼ぎ形態の一種としている（Somers Heidhues 2003: 263）。

　しかし、タナアバンに焦点を当てた研究は、この地域がジャカルタの大口の衣料品の取引市場として、名実ともに重要な意味を持ち、現在も発展し続

---

16)　彼ら「難民」の生活水準は現在でも特に低く、シンカワン郊外の特定地域には質素な家が密集しており、彼らの生活環境の改善が望まれるところである。

17)　西カリマンタンの特にシンカワンとその周辺部からは、1980〜90年代に、現地の華人女性が台湾人男性と結婚し台湾に移動するという事例が多く生じた（Somers Heidhues 2003: 254）。

52　第1部　市場の変容

けているという事実にもかかわらず、きわめて限られている。

　タナアバン地域の歴史に関する本であれば、前述のタナアバン前史の典拠としたような、ジャカルタの各地域の起源やその発展を概説している書籍は存在する。これらの本の中では、簡単にタナアバンの起源と成り立ち、その発展のようすについて書かれているものの、それ以上の話、ましてやスハルト期にこの地域がどのように発展したかということに関しては、まったく言及がない。

　唯一存在するのは1970年代にインドネシア大学で書かれたタナアバンの商業活動に関する経営研究である（Kafafir 1977）。しかしここでは、タナアバンで商業に従事する人々の出身地や彼らの日常の活動に注目するというよりも、経営学、経済学の視点から、彼らの物流を分析することに主眼が置かれている。

　このように、タナアバンの現在の状況に接続されるような1970年代以降の発展のようすはこれまで記述されたことがない。その中で西カリマンタンの華人がこの地域で大きな影響力を持つようになったことも重要な変化であり、それが、ジャカルタの人々の需要に答える中でますます発展してきていることからいっても、本章の意義は十分に大きいと考えられる。

4　タナアバンの構造

　タナアバン地域に現在のような大きな建物が建つようになったのは、2000年代に入ってからである。現在、タナアバンには主要な建物として、Aブロック、Bブロックのほか、比較的新しいメトロ・タナアバン（Metro Tanah Abang）がある。この3つの新しい建物は現在は空調付きであり、西カリマンタン出身の華人が多く、売り場では西カリマンタンのシンカワンやその周辺で用いられている客家語の一方言が飛び交っている[18]。

　試みに、比較的新しいBブロックの1階で商売をしている人が華人かそ

18）彼らの客家語の方言は、同じカリマンタンであっても、ポンティアナック周辺や西カリマンタンの内陸部の客家人の方言と語彙やイントネーションが異なっている。相互に意思疎通は可能であるが、その話しぶりによって、どこの出身かを的確に区別することができる。

表2-1　Bブロック1階の店舗構成

通路番号	1	2	3	4	5	6	7	8	9	10
店舗総数	21	20	24	18	22	20	32	47	57	31
華人店舗	9	7	11	13	12	13	24	36	51	23
その他の店舗	12	13	13	5	10	7	8	11	6	8

出所：筆者作成。

図2-1　タナアバンBブロック1階の通路図

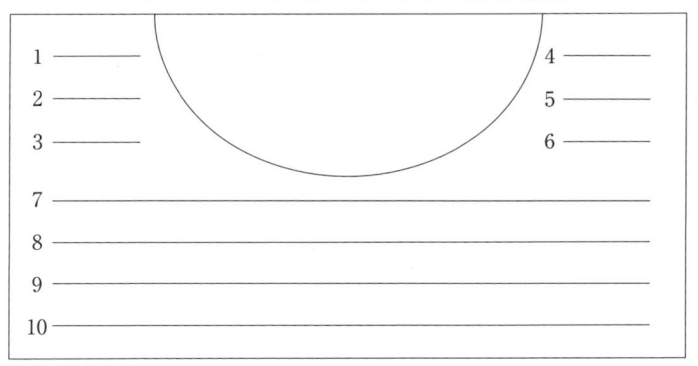

出所：筆者作成。

うではないかを外見上で区別してみると、次のようになる（表2-1）。このフロアには図のように1から10まで数をふった10の通路がある（図2-1）。それぞれの通路の店舗の数とそれぞれの通路のうちどれだけが華人商人による店であるかを示したものが、この表である。ここに見られるのは、華人はより人が集まりやすいフロアの中央部に多く、華人以外の商人（多くはパダン人）は、フロアの隅の方に多いという傾向である。これはあくまで外見上の区別であるが、おおよその傾向は掴めるのではないだろうか。

　これはBブロックの例であったが、Aブロックにおいても華人の存在感が一見しただけで感じられる。メトロにおいても同様である。メトロの一部分は2012年に改装され、多くの店舗が空いている状態である。

　メトロの次に新しい建物はBブロックである。これは2010年に改築されたものである。次に新しいのはAブロックである。これは以前からあったが、2002年に火事になり改装された。Cブロックは食堂がある場所であるが、

これも 2000 年代初頭に改装が進んだ。メトロの建物自体は、2000 年代には出来上がっていた。

その他、空調のない F ブロックには、以前からパダン商人が多く、華人は皆無である。華人の多くが子ども服、女性向けの多様なデザインの服、スポーツウェアを売っているのに対して、彼らはイスラーム服を中心に男性用ジーンズ、ジャケットなどを売っている。このような棲み分けがなされているようである。タナアバンの商人が主な顧客にしているのは個人客ではなく、大口で買っていく顧客（多くは小売り店主）である。基本的にタナアバンは卸売市場である。筆者も多くの店舗で話を聞いたが、最初彼らが筆者に向かって聞いてくるのは、「あなたはどこで商売をしているのか？」という質問である。それほどに卸売の色彩の強い場所である。

タナアバンの売り場のブースの値段であるが、そこで店を持つ商人によると、2000 年以降の話であるが、1 m^2 で 3 億〜5 億ルピア（当時のレートでおよそ 357 万〜595 万円相当）[19] であるという[20]。買う場合にも 25 年間の使用権が与えられ、25 年後には、タナアバン市場を運営・管理するパサール・ジャヤ公社[21] が改装をし、また売りに出すことになる。もちろんブースを借りることもできるが、その場合には、エスカレーター近くの商売に好都合な場所の場合には、2 m × 4 m の広さで 2 年間の賃料が 10 億ルピア（約 1,190 万円）、比較的安いところでは 2 年間で 6 億ルピア（約 714 万円）、最も新しいメトロ・タナアバンの場合には、2 年間で 15 億ルピア（約 1,786 万円）の賃料である[22]。

---

19) 本項の以下の円表記は、2001 年当時の平均レート 1 円 = 84 ルピアで算出。
20) タナアバンの建物の各階のエスカレーターの前のような商売に好都合な場所では、3 年間の分割払い、それ以外の場所では 5 年間の分割払いが認められる（スカリムへのインタビュー。ジャカルタ、2012 年 7 月 27 日）。
21) パサール・ジャヤ社は、1966 年にジャカルタ首都特別州条例によって設立され、翌年内務省に承認されている。その設立の目的は、ジャカルタの市場の効率化を行い、それを消費者の利便に供するとともに、州の財源にもするというものであった。パサール・ジャヤ社は、タナアバンのほかにもブロック M スクウェア、スネン、ジャティヌガラの市場の建設、経営にも関わっている（http://pasarjaya.co.id/tentang-kami/profil-pd-pasar-jaya 参照）。
22) スカリムへのインタビュー（ジャカルタ、2012 年 7 月 27 日）。

5 タナアバン商人の1日

　彼らの多くは、元来自分の家で布を買って縫製する業務から始めた人が多い。彼らは自分の家やその近くに、家族と少数の従業員からなる縫製業(konfeksi)の工場を持ち、ここで自家製ブランドの衣服を縫製している。そのほかに卸売業者から仕入れる場合、中国など外国から仕入れる場合がある。

客で賑わう老舗人気店の「ドミノ」（筆者撮影）

　彼らは朝、自分の家から出発して、遅くとも8時に合わせて開店の準備をする。ただし、断食月には、朝早くからの顧客が多いために朝5時には開店しているという。イスラーム教徒の間では、イドルフィトリあるいはレバランと呼ばれる断食月明けの大祭を新品の服を着て迎えるという習慣があり、断食月が終わりに近づくと朝早くから衣料品市場は賑わうことになる。

　中でも人気店では開店早々、人がごった返している。老舗衣料品店の「ドミノ」では、顧客（小売り業者）が先を争って文字どおり品物を奪い合っている。8時ちょうどの開店とともに、顧客たちは店舗の前に群がる。店員はビニル袋に入った洋服10着が束になったものを彼らに放り投げる。それを客が争って取るのである。後ろには、客の中に不正をする者がいないように、台の上に乗って客のようすを観察する店員が2人控えている。また、客の後ろには、大きな黒いビニル袋を持った店員が複数控えており、客は、その店員の持つビニル袋に自分が争って取った「戦利品」を次々と投げ込んでいく。準備したストックが売り切れるとこの「イベント」は終了となり、そのあとに会計となる。

　その後も常連客との取引などで忙しい彼らであるが、午後には少しくつろいだ雰囲気となる。午後3時にはほぼすべての店が閉店する。その時分になると、商人たちはBブロックのすぐ隣にある廟で談笑することが常になっている。筆者も調査中、午前中は店舗を回りインタビューをし、午後2

時を過ぎる頃になると、商人の多くが談笑をする廟に移動してそこで話を聞いた。

またそのほかに、Bブロックの3階フロアは日中商人たちが集う場所となっており、そこでは、彼らはコーヒーを入れてもらって談笑するほか、中国将棋に興じたりする。彼らは自分の店を持っているが、店番は店員にさせて、自分たちは友人らと集まって情報交換および談笑をして過ごすのである。

Bブロック隣の廟（筆者撮影）

タナアバンに併設された廟であるが、これはもともとジャカルタ出身の華人が長らくその会長をしていたという。ところが2000年代に入って、「ドミノ」の創始者の楊小強は彼自身の出資によって廟を建て替えて、現在は西カリマンタンの華人が廟の運営を行っているということである[23]。

楊自身やその他の商人には廟に祈りを捧げに来る人々が多く、談笑の合間に立って、香を手に神々に祈る。そのようなのどかな風景が、タナアバン市場の雑踏と喧騒の隣に存在しているのである。

彼らの談笑は5時前には終わり、彼らはそれぞれの夜のスケジュールに合わせて引き上げていく。このようにしてタナアバンの商人たちの1日が過ぎるのである。

第3節　タナアバンにおける西カリマンタン華人の軌跡

1　移動のパターン

西カリマンタン華人のジャカルタへの移動は1980年代に始まり、1990年代にピークを迎えるのであるが、この背景にはどのような条件があったのであろうか。その契機として無視できないのは、1980年に西カリマンタン

---

[23]　楊小強へのインタビュー（ジャカルタ、2012年9月27日）。

華人の多くのインドネシア国民としてのステータスが明確になったことである。1980 年に初めて彼らの多くは、自らがインドネシア国籍であることを証明する国籍証明書（SBKRI）を取得することになったのである[24]。タナアバンに 1980 年代に移ってきたスカリムによると、1980 年代には、タナアバン全体を運営する半官半民のパサール・ジャヤ公社は、1980 年代にはインドネシア国籍民（Warga Negara Indonesia：WNI）に限ってタナアバンのブースを賃貸していたと言い、国籍証明書がなければ売り場を賃借することができなかったということである[25]。また西カリマンタンで 1970 年代から発行されている新聞『アクサヤ（*Akcaya*）』の記事は、ジャカルタにすでにある程度の期間住んでいる、西カリマンタン出身の無国籍状態の人が、1980 年に西カリマンタンに国籍証明書を作るために一時的に滞在しているようすを報じている（*Akcaya*, 27 Mei, 1980）。このように、1980 年代の西カリマンタン華人のジャカルタへの移動と国籍証明書の発行には関連性がある。

　そのほかに、西カリマンタン、特にシンカワンとその周辺地域の貧しさと、地元の産業、就業機会の乏しさも彼らのジャカルタへの移動の動機付けとなった。この状況は「1967 年華人追放事件」の際に、内陸部からの難民が西カリマンタン西沿岸部にあふれた状況を背景としている。また西カリマンタンは石油や天然ガスといった天然資源を多く持つ東カリマンタンと比較して天然資源に乏しく、スハルト体制下でも開発が遅れてきた地域であった。

　1970 年代にその先駆者がジャカルタに出かけていくが、それ以降、先にジャカルタに行った人々を頼ってその家族、知り合い、友人が次々とジャカルタに移動した。現在においてもシンカワン周辺の若者の間では、人生の一時期、ジャカルタで仕事をすることは主要なライフコースになっている。

　1970 年代、ジャカルタには西カリマンタン出身者はそれほど多くなかった。彼らは清掃や廃品回収などに従事した。彼らはジャカルタ北東部のアンペラ地区[26]に住み始めた。彼らの中には、靴工場、ワッペン業に従事する

---

24) 西カリマンタンでは、1980 年以前においては、国籍証明書を所持している人は少数であり、大多数がインドネシア国民であることを証明する書類を何 1 つ持たない状況であった。
25) スカリムへのインタビュー（ジャカルタ、2012 年 7 月 27 日）。

人が多かったようである。その後、ジャカルタ西部のジュンバタンリマ地区にも居住するようになる。現在ではジャカルタ北部のグロドックの電気街の店にも多く展開するようになっている。

　西カリマンタン華人のジャカルタへの移動の典型的パターンが表れている例を挙げよう。

　ロンは、シンカワンの北にある町、ジャワイ出身であり、1980 年代にジャカルタにやってきた。最初、彼よりも前にジャカルタにやってきた同じ西カリマンタン出身者の経営する工場でワッペン業の手伝いをしていたが、これでは発展性がないと思い、タナアバンで店番をしながら商売の経験を積んだ。その後衣料品の発注を受けるようになる。流通部門に自分の専門分野を見出したということだろう。しかし当時、収益は非常に安定しなかった。独立しなければということで、仲間で出資し合って機械を買い縫製業を始めた[27]。このロンの例は、西カリマンタン華人の活動の軌跡の典型である。最初、同郷の仲間と連れ立ってジャカルタにやってきて、ジャカルタで親戚や友人を頼り、商売と生産の両方で経験を積み、製品の出荷をするようになるのである。タナアバン商人も彼のように縫製業を十分に極めてから商売を始める人が大多数である。

　また日本で仕事をした経験を持つ西カリマンタン出身者の話も聞いた。彼はシンカワン近郊のスンガイドゥリに生まれた。西カリマンタンでの生活が苦しかったため、彼は思い切って同郷者 7 人と 1993 年から 1999 年まで日本の浜松で自動車部品作りの仕事をした。1999 年にジュンバタンリマ地区に食料品店を開くことができた。彼によると 1998 年「五月暴動」のあと、ジュンバタンリマ地区の土地の値段は 5 分の 1 程度になったという。日本で貯めたお金でその土地と店舗を買うことができたので、そこで店を開いて現在では雑貨店の店主になっている。現在の生活は安定しており、店は大い

26）　この近くにあるマンガドゥアのインターナショナル・トレードセンター（ITC）という大ショッピングモールに展開する店舗の半数以上が現在、西カリマンタン出身者で占められるという。そこでは衣料品だけでなく、食品、時計、貴金属など多彩な分野で西カリマンタン出身者が活躍しており、同郷者の集まり、交流も盛んであるという（*Info Kalimantan*（カリマンタン情報）, Mei, 2008: 34-35）。

27）　ロンへのインタビュー（ジャカルタ、2011 年 12 月 7 日）。

に繁盛している[28]。

　アンペラ地区で廟のお参りのためのお香などの用具を売る店の店主にも話を聞いた。彼はシンカワン郊外の生まれであるが、長らく家で農業を手伝っていた。1980年代にジャカルタに移住して店を開いた。彼によると1970年代にはまだ西カリマンタン出身者はアンペラ地区には少なかった。その後華人が増えてくると、今度は華人同士の競争が始まった。当初来たときには彼は掃除人などやれる仕事は何でもやったという[29]。

　ジャカルタ在住のシンカワンとその近郊出身者の同郷会である「山口洋地区郷親会（Perkumpulan Masyarakat Singkawang dan Sekitarnya, 以下Permasis）」[30]会長を務めるヤント・チャハヤッディン（中国名は周沅瑶）が挙げた、西カリマンタン出身者の特徴は、1つの部門だけに閉じこもらずに多角的に事業を展開するという点である[31]。たしかに、上の事例にも表れているように、さまざまな仕事を転々として機会をうかがい、もし機会があれば、積極的にその友人たちも同じビジネスを始めるというパターンを見せている。

2　1970-90年代

　最初アンペラ地区に多く移動した西カリマンタン出身者であったが、その後ジュンバタンリマ地区に幅広く居住し、ここに自身の縫製業の工場[32]を構えるようになる。その後、以前から衣料品業の一大市場として有名であったタナアバンに展開する。彼らは、ジュンバタンリマで家族経営中心の小規模な縫製業を持っており、そこで生産したものを売りに出すようになる。原料の布もタナアバン付近で調達するのが普通である。

　タナアバンにおける西カリマンタン華人商人の先駆けであり、現在タナアバンの中心部に8つの店舗を出している「ドミノ」という個人経営の衣料

28）　ジュンバタンリマの雑貨店店主へのインタビュー（ジャカルタ、2011年12月7日）。
29）　アンペラ地区の祭事用品店店主へのインタビュー（ジャカルタ、2011年12月7日）。
30）　1980年代から膨れ上がったジャカルタにおける西カリマンタン華人社会を束ねる動きはポスト・スハルト期（1998-）になって活性化した。この組織は、2006年に結成された。
31）　ヤント・チャハヤッディンへのインタビュー（ジャカルタ、2011年12月12日）。
32）　工場とはいっても、家族に加えて数人の従業員を雇うくらいが普通である。中には、100人以上の従業員を抱える工場もある。

ジュンバタンリマ地区にある縫製工場
（筆者撮影）

品店をまず取り上げよう。

この店の設立者はシンカワン北部にあるジャワイ出身の楊小強（2012 年現在 54 歳）である。彼がジャカルタにやってきたのは 1974 年であった。楊は、中学校を中退してジャカルタで働き始めた。彼が「ドミノ」を開く前に、すでに父親が縫製業の工場を開き、家族で厳しい品質管理のもと、衣料品を出荷していた。店を出す前から、家からトラックで商品を卸す際に、途中でトラックから直接売れるということがよくあったという。80 年代当時、「ドミノ」のような品質の良い洋服はほかには稀であったということだろう。1980 年代初頭に「ドミノ」を開く前の楊は、「スワン」と「ウィー・トゥー」という 2 つのブランドで生産している。当時は現在のような大きな建物はなく、行商人が集まって売っている状況であった。当時を回想して彼は、「1970 年代には、パダン人とジャカルタの華人が主にバティックを売っていた。当時はタナアバンと言えば、バティック市場であった」と述べた。この点も現在では多様な既製服が手に入るようすとは異なっている。当時のタナアバンの一般の店では、シャツ、下着なども売っていたが、化学繊維によるもので品質が良くなかった。そのような状況の中で、彼は徹底して綿の肌触りを追究し、また縫製の丈夫さにもこだわって品質のうえでそれまでにない商品を提供するようになった。また服の種類も大幅に増やした。特に現在まで需要が高いのは「ドミノ」の子ども服である[33]。そのブランドとしての不動の地位は、すでに前の節で見たとおりである。

楊の話では、1979 年に火災があり、タナアバンの一部が焼失したのが 1 つの転機となったようである。建物を新築する際に、新しく多くの西カリマンタン出身者が流入した。この新築の際に、それまでのパダン人商人が占め

---

33) 楊小強へのインタビュー（ジャカルタ、2012 年 7 月 26 日）。

ていた場所を西カリマンタン華人が競って買うようになり、パダン人はそこから外れ、周縁化されることになる。1979年に大火事があったあとは西カリマンタン出身の商人にとっての黄金期であった、と楊は述べた[34]。このとき、華人がパダン人よりもより良い商業のためのブースを獲得することができるのも、それまで蓄積した資金の規模の差が重要であった。先に見たように、より良い条件のブースほど高値で売りに出され、また賃借される。よって、タナアバン進出以前に縫製分野に幅広く展開していた華人は資本金を多く準備するのに有利であった。その結果、華人がタナアバンのより戦略的な場所を占めていくことになるのである。

彼は続いて1980年に「ドミノ」を開く。化学繊維の衣服が多かった当時のタナアバンにおいて、「ドミノ」は初めて綿製品を売るようになる。これがさっそく人気となった。また楊小強によると、1980年代にジュンバタンリマで縫製業に従事したのは、西カリマンタンの華人女性が非常に多かったという。当時、店を持っているまだ人はそれほど多くなかった。しかしこうして、同郷者の間で助け合いながら技術を学んでいた頃に、その後の発展の下地が作られたのであろう、と楊は述べた。「ドミノ」は当時、大人用の服を主に生産していたが、1990年代に入って子ども服に力を入れるようになった。子ども服は現在まで「ドミノ」の主要商品となっている[35]。

楊の次の世代としては、1960年生まれのスカリムが挙げられるだろう。彼はシンカワン近くの農家に生まれた。家族は稲作をしていたという。彼が21歳のとき（1980年）にジャカルタに出てくる。最初は清掃、廃品回収に従事したという。そのかたわら、ジュンバタンリマにて先に来ていた人のところで縫製業を学ぶ。自身で縫製の技術を習得後、縫製の発注を受けるよう

---

[34]　楊小強へのインタビュー（ジャカルタ、2012年7月26日）。
[35]　数十年にわたって、「ドミノ」では毎朝のように、インドネシア全国から衣類（特に子ども服）を商う商人が大量買い付けにやってくるようすは前に描写したとおりである。おおよそ1枚30万ルピア（約2,730円）ほどの決して安いとは言えない服（しかし作りは丈夫）が、30分で毎日3,600着ほど売れるということである。買いに来る客は、買うことが目的化している。つまり、値段や品質は二の次で、特に値段を見ずに争って買っていくのである。筆者が話を聞いた幾人かの買い手（小売り店主）は、pokoknya "Domino" という表現をしていた。その意味は「とりあえず、なにはなくても「ドミノ」であればいいのよ」という意味である。

になり、ついに 1994 年に自分の店を持つ。その当時、縫製方法は知っていても機械がないために、自身で生産はできないので、バンドゥン[36]から直接洋服を仕入れていたという。1997 年に日本の「コジマ」の縫製機械を購入し、自宅で縫製を始め、2000 年には自作の洋服を売ることができるようになった[37]。

　1970 - 90 年代にタナアバンに移ってきた商人は、第一世代と言える。彼らは、縫製業の確かな技術により、それまでにない商品を生み出したことで、ジャカルタの消費者の支持を受け、タナアバンに確固とした足場を築いたのである。

3　2000 年代以降

　2000 年代は、タナアバン市場にとっても改革の時代であった。新しい大きな空調付きの建物が続々と作られ、そこに西カリマンタン出身者は店を出した。このときにもより多くの資本を準備することのできた華人は、より良い場所、空調のある建物内、しかも上りエスカレーターの近くという良い場所に店を構えることができた。ところが一方で、2000 年代に入るとそれまでの右肩上がりのタナアバンの発展にも変化が訪れる。それは、廉価な衣料品を売る大型店舗との競争が始まったことである。基本的にタナアバンは小売のための場所ではなく、衣料品を売る小売業者が商品を仕入れに来る場所である。よってこの点では、衣料品の量販店と競合しないのであるが、タナアバンはまた、一般客も多く集うジャカルタひいてはインドネシアの一大衣料品市場なのである。よって、2000 年代以降、衣料品量販店やショッピングモールが次々と建てられ、比較的安価な衣料品を提供することになったことはタナアバンの経営にも影響を与えることになった。また、商業の担い手もそれ以前の創業者の時代から、彼らの子どもの世代へと主体が移り変わっていく。

　1990 年代末から 2000 年代初めにかけてタナアバンに移ってきた、比較的若い商人の例を挙げよう。現在タナアバンで「ユーロ」という子ども服の

---

36)　バンドゥンも衣料品業の一大センターである。
37)　スカリムへのインタビュー（ジャカルタ、2012 年 7 月 27 日）。

店舗を持つマリア（2012年現在30歳）は、現在の西カリマンタン華人の傾向について次のように話した。以前、彼女の両親の世代は、とにかくジャカルタをめざしていた。彼らは群れをなして家族や友人を頼って、とにかくジャカルタに出れば何か変化が訪れるだろう、貧しい故郷にいるよりはましだ、という心境でジャカルタに向かった。何も持たずに見通しもなく体1つで出かけた。しかし現在では、西カリマンタン華人も教育水準が高まり、もっと多様な職業に展開するようになった。また移動の目的地もジャカルタだけではなくなった。以前はただ流されて友達と一緒に出かけているだけであったが、現在では、事前に商機を見定めて出かけることが多くなってきているという。彼女の場合は、1997年に初めてジャカルタにやってくる。当時すでに兄がジャカルタに滞在していたので彼を頼ってやってきた。ところがすぐに1998年「五月暴動」が起きたため、1度シンカワンに戻ることになる。その後しばらくシンカワンで以前から得意な数学の家庭教師をやっていた。2年後ジャカルタに戻ってきて、同じく縫製業を営む男性と結婚し、協力して店を出すようになった[38]。

サンサン（2012年現在31歳）の話では、彼女の父がすでにバンドゥンで洋服の生産を行っていたので、それを継いだという。1998年には父とともにタナアバンに店を持った。ところが2000年に起きたタナアバンの火災により、父と協力して買った店は消失する。その後、一から彼女が店を建て直したという。商品の多くは中国から輸入している。自分で買い付けに行くほか、中国人とのコネクションも重要になってきているという。ここに若い世代の新しい視点が見受けられる。彼女は現在は、4つの店を持つまでになっている[39]。

これまでのタナアバンの変遷を見守ってきた長老格のアセン（2012年現在57歳）は、70年代にはタナアバンに移ってきていたが、彼が言うには、以前、西カリマンタン華人は丈夫な体だけが取り柄であったという。とにかく一生懸命に働くことが第一であった。教育は二の次であり、タナアバンで成功した人は小学校卒の人、あるいは楊小強のように中学校を中退して商売の

---

38) マリアへのインタビュー（ジャカルタ、2012年7月27日）。
39) サンサンへのインタビュー（ジャカルタ、2012年7月27日）。

道に進んだ人などが主である。現在は昔のように汗をかいて働いても金にならない時代になってきている。頭脳労働が主になっている現在では、1970－80年代にジャカルタに移ってきた商人たちも彼らの子どもたちによりよい教育を受けさせることを重視している、と強調した[40]。たしかに楊小強の子どもたちもシンガポールの大学を卒業している。

　2012年現在、1980年代にジャカルタに移動してきた世代はほぼ第一線を退き、ジャカルタ生まれの彼らの子どもたちが店を切り盛りしている。アセンの子どものデディも店を持っているが、彼は1988年生まれであり、父親がジュンバタンリマで縫製業の仕事をしているときから父親の仕事を手伝い、さまざまな種類の服、特に子ども服、スポーツ服の注文を受けていた。現在、デディが持つ店もスポーツ服を扱っている。父親のアセンは、1990年代になって、2店舗を構えるようになった。その2店舗とも、アセンが直接に店の経営に関わることをやめてから、彼の2人の子ども、つまりデディとその姉に1店舗ずつ運営を任せている[41]。アセンは最近、タナアバンの廟の運営会長に就任して、現在、この廟の改装工事を取り仕切っている。

　現在、子どもに8つの店舗運営を任せて引退している楊小強は、2000年代に入ってからのタナアバンの動向について次のように語った。以前はジャカルタの人々にとって小規模な行商人から衣料品を買うのが普通であったが、最近では、人々はモールでものを買うようになった。そのうえ、タナアバン内でも店舗数は飛躍的に伸び、その中での競争は激化した。当然脱落者も続出し、勝ち残るのは非常に困難であった。1980年代には、現在のようにモールで衣類が売られていることはなく、「ラーマーヤナ」や「マタハリ」[42]といった大手の衣料品を扱う会社もなかったので、タナアバンの特権的地位は明確であった。モールが増えていく2000年代に入ってさらにタナアバン

---

40) アセンへのインタビュー（ジャカルタ、2012年6月19日）。
41) デディへのインタビュー（ジャカルタ、2012年9月28日）。
42) いずれも衣料品専門店であるが、「マタハリ」の方が「ラーマーヤナ」よりも比較的高級である。これらの大型衣料品チェーン店との競争であるが、このような大型店は独自でその生産流通のネットワークを構えており、それはタナアバンを介さない。そのために、人々がそこで衣服を買うようになれば、タナアバンには脅威であるという意味であろう。

の取り分は少なくなることになる。しかしながら、タナアバンの衣料品市場としての知名度は揺るぎない[43]。

タナアバンの時代の要請に対応した発展に大きな役割を果たしたのが西カリマンタン華人であった。西カリマンタン華人と会話をしていると、集団としての西カリマンタン華人に関するある一定の彼らなりの「自画像」が存在することに気づく。必ず登場するのは、西カリマンタン華人の仕事熱心さに関する話である。これは1度だけではなく、折に触れ何度も繰り返された。西カリマンタン華人の特徴としてタナアバンの商人たちがよく口にするのは、同郷者のネットワークが強力であるということ、仕事への熱心さ（kerja keras）である。また1度に大きな利益を求めない、とにかく食べていければいい、とにかく一生懸命に働くということ、疲れを知らず、昼夜問わず働く（kerja siang malam, tidak lelah）ということである。そのほかに彼らがよく自分たち「われわれ西カリマンタン出身者」を強調するときに出てくる言葉は、前進しようとする決意（bertekad untuk maju）、相互扶助（saling membantu）、仕事熱心さ（rajin kerja）である。若い世代であっても彼らがこれらを自認していることは特筆すべき事柄である。なぜなら、彼らの多くは、その集団所属の意識とそのような行動様式を共有していることを基礎に、それに見合うような努力を日常生活において行う可能性が高いからである。

第4節　おわりに

元来タナアバンは、華人というよりも西スマトラのパダン出身の商人がバティックやイスラーム服を売る場所であった。しかし、この地域に1980年代から参入した西カリマンタン華人は商売の方法を大きく変えた。今では、バティックなどを売るパダン出身の商人の区域と西カリマンタン華人の区域に大きく分かれるようになり、より快適で中心的な場所を西カリマンタン出

---

43) 顧客の中には、アフリカ人、フィリピン人、マレーシア人など外国客も多く、タナアバンの商品は中国製品と対抗関係にあるという。中国が冬物を販売する時期には、熱帯のフィリピン、マレーシアから半袖の服をタナアバンに大口で購入しにくる客が多いという。楊小強の息子で「ドミノ」の経営を任されているウェンディへのインタビュー（ジャカルタ、2012年9月28日）。

身者が占めるようになっている。

　その先駆けは、老舗「ドミノ」の創業者である楊小強たちの世代であった。彼らは縫製業の技術を生かし、タナアバンに自分の店を持つようになった。それまでタナアバンで売られていたものにはない要素、すなわち品質の向上とデザインの多様性、子ども服という分野への特化によって販路を拡大し、現在ブランドとしての不動の地位を築いている。その一方で、激しい競争のために脱落者も相次いだ。

　楊の次の世代に位置する1980年代に移住してきたスカリムのような人物も、慎重に縫製業から身を起こし、1990年代にはタナアバンに店を持ち、さらには自前の洋服縫製の工場を持ち、着実に成長してきている。

　この時代まで、タナアバンの商人、そしてその背景にある縫製業は右肩上がりの将来の明るい職業であった。ところが2000年代に入ってから、タナアバンは大きな変化を遂げることになる。それは2000年代に入って展開した廉価な衣服を売る大型の衣料品チェーン店との競争である。また林立するモールでも比較的安く衣料品が入手できる状態になってきている。これらとの競争は激化しているものの、タナアバンの一大衣料品センターとしての地位は今のところ揺らいでいるようには見えない。そしてその発展のかなりの部分を担っているのが西カリマンタン華人なのである。彼らのうち創業者は引退し、彼らの子どもが事業を引き継ぐ時代に差し掛かっている。世代交代の時期と同時に、2000年代になって、タナアバン市場は次々と新しい空調付きの快適なショッピング空間を提供するようになった。この市場の場所そのものの環境の改善も、現在までタナアバンが発展し続けている大きな要因の1つであろう。

【参考文献】
〈日本語文献〉
加納啓良 2003『インドネシアを齧る——知識の幅をひろげる試み』めこん。
戴國輝・井草邦雄 1974「9・30事件前後のインドネシア華人・華僑事情」戴國輝編『東南アジア華人社会の研究・下』アジア経済研究所、159-180頁。

〈英語文献〉
Coppel, Charles, 1983, *Indonesian Chinese in Crisis*, Kuala Lumpur: Oxford University Press.
Davidson, J. S. and Douglas Kammen, 2002, "Indonesia's Unknown War and the Lineages of Violence in West Kalimantan," *Indonesia*, Vol. 73, Cornell University, pp. 53-87.
Mackie, J. A. C., 1976, "Anti-Chinese Outbreaks in Indonesia, 1959-68," J. A. C. Mackie (ed.), *The Chinese in Indonesia: Five Essays*, Honolulu: University of Hawaii, pp. 77-138.
Somers Heidhues, Mary, 2003, *Golddiggers, Farmers, and Traders in the "Chinese Districts" of West Kalimantan, Indonesia*, Ithaca: Cornell University Press.

〈インドネシア語文献〉
Kafafir, Yan Pieter, 1977, *Pemupukan Modal Pedagang Kaki-lima: Penelitian Studi Kasus di daerah Tanah Abang Pasar, Jakarta*, Jakarta: Fakultas Ilmu-Ilmu Sosial, Universitas Indonesia, Pusat Latihan Ilmu-ilmu Sosial Jakarta.
Pemerintahan Daerah Khusus Ibukota Jakarta, 1993, *Kampung Tua di Jakarta*, Dinas Museum dan Sejarah.
Zaenuddin, 2012, *212 Asal-Usul Djakarta Tempo Doeloe*, Jakarta: Ufuk Press.

〈新聞・雑誌〉
Akcaya, Pontianak, daily.
Info Kalimantan, Jakarta, monthly.

〈ウェブサイト〉
パサル・ジャヤ社、2012 年 12 月 5 日閲覧　http://pasarjaya.co.id/tentang-kami/profil-pd-pasar-jaya

第3章

現代的な消費と「インフォーマル・セクター」
——ジョグジャカルタ特別州スレマン県の学生街の事例

間瀬朋子

第1節　はじめに——学生街での消費に変化が生じた背景

　インドネシアの人口密集地では、その住民の購買力を当て込んだ「インフォーマル・セクター」[1]が発達している。昼夜を問わず、特に住民の生活に必要な財・サービスを細分化して提供する経済活動が、そこかしこに見られる。当該地の住民自身のほか、そこの購買力に目を付けてやってきた外来者が財・サービスの提供者になっている場合も多い。

---

1)　「インフォーマル・セクター」という概念は、国際労働機関（ILO）のケニアに関する報告書（1972年）によって注目されるようになり、主に発展途上国の都市における小規模な経済活動を分析する目的で用いられてきた。大まかに表現すれば、労働法や社会保障制度の枠組みの外で自営業者や家族労働者が生産・サービス活動を行って、所得を創出・獲得する部門ということになるだろう。労働法や社会保障制度の枠組みの中で主として企業が生産・サービス活動を行う「フォーマル・セクター」とは、対照的である。2012年2月のインドネシア中央統計局（BPS）のデータに依拠して、インドネシアの就業人口（1億1,280万人）の62.7%（7,070万人）が「インフォーマル・セクター」の生産・サービス活動に従事していると言われている。「フォーマルが『正業』のように分類するあり方」（村井 2000：66）と説明されるように、企業で働くのを「フォーマルな」就業機会、モノ売りに代表される路上商売などを「インフォーマルな」それとする見方には、特定の価値観が含まれているように思われる。このような価値観を遠ざけ、両セクターが「生業」の分類であることを強調したい筆者は、「　　」を付して「インフォーマル・セクター」「フォーマル・セクター」の形で、これらの用語を使う。

表3-1 ジョグジャカルタ州の大学（2012年インドネシアトップ50位以内）

大学名	ランキング順位	所在地
国立ガジャマダ大学	2	スレマン県デポック郡
私立インドネシア・イスラーム大学	13	スレマン県デポック郡
私立ジョグジャカルタ・ムハマディヤ大学	23	ジョグジャカルタ市内
私立情報管理コンピュータ大学（AMIKOM）	25	スレマン県デポック郡
ジョグジャカルタ国立大学	26	スレマン県デポック郡
私立アフマド・ダフラン大学	31	ジョグジャカルタ市内
私立ドゥタ・ワチャナ・プロテスタント大学	46	スレマン県デポック郡

出所：スペインのCSISサイバーメトリックス研究所による世界2万300大学のランキング調査に関するウェブサイトから、筆者作成（http://forum.kompas.com/sekolah-pendidikan/72727-50-perguruan-tinggi-terbaik-di-indonesia-tahun-2012-a.html（2012年7月28日最終アクセス日））。

　ジョグジャカルタ特別州スレマン県デポック郡（kecamatan Depok, kabupaten Sleman, DIY）は、35.6 km^{2}の広さに18万2,706人（2011年）の人口を抱え、3つの行政町村（kelurahan / desa）および58の行政集落（padukuhan / dusun）で構成され[2]、国立ガジャマダ大学、ジョグジャカルタ国立大学、カトリック系私立サナタ・ダルマ大学など、33の高等教育機関が設置されている。全国レベルで人気のある大学がそろう（表3-1）ので、よりよいキャンパスライフと将来を夢見て、全国各地から若者が集まってくる。

　前年比4～6％台の実質GDP成長率、922米ドル（2002年）から3,798米ドル（2011年）へと約4倍になった1人当たり名目GDP、923万8,000人（2000年）から8,161万5,000人（2008年）へと約9倍に厚みを増した中間層[3]、約30万台（2000年）から約76万台（2010年）へと2.5倍ほどに伸びた国内年間自動車販売台数（出荷ベース）などの指標[4]は、ポスト・スハルト期におけるインドネシアの経済成長が順調であったことを示す。

　後述のとおり、現在、スレマン県デポック郡に下宿をしながら大学教育を

[2] http://slemankab.bps.go.id/flipbook/dda2012/index.html（2012年7月31日最終アクセス）。

[3] ここでは、経済産業省『通商白書2010』の定義に基づいて、5,000米ドル以上3万5,000米ドル未満の年間世帯可処分所得のある層を中間層とする。

[4] これらの指標について、NIRAモノグラフシリーズ（http://www.nira.or.jp/pdf/monograph31_data.pdf）（2012年8月19日最終アクセス日）、日本国外務省、BPS、IMFの各ウェブサイト、Kompas, 20 Desember, 2011を参考にした。

受ける人の大半は、現代的で華やかな消費文化を享受できるような、経済的に豊かな若者たちである。2000年以降、国立高等教育機関の国有法人化、その後の教育法人化が進められる過程で、国の補助金を潤沢に確保できなくなった各国立大学は、経営の安定をめざす独自戦略を練る。ここに、大学経営の商業化が促され、学費が値上げされる傾向が生まれた。さらに、全国一律の新入生選抜試験制度以外に特別入試制度を設けて、後者経由の新入生に前者経由の新入生よりも数倍高い入学金（寄付金）を課すなどして、自己資金の獲得に努める国立大学も出てきた（*Kompas*, 3 Maret, 2010 など）[5]。すると、通常よりはるかに高い入学金を支払える富裕層出身者に対して、国立大学進学への道がより有利に拓かれるようになった。全国一律の新入生選抜試験の実施日より前に富裕層の子弟が有名国立大学への進学を決めたり、地方出身の富裕層が多く入学することで、国立大学が富裕層に独占されつつあるという声が囁かれるようになった。よい教育環境で受験準備をする富裕層の方が入試に通りやすいため、最近の国立大学入学者に貧困層はほとんどいなくなったとも指摘されている（*Kompas*, 26 Maret, 2010 など）。ポスト・スハルト期に民主化、民営化、地方分権化の流れで推進された開発は、結果として国民の経済格差を助長しているのかもしれない[6]。下級公務員や小規模自営業者などの子弟が食うや食わずの状況で大学に通う姿も見られたスハルト開発体制の末期やポスト・スハルト期の開始当初と今では、大学を取り巻く状況が異なってきた。

昨今、デポック郡にある国立大学を含む有名キャンパスの大学生が身に着けている消費のスタイルや価値観は、10年ほど前の大学生のそれらと見るからに違う。これまで二輪天国だった同郡の学生街にも、四輪化の波が押し寄せている。人気の軽自動車のホンダ・ジャズやトヨタ・ヤリスを約2億

---

[5] ガジャ・マダ大学において、政財界の有力者を対象に、博士号取得の特別コース（6億ルピア。当時のレートで約790万円）が設けられていたとの話もある（2006年8月28日付け『じゃかるた新聞』）。
[6] インドネシアにおける経済格差の推移に関して、佐藤（2011：53）は「民主化と地方分権が始まった1999〜2007年にジニ係数は上昇傾向にあったが、2007年以降は同じ体制下でも格差は縮小に転じている」と分析する。2007年以降のジョグジャカルタで格差が縮小傾向にあるのかどうか、筆者の調査からは分析できていない。

ルピア（約 167 万円）[7]で購入し、それに乗って通学する大学生は、もはやまれではない。同郡の学生街には、冷房、温水シャワー、インターネット、駐車場などを完備したアパートタイプの高級な下宿が増えている[8]。約 10 年前、高級下宿はガジャマダ大学やジョグジャカルタ国立大学の近辺に数軒しかなかったし、主に外国人留学生の生活の場だった。ところが今日の高級下宿には、インドネシア人大学生・大学院生の姿が目につく。彼らは、暇つぶしのウィンドーショッピングではなく、実際に服や DVD を買ったり、流行のフローズンヨーグルトやドーナツを食べたりする目的で、ショッピングモールへ出かける。

　学生街では、そこに学業のほか、生活一切にまつわる活動の基盤を有する大学生たちの購買力を見込んだ「インフォーマル・セクター」が広がりを見せる。学生街に集う大学生の購買力や消費をめぐる価値観に変化があったとはいえ、行商人や屋台牽きの大方は 10 年前も今も変わらず、商売を続けている。鉄製ポールにビニルシートを張っただけの場所で、屋台を据えて焼きめしを商う人、埃と手垢で真っ黒になるまで使い込まれた移動屋台で路地裏（カンポン）を往来する鶏そば売りなど、学生街における「インフォーマル・セクター」従事者の顔ぶれに、一瞥による変化は感じられない。総じて富裕化した大学生たちを相手に、彼らは一見涼しい顔で商売をしている。

　特定地区での観察、量的調査、質問票を用いた大学生・元大学生への聞き取りをベースに、①デポック郡の学生街周辺はどのような消費の場か。それは直近の約 10 年間で、どう変容したか、②そこでの主要な消費者（大学生）の購買力、消費スタイル、消費に対する価値観には、どのような変化が生じたか、③そこで財・サービスを提供する行商人、屋台牽き、小食堂を経営する人々など（「インフォーマル・セクター」従事者）は、どのような影響をこうむり、自らどのように変化することで、経済活動を継続しているかについて、描写したり、説明したりするのが、本章の目的である。

---

[7] ジョグジャカルタ特別州の地方最低賃金（2012 年）で働く労働者の月給の 220 カ月分に相当する。
[8] *Kompas*, 23 Mei, 2010 に、スレマン県の高級下宿に関する記述がある。

第 3 章 現代的な消費と「インフォーマル・セクター」 73

第 2 節 消費の舞台——学生街 A 地区の様相

1 外来者で膨れ上がる人口稠密地

　本章の調査対象とした A 地区は、ジョグジャカルタ市街地の約 5 km 北方に位置し、ほぼスレマン県デポック郡チャトゥルトゥンガル町（kelurahan Catur Tunggal, kecamatan Depok, kabupaten Sleman, DIY）に属し、一部同郡チョンドンチャトゥル町（kelurahan Condong Catur）にかかっている（図 3-1）。また、A 地区は地区の西側で南北に伸びるカリウラン通り（Jl. Kaliurang）、地区の東側で南北に伸びるグジャヤン通り（Jl. Gejayan / Jl. Affandi とも言う）、地区の北側を東西に走る環状道路（Jalan Lingkar / Ringroad）、地区の南側で東西に通じるマタラム排水道（selokan Mataram）に囲まれ、その面積は 1.5 km² より少し小さい。

　いくつかの行政集落の一部にまたがるため、A 地区の人口規模は統計か

図3-1　ジョグジャカルタ特別州スレマン県デポック郡チャトゥルトゥンガル町A地区

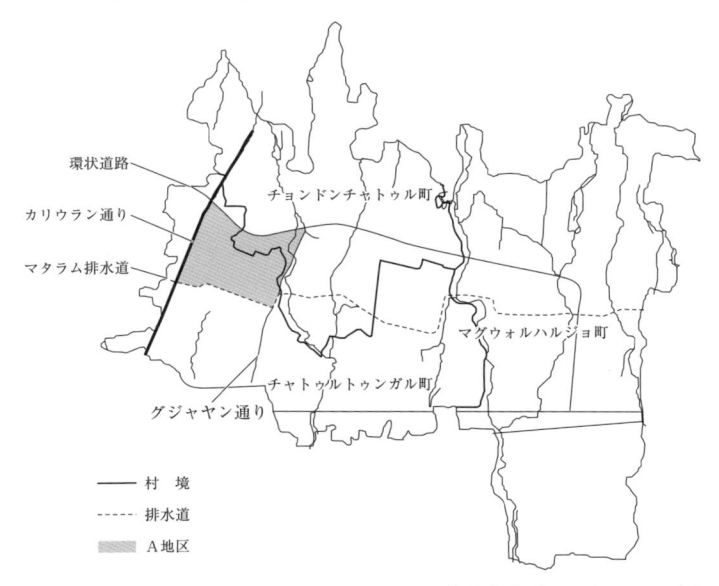

出所：スレマン県のウェブサイトにある地図をもとに、筆者作成（http://kecamatan.slemankab.go.id/depok/?mod=detail_agenda&id=52（2012 年 7 月 28 日最終アクセス））。

ら割り出しにくい。大学生、商売人を含む労働者などの外来者は同地区に流入し、郡や町に住民登録をしないで暮らしている。たとえばチャトゥルトゥンガル町の人口密度が統計上 5,175 人 /km² であっても、住民登録をしない外来者の数はそこにカウントされていない。

　試みに、住民登録をしない外来者（特に大学生）が集まる A 地区に建っている下宿の数を勘定した[9]。一部屋一部屋を正確に数えるのは不可能であるとはいえ、下宿の数をざっとでも割り出せば、住民登録をせずに A 地区に居住している外来者数をおぼろげに把握できる。見た目で 5 室以下の小さな下宿、6 ～ 15 室ほどの中規模の下宿、それ以上の大きな下宿といった要領で、あらかじめ下宿の規模を大まかに分類したうえで、A 地区の通り／路地を歩いた。その結果、小さな下宿が 395 軒、中ぐらいの下宿が 446 軒、大きな下宿が 93 軒、合計 934 軒の下宿が偏りなく散らばり、A 地区はどこも下宿でいっぱいであるとわかった（図 3–2）。

　ある下宿の 1 部屋を兄弟姉妹、友人同士、夫婦などでシェアし、1 人住まいをしていない外来者は少なくない。しかし、筆者の調査では、便宜上、1 人で 1 部屋を使うと仮定し、小さな下宿には 5 人、中ぐらいの下宿には 10 人、大きな下宿には 15 人の外来者が住んでいるという最低規模の見積もりを採用した。すると、住民登録をしていないために統計に表出しない人口が、少なくとも 7,830 人いることになる。A 地区には、この未登録住民（外来者）に加えて、住民登録済みの住民（主として地元出身者）が居住している。1 km² よりもいくぶん広い A 地区に居住する住民登録済みの人口は、同地区の属するチャトゥルトゥンガル町全体の人口密度（5,175 人 / km²）ほどはいるだろう。そうであれば、A 地区の実質的な人口は、ざっと 1 万 3,000 人であると算出できる。インドネシア全体の平均的な人口密度（2010 年、124 人 / km²）、ジャワ島全体のそれ（2010 年、979 人 / km²）、ジョグジャカルタ特別州全体のそれ（2010 年、1,085 人 / km²）とは桁違いの稠密ぶりだ。A 地区の人口密度は、ジャカルタ首都特別州のそれ（2011 年、1 万 4,600 人 / km²）、全国有数の大学街として名高い西ジャワ州バンドゥン市のそれ（2010

---

[9]　2010 年 2 月下旬から 4 月初旬の約 50 日間、A 地区での量的な調査（下宿数および「インフォーマル・セクター」業種・数に関する調査）を実施した。

第3章 現代的な消費と「インフォーマル・セクター」 75

図3-2 A地区における下宿の散らばり方

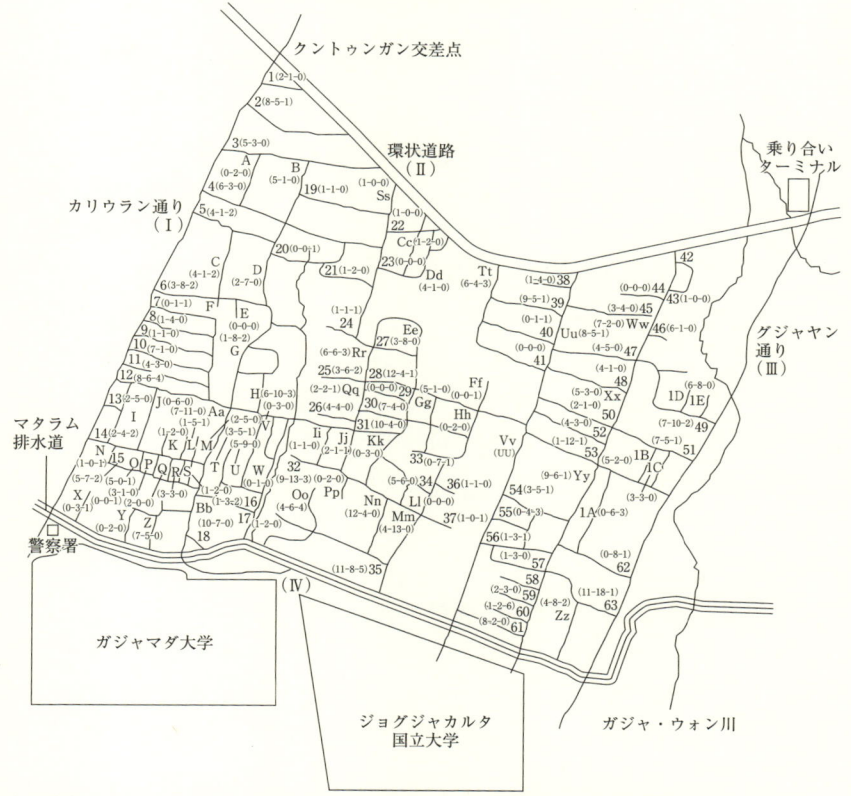

注：数字やアルファベットは、通り名／路地名。（ ）内の数字は左から順にそれぞれ小・中・大規模な下宿の数を表す。
出所：フィールドワークにより筆者作成。

年、1万4,228人／km²）と肩を並べるほどなのである。

2 「インフォーマル・セクター」天国

(1) A地区における「インフォーマル・セクター」の産業種別および営業形態別の分類

商業（物品販売業、モノ売り）、サービス業、運輸業、製造業などという以上に詳細な産業種別、かつ簡易固定店舗、露店、屋台（定置あるいは移動）、

天秤棒、籠、自転車、バイク、自動車を使った行商などの営業形態別に分類しながら、「インフォーマル・セクター」の数を集計するのは、技術的に困難である。同じ場所でも時間帯ごとに複数の業種によって交代制で商売していたり、広域を移動していたり、毎日営業されていなかったりするから、その煩雑さは極まりない。それゆえ、一定の広がりを持つ地域に見られる「インフォーマル・セクター」の業種、取り扱われる財・サービスの種類、営業形態、そしてそこでの「インフォーマル・セクター」の規模を具体的に提示する調査が、それほどたくさん実施されてきたわけではない[10]。そして、多種多様な「インフォーマル・セクター」は、漠然と活動しているかのように捉えられてきた。

　そこでまず、「インフォーマル・セクター」がどのような財・サービスをどのような営業形態で提供し、どれほどの規模で存在しているかを、前述のA地区（1 km^{2}強の広さ）を対象に調査した[11]。A地区の「インフォーマル・セクター」について、産業種としては、商業（物品販売業）、サービス業、運輸業、零細な製造業（家内工業）がある。本棚や勉強机などの学生向け廉価家具の製造と溶接を除けば、製造業種に分類できそうな「インフォーマル・セクター」はA地区にない。ここで圧倒的に数多い「インフォーマル・セクター」の経済活動は、商業（物品販売業）とサービス業である。サービス業の中でも家事手伝い、門番、庭師、プガメン〈28〉[12]、物乞いなどは直接

---

10) 数には触れていないが、特定地の「インフォーマル・セクター」が包含する業種を細かく分類・紹介する（村井1982）、特定時期の特定町内会（1984年、855世帯、人口4,342人）において、人々がロンボン（移動屋台）とピクラン（天秤棒）に象徴される「インフォーマル・セクター」に生業を見出すことで、カンポン〈7〉が成り立っていることを説明する（布野1991）、特定町内会で活動する行商人（25人）を対象に「インフォーマル・セクター」従事者の実態に迫る（ラファエラ2005）、中ジャワ州ソロ地方出身の出稼ぎ者に焦点を当てて、ジョグジャカルタ特別州環状道路内側にある主要道路で活動する「インフォーマル・セクター」の業種や数について言及する（間瀬2008）などという調査研究が、これまでに見られる。

11) 夕刻18時から20時に調査を行ったせいで、朝と昼のみ活動する業種、ことに行商の数々を漏らしている。これに関しては、次回、補完的な調査を実施したい。

12) 本章に出てくるインドネシア語の用語の大多数について、〈　〉内に番号を入れて整理し、章末に「付録　インドネシア語用語表」としてまとめた。本文中では、用語の脇にその番号を付すにとどめたので、それぞれの綴りや意味は、必要に応じて、用語表で確認されたい。

表3-2　A地区の「インフォーマル・セクター」の分類

（［◎→○→△→×］の順に多寡を示す）

営業形態	産業種・商業（物品販売）	産業種・サービス業
固定店舗	◎（朝昼夕）	◎（朝昼夕）
露天商	△（朝昼夕）	×
徒歩行商	◎（朝昼）	△（朝昼）
天秤棒行商	△（昼夕）	×
自転車、バイク行商	○（朝昼）	△（朝昼）
屋台行商	◎（朝昼夕）	×
定置屋台	◎（朝昼夕、特に夕）	×

出所：フィールドワークにより筆者作成。

観察しにくいのだが、多数存在している。また、住民（特に大学生）の大部分が自転車、バイク、車を所有したり、知人に便宜供与してもらえたりする理由で、ベチャ〈32〉牽きやオジェック〈3〉などの運輸業は同地区であまりふるわない。荷物の宅配や引越し運搬に対する需要は、それなりにある。

営業場所が屋内であるか屋外であるか、また移動するかしないかという2つの基準をもって、A地区の「インフォーマル・セクター」は、①零細であっても、固定的な店舗を持つもの（ワルン〈43〉あるいはキオス〈8〉）、②露天商、③行商（プダガン・クリリン〈29〉）、④定置屋台（カキリマ〈5〉）の、4つの営業形態に分類できる[13]。行商に関しては、徒歩、天秤棒（ピクラン〈27〉）、自転車、バイク、車、移動屋台（ロンボン〈42〉）を使用するものという具合に、さらなる小分類が可能である。定置屋台は、民家の軒下、駐車場、営業を終えた店舗の前、空き地、路肩など、周辺社会からの公式・非公式の許可を取得できるあらゆる場所に、移動屋台を据えて営業する形態である。そこでは、屋台の後ろや横にポールを立て、ビニルシートで屋根を張り、屋台の縁をテーブルにしてベンチを添えたり、簡易テーブルやいすを準備したり、茣蓙を敷いたり（レセハン〈39〉様式）して、客を迎え入れるのがふつうだ。

表3-2は、このような「インフォーマル・セクター」の産業種別および営業形態別の分類を適用し、A地区の「インフォーマル・セクター」には、どの時間帯に、どんな営業形態による、商業（物品販売業）やサービス業が

---

13) 伝統的な市場をあつかった本書第1章とは異なり、本章では露天商と定置屋台（カキリマ）を区別している。

表 3-3　A 地区の「インフォーマル・セクター」

商業（物品販売業）―飲食物―固定店舗

〈ごはん類〉食堂、西スマトラ州パダン料理、プチュル・レレ（プニェタン）〈30〉、ムスリム・チャイニーズフード〈36〉、シーフード、フライド（ロースト）・チキンおよびダック、焼きめし・そば、ナシ・バカル〈23〉
〈軽食類〉バッソ〈24〉、ガドガド、ロテック、クパット・タフの類〈6〉、シオマイおよびバタゴル〈13〉
〈麺類〉鶏そば、（スマトラ島東側バンカ・ブリトゥン州）バンカ風そば
〈飲みもの類〉ジャムー〈14〉
〈甘味・デザート類〉緑豆ぜんざい
〈そのほか〉果物

商業（物品販売業）―飲食物―露天商

〈ごはん類〉グデッグ〈9〉
〈そのほか〉野菜、果物

商業（物品販売業）―飲食物―徒歩行商

〈飲みもの類〉ジャムー〈14〉
〈甘味・デザート類〉菓子

商業（物品販売業）―飲食物―天秤棒行商

〈甘味・デザート類〉プトゥ〈31〉

商業（物品販売業）―飲食物―自転車・バイク行商

〈軽食類〉チロック〈20〉、シオマイおよびバタゴル〈13〉
〈飲みもの類〉ジャムー〈14〉
〈甘味・デザート類〉エス・クリム〈2〉、プトゥ〈31〉
〈そのほか〉生鮮食料品の小口売り、クルプック〈11〉

商業（物品販売業）―飲食物―屋台行商

〈ごはん類〉西スマトラ州パダン料理、鶏粥、ソト〈17〉
〈軽食類〉バッソ〈24〉、鶏そば、シオマイおよびバタゴル〈13〉、ゆでとうもろこし・ピーナッツ・大豆、ハンバーガー、東ジャワ州マドゥラ風サテ〈12〉、ペムペック〈33〉、バッパオ〈25〉、ルジャック〈38〉
〈麺類〉ジャワ風そば、インスタント麺
〈飲みもの類〉ミルク、ロンデ〈41〉、ボトル飲料、ダウェット〈18〉
〈甘味・デザート類〉パン・菓子、エス・クリム〈2〉、プトゥ〈31〉
〈そのほか〉クリピック・シンコン〈10〉、生鮮食品の小口売り

商業（物品販売業）―飲食物―定置屋台

〈ごはん類〉グデッグ〈9〉、プチュル・レレ（プニェタン）〈30〉、フライド（ロースト）・チキンおよびダック、ムスリム・チャイニーズフード〈36〉、ソト〈17〉、シーフード、焼きめし・そば、オセン・オセン・ムルチョン〈4〉、日本食、ジャカルタ風ソト〈17〉、ナシ・バカル〈23〉、ナシ・ウドゥック〈22〉
〈軽食類〉シオマイおよびバタゴル〈13〉、バッソ〈24〉、フライド・マッシュルーム、揚げもの、(西ジャワ州スメダン風）揚げ豆腐、ハンバーガー、フライド・チキン、ペムペック〈33〉、ソップ・カキ〈16〉、西スマトラ州パダン風サテ〈12〉、豚肉のサテ〈12〉、東ジャワ州マドゥラ風サテ〈12〉、東ジャワ州ポノロゴ風サテ〈12〉、クリームスープ、マルタバ〈35〉、バッパオ〈25〉、テンプラ〈21〉、たこ焼き、ロティ・マリアム〈40〉
〈麺類〉ジャワ風そば、鶏そば、ジャカルタ風そば

〈飲みもの類〉アンクリンガン〈1〉、フレッシュジュース、フレッシュミルク、ロンデ〈41〉、コーヒー、若いヤシの実ジュース、ドリアン飲料
〈甘味・デザート類〉焼きバナナ、西ジャワ州バンドゥン風トースト、クレープ

商業(物品販売業)―生活用品―固定店舗

ミネラルウォーター、ガス、たばこなどを含むさまざまな日用品、薪・ヤシ殻炭、氷、携帯電話プリペイドカード、イスラーム関連グッズ、本、靴、ヘルメット、ガソリン、アクセサリー類、エンジンオイルを含むバイク用品、魚・鳥のえさ

商業(物品販売業)―生活用品―露天商

新聞、ヘルメット、ガソリン

商業(物品販売業)―生活用品―徒歩行商

新聞、浴室貯水槽用ボウフラ発生防止薬

商業(物品販売業)―生活用品―自転車・バイク行商

ざる、バケツ、洗濯ばさみなどの生活雑貨、生活雑貨の信用売り、竹製家具、植木、枕

サービス業―専門技能―固定店舗

〈修理〉携帯電話修理、時計修理、家電修理、コンピュータ修理、パンク修理、バイク修理
〈美容健康〉床屋・美容院、マッサージ
〈そのほか〉縫製

サービス業―専門技能―徒歩行商

〈修理〉靴・傘修理、なべ修理、寝具修理

サービス業―専門技能―自転車・バイク行商

縫製

サービス業―サービス職―固定店舗

〈生活関連〉ランドリー（laundry：洗濯屋）、水の蒸留、バイク洗浄
〈学術関連〉コピーおよび製本、コンピュータ関連（スキャン、プリントアウトなど）、出版印刷、翻訳
〈通信〉電話・ファックス、インターネット、オンラインゲーム
〈レンタル・リース〉VCDおよびDVD、プレイ・ステーション、コンピュータ、バイク、車、マンガ本
〈製作請負〉鍵、スタンプ、Tシャツなどの絵柄印刷

サービス業―そのほか

〈家庭〉家事手伝い、ベビーシッター、門番、庭師、大工
〈路上〉物乞い、プガメン〈28〉、廃品回収
〈金融〉バンク・プルチット〈26〉
〈仲介・斡旋〉下宿・借家

運輸業―固定店舗

宅配便、引越し運送、中長距離乗り合いワゴン車（トラフェル）手配

運輸業―路上

ベチャ〈32〉、オジェック〈3〉

製造業―固定店舗

廉価家具製造［直販］、溶接工場、ハンダ工場

出所：フィールドワークに基づいて筆者作成。

80　第1部　市場の変容

図3-3　A地区における「インフォーマル・セクター」の散らばり方

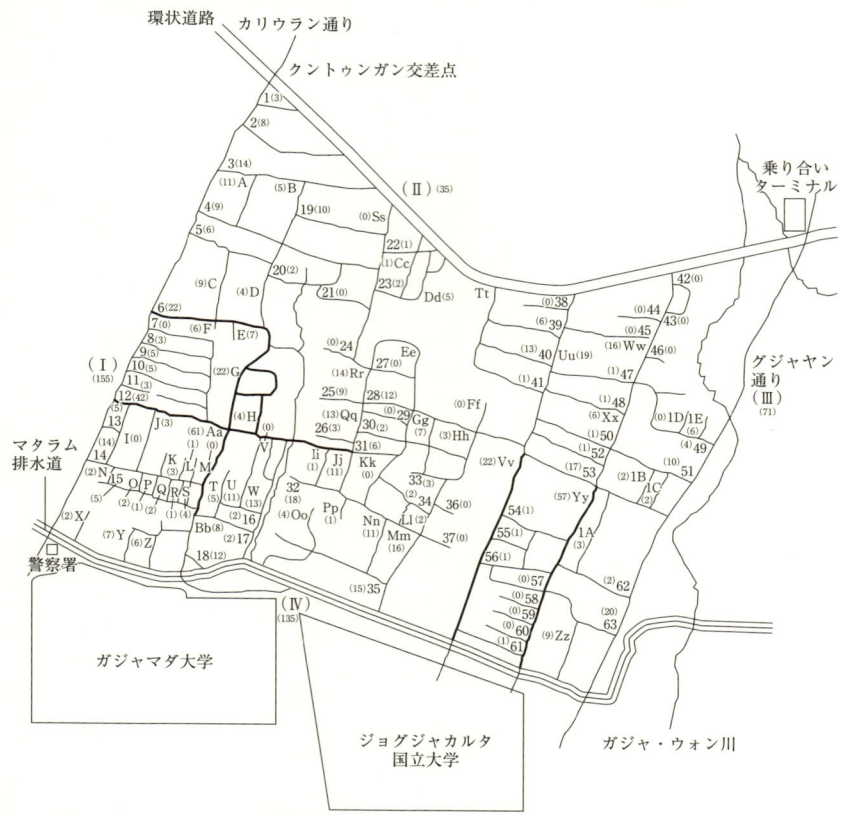

注：数字やアルファベットは、通り名／路地名。（　）内の数字は、その通り／路地にある「インフォーマル・セクター」の数。太線は、「インフォーマル・セクター」がたくさん集まっている通り／路地。
出所：フィールドワークにより筆者作成。

活動しているのかを示す。①質素であっても固定的な小店舗を構えて営業する商業（物品販売業）やサービス業が多数である、②屋台行商は終日多いものの、夕刻にはとりわけ定置屋台が目立つというのが、A地区の特徴だ。

　表3-2で行った分類を踏まえ、A地区の「インフォーマル・セクター」を財・サービス別にもっと実態的に捉えた結果を、表3-3にまとめた。バラエティに富んだ飲食物や雑貨、日常生活を送るのに「あっても、いい。あ

第3章　現代的な消費と「インフォーマル・セクター」　81

表3−4　A地区「インフォーマル・セクター」で取り扱われる主要な財・サービス

財・サービス名	主な営業形態	数
日用品	固定店舗	122
ランドリー	固定店舗	109
食堂	固定店舗	101
携帯電話通話カード	露天商	70
緑豆ぜんざい	固定店舗	59
コピー	固定店舗	51
ブチュル・レレ（ブニェタン）〈30〉	定置屋台	46
電話	固定店舗	41
コンピュータ関連	固定店舗	39
床屋・美容院	固定店舗	35
アンクリンガン〈1〉	定置屋台	34
バッソ〈24〉	固定店舗、移動屋台、定置屋台	24
パンク修理	固定店舗	24
縫製	固定店舗	22
インターネット	固定店舗	18
合計		795

出所：フィールドワークにより筆者作成。

ったら、便利」と思わせるサービスが、全部で百十数項目挙がってきた。

(2)　A地区における「インフォーマル・セクター」の業種の数

　次に、A地区の通り／路地ごとに、どんな業種の「インフォーマル・セクター」が活動中かを説明したものが、図3−3である。A地区を取り囲む大通り（I〜IV）と、そこから路地裏へ出入りする通り道になるところ（図3−3に太線で示した通り／路地）で、「インフォーマル・セクター」は目立って活況を呈する。しかし、そのほかでも、細くて短い路地にまで固定店舗があったり、行商人がやってきたりして、「インフォーマル・セクター」の活動がA地区を席巻している。

　筆者の調査では、さまざまな業種・営業形態による、少なくとも1,159軒の「インフォーマル・セクター」の活動が、夕刻のA地区で観察された。そして、表3−4に見るように、わずか15品目の主要な財・サービスの取り扱いが、A地区の「インフォーマル・セクター」総数の68.6％を占める。これら主要15品目の次にくる10品目（つまり、主要25品目のうち第16〜25位）には、フレッシュジュース、ガドガド類〈6〉、焼きめし・そば、サテ

〈12〉などの飲食物が多数である。ここまでの主要25品目で、じつに同地区の「インフォーマル・セクター」総数の81.4%を占有する。つまり、これらがA地区住民の基本的必要に依拠する財・サービスなのである。

A地区住民100人につきほぼ1軒の割合で、日用品キオスク、ランドリー（laundry：洗濯屋）、小食堂が、それぞれ営業している。ある人の下宿から歩いて数十mごとに日用品キオスクやランドリーがあると言っても、大げさではない。バイクや車に乗らなくても、徒歩で出かけられる距離に必ず、小食堂や焼きめし・そばの屋台などがあり、ある程度、嗜好に即した選択の余地が許されつつ、住民は空腹を満たすことができる。住民の「かゆいところに手が届く」ような、高度な物品販売・サービス社会がA地区である。A地区ではどこでも、人いきれがする。地区の隅々にまで路地が張り巡らされ、個人の住宅以外に下宿がぎゅうぎゅう詰めのところになお、おびただしい数の「インフォーマル・セクター」が入り込んでいるからである。

第3節　学生街A地区の大学生（消費者側）の変化

1　大学生の富裕化

A地区界隈に下宿する大学生の経済的状況や消費スタイルなどを知るために、質問票を使った聞き取りを実施した。そのほか、2000年前後から約10年間にその状況やスタイルに変化が生じているのかどうかを明らかにする意図で、2000年頃に大学へ入学し、A地区界隈で大学生活を送ったことのある元大学生にも、同じ質問票への回答を寄せてもらった[14]。それを根拠に、元大学生との対比で浮かび上がる現役大学生の特徴を概括する。

最初に、両者の生活費の額面に違いがある点に注目したい。質問票を集計したところ、現役大学生の月額生活費は2000年代中頃の大学生のそれ[15]の

---

14) 2012年7〜9月にかけて、現役大学生55人、元大学生15人を対象に、質問票による聞き取りを実施した。下宿の物理的環境、ランドリー・コンビニ・ショッピングモールの利用状況なども、ここに明らかになった。
15) *Kompas*, 24 Oktober, 2005には、「ジョグジャカルタ界隈で大学生として下宿生活するのに、月額58万9,000〜77万4,000ルピア（当時のレートで約6,700〜8,800円）が必要」という、ある大学院生の投稿が掲載されている。

2倍弱に増加し、平均 122 万ルピア（約 1 万 1,110 円）だった。法定最低賃金水準で働く労働者の月収（2012 年のジョグジャカルタ特別州の場合、89 万 2,660 ルピア：約 8,100 円）と比べてみれば、現役大学生が裕福であることは一目瞭然だ[16]。

　質問票を分析すると、現役大学生の中でも経済的に下位にあると言えそうな層は「月額生活費 80 万ルピア（約 7,300 円）（うち 15 万ルピア約 1,400 円が下宿代［3m×3m、トイレ・水浴び場および台所共用］、50 万ルピア：約 4,500 円が食費・交際費）」、中位のそれは「月額生活費 120 万ルピア（約 1 万 900 円）（うち 30 万ルピア：約 2,700 円が下宿代［3m×3m、トイレ・水浴び場および台所共用］、約 70 万ルピア：約 6,400 円が食費・交際費）」で暮らしている。現役大学生の間でも、月額生活費にばらつきがある。聞き取りに応じてくれた下位層が現役大学生全体の約 4 割、中位層が約 4 割、月額生活費 200 万ルピア（約 1 万 8,200 円）以上の上位層が約 2 割を占める。

　A 地区界隈の下宿大学生には、中ジャワ州の地方出身者が多い。彼らが慣れ親しむのは、昔ながらの村落部のライフスタイルである。生活費の額面で見れば相当裕福とはいえ、生来染みついた感覚から、下宿にプライベートのトイレ・水浴び場があるかどうかは、彼らにとって重要な事項ではないのだろう。月額生活費が 100 万ルピア（約 9,100 円）以上であっても、月額下宿代 25 万ルピア（約 2,300 円）以下でプライベートのトイレ・水浴び場のつかない古びた部屋を選ぶことに躊躇のない大学生がけっこういる。下宿代を削って食費や交際費などへの可処分所得を確保し、日々の消費生活を最大限エンジョイする向きが少なくないのである。このようなゆえんで、質素な下宿の住人に、頻繁にハンバーガーを食べたり、映画鑑賞に出かけたり、ノートブックパソコンやモデムを所有したりする人が見られる。

　まとめると、A 地区界隈に住まう下宿大学生が下宿代を差し引いたあとで他項目へ支出できる月額生活費の割合は、総じて以前より増えた。2002

16）2012 年 9 月 25 日付け『ハリアン・ジョグジャ（*Harian Jogja*)』には、ジョグジャカルタ特別州の大学生 1 人当たりの平均的な月額生活費は同州法定最低賃金の 2 倍、月額飲食費が 64 万 3,900 ルピア（約 5,900 円）であり、レジャー・交際費が高いと記されている（http://www.harianjogja.com/baca/2012/09/25/survei-biaya-hidup-mahasiswa-diy-2-kali-lipat-ump-biaya-hiburan-tinggi-332495（2012 年 10 月 4 日最終アクセス））。

〜2012 年の間に、インフレ率が前年比 5 〜11% 台で推移し、ガソリン価格が 1,800 ルピア（約 24 円）/ℓ から 4,500 ルピア（約 41 円）/ℓ へ値上げされたことなどを考慮してなお、経済的に豊かな大学生が多くなっているようである。自由になる金額が増した分、「ちょっと奮発したいとき、どこで何を食べるか」という質問に対する現役大学生の回答は、鉄板に乗せられたステーキ風の肉料理、ピザ、パンケーキとドリップコーヒー、フランチャイズの日本食、タイ料理……などと、元大学生のそれよりも格段にバラエティに富む。現役大学生の多くにとって、マルタバ〈35〉、ハンバーガー、ドーナツなどは、奮発しなくても、食べたいときにいつでも食べられる軽食のようだ。彼らは、レセハン〈39〉様式の屋台で食事をするのがハレの日にふさわしいとは思っていない。元大学生なら、カリウラン通り（Ⅰ）やグジャヤン通り（Ⅲ）のレセハン〈39〉様式の屋台で、プチュル・レレ（プニェタン）〈30〉やジャワ風そばを食べたり、下宿にマルタバ〈35〉を持ち帰ったりするのは、仕送りを受けた直後か恋人とのデート時の、たまの楽しみであった。まして、ピザチェーン店へ足を運ぶのは、何かもっと特別な折りだった。

　現役大学生の多くにとって、レセハン〈39〉様式の屋台で、プチュル・レレ（プニェタン）〈30〉やグデッグ〈9〉を食べるのは、ごく日常的なことである。元大学生には、下宿付近の小食堂で、野菜の炒めもの、豆腐など大豆食品の揚げもの、ゆで卵のチリソース煮など、毎日代わり映えがしないおかずで、ごはんをかきこむのが、常だった。予算的にそうするしかない学生も多々見かけたものだ。

2　選択肢の1つとしての「インフォーマル・セクター」

　それでも、現役大学生の多く（聞き取りで有効な回答をした現役大学生の約7割）にやはり、行きつけの小食堂がある。1日1回もしくは2回、1週間に最低7回以上、そこで食事をするという元大学生の消費スタイルとは異なり、現役大学生の多くはあくまで選択肢の1つとして、下宿に近い小食堂へ通っているようだ。近くて便利なのはもちろん、安くて、家庭料理風の栄養満点の食事が摂れる場所として、彼らは小食堂を積極的に評価する。行商も屋台も、安くて、味がよく、楽しいとの理由で、彼らに選ばれている。

現役大学生は、裕福であっても、下宿の周囲にいくらでも安い財・サービスが見つかる環境に暮らしているせいで、価格に対して敏感である。彼らは下宿界隈で「インフォーマル・セクター」によって提供される安価な代替財・サービスから得られる効用に断然勝ると判断しない限り、ショッピングモールやフランチャイズ店によって商われる「首都ジャカルタ価格」の財・サービスに、食指を動かすことはない。つまり、経済合理的な彼らであるからこそ、「インフォーマル・セクター」を支持するという側面が見られる。

今のところ、富裕化した現役大学生たちに、行商や屋台などの「インフォーマル・セクター」から一気に離れ、レストランやフランチャイズ店に傾倒するようすはない。彼らのだいたいが、ショッピングモール、フランチャイズのフライド・チキン店、コンビニへ相当の頻度で出入りをしながら、同時に下宿近くの小食堂、日用品キオスク、行商、屋台も定期的に利用している。

現役大学生には、消費をめぐる選択肢の豊富さをよしとする価値観がある。彼らは、今日は屋台、明日はファーストフード、明後日は小食堂、朝は行商、昼は学食、夜はショッピングモールという気軽さで、多彩な消費を楽しむ。「インフォーマル・セクター」の屋台もファーストフードチェーン店もホテルのカフェもみな、そのときどきの気分で選択肢となり、見事に使い分けられている。

第4節　財・サービス提供者側の変化

1　A地区の表舞台・カリウラン通り　(I)[17]

1980年代前半まで、カリウラン通りは、小型トラックが進入できるかどうかの小道にすぎなかった。ジョグジャカルタ市のダウンタウンを中心に半径約7kmを環状に伸びる道路の建設（1980年代初頭）は、カリウラン通りが近代的な開発に踏み出すきっかけとなった。1980年代半ば、この環状道路の北側部分と交わるようになったことで、カリウラン通りの交通量や重要性が増し、1986年頃には同通りの拡張工事がなされている。

---

17) 本章では、広く全体をカリウラン通り、その中でもA地区の西側の外回りになっている部分をカリウラン通り（I）と表記して、区別する。

表3-5 A地区の主な通り／路地名と「インフォーマル・セクター」／財・サービス種の数

通り／路地名	「インフォーマル・セクター」の数	財・サービス種の数
I（カリウラン通り）	155	51
IV（マタラム排水道沿い）	135	45
III（グジャヤン通り）	71	33
Aa通り	61	29
Yy通り	57	25
12通り	42	20
II（環状道路）	35	19
6路地	22	14
G通り	22	12
Vv通り	22	17
合計	622軒	

出所：フィールドワークにより筆者作成。

　表3-5で見ると、A地区を取り囲むI～IVの大通りではおのおの、地区内部のほかの通り／路地でよりもたくさんの「インフォーマル・セクター」が活動している。この4つの大通りにおける「インフォーマル・セクター」の数は、同地区の総数の34.2％を占める。とりわけ、カリウラン通り（I）では最も数多くの「インフォーマル・セクター」が認められ、A地区の表舞台としての役割を果たしている。A地区の内部の通り／路地（図3-2のAa、Yy、12、G、Vv通りおよび6路地）で活動を繰り広げる「インフォーマル・セクター」はほとんどすべて、地域住民の基本的必要に基づく財・サービス（第2節で説明した15～25種）を取り扱う。これに対して、カリウラン通り（I）やマタラム排水道沿い（IV）などの大通りには、その基本的必要に基づかない財・サービスが集まっている。

2 「インフォーマル・セクター」風や「フォーマル・セクター」の台頭

　カリウラン通り（I）では、「インフォーマル・セクター」が数として多いばかりでなく、A地区のほかの通り／路地でとは異なり、多岐にわたる財・サービスの種類を見つけられる。A地区において、新種の財・サービスや営業形態が登場する舞台となり、消費社会化の最先鋒となるのが、ジャカル（JAKAL）の略称で親しまれるこの通りである。

　2000年代初頭以後、従来型のありきたりな「インフォーマル・セクター」

の営業形態とは違った、軽トラックやミニバンを改良した移動屋台、カラフルでこぎれいな定置屋台や固定店舗が、カリウラン通りに出現した。欧米のファーストフードや日本料理を代表に各国料理、インドネシア各地の地方料理など[18]、ありとあらゆるちょっと新奇なものが商品としてここに続々と登場して

現在のカリウラン通り（2012年、筆者撮影）

くるのは、2000年代半ば以降の話である。その傾向は、2000年代末期になって著しい。地方色や国際色に積極的な価値づけがなされ、それを商品化し、販売する場として、カリウラン通りは機能し始める。消費者にとっての同通りは、「珍しいもの」探しをする場、換言するとレジャーの場になった。

　車両を使ったり、目新しい財を扱ったり、地方色や国際色を商品化したりする形で、カリウラン通りにおける「インフォーマル・セクター」の物品販売業に果敢に新規参入してきたのは、日々何とか食いつなぐ出稼ぎモノ売りや地域住民ではなく、一定規模の資金力を有する、企業家精神にあふれた人々である。デポック郡での大学教育を経験済みの人による参入も顕著である。彼らはいち早く、同通りの「レジャー化」に着目し、開業した。消費者の基本的必要に基づいた財も、そんな彼らの手にかかると、「レジャー化」される。

　プチュル・レレ（プニェタン）〈30〉は、昔も今も下宿人たちに好んでよく食べられるメニューである。1990年代にA地区を含むジョグジャカルタ界

18）たとえば、ハンバーガー、ステーキ、フライド・マッシュルーム、クリームスープ、マレーシア風の麺（ミー・タリック）やパン（ロティ・チャネ）、たこ焼き、牛丼などの各国料理、西ジャワ州ボゴール名物のミニ菓子パン（ロティ・ウニル）、中ジャワ州ソロ風のフライド・チキン、中ジャワ州クラテン風のスープ、東ジャワ州ポノロゴ風のサテ〈12〉、東ジャワ州スラバヤ風のフライド・ダック、同じくスラバヤ名物のロティ・マリアム〈40〉、南スマトラ州パレンバン名物のペムペック〈33〉、西スマトラ州パダン風のサテ〈12〉などが挙げられる。

隈でそれを商っていたのは、しばしば東ジャワ州ラモンガン県出身の出稼ぎ者たちであった。ところが、2000年代初頭を過ぎた頃から、プチュル・レレ（プニェタン）〈30〉商売に乗り出すのは、いわゆる「インフォーマル・セクター」の定義どおりの小規模な資本、少人数の家族労働力、学校教育外で得られた技能やノウハウなどを活用する人々だけではない。むしろ、それなりの規模の資本力、学校教育で身に着けた知識やノウハウ、さらに旺盛な企業家精神に恵まれた人々の参入が目立つ。

　2002年、A地区のすぐ南側、ガジャマダ大学講堂脇のカリウラン通りで、定置屋台のプチュル・レレ（プニェタン）〈30〉商売を立ち上げた同大の中退者がいる（*Kompas*, 26 Juli, 2008; 14 September, 2008）。バラエティ豊かなチリソースを売りにし、従来型のものより格好のよい屋台やそれを彩るロゴ入りの宣伝幕を用いるやり方が、プチュル・レレ（プニェタン）〈30〉を食べ慣れている消費者の目にも「新しい、楽しい」と映った。1つの定置屋台でうまくいくと、その創業者はA地区周辺のジョグジャカルタ（13軒）やインドネシア各地（20軒）と次々と固定店舗を建設し、フランチャイズ展開を開始した。この成功が話題となり、たくさんの人々がプチュル・レレ（プニェタン）〈30〉商売に参入し、それを扱う固定店舗、レセハン〈39〉様式の定置屋台、レストランがジョグジャカルタ中に林立するようになった。

　A地区界隈などで同じくフランチャイズを展開中のフライド・キャッサバの定置屋台は、ジョグジャカルタ特別州内出身の大学生グループによる創業（2005年）だ[19]。彼らに大きな初期資本はなかったようだが、大学教育を受けながらビジネス機会を模索してきた点で、従来型の「インフォーマル・セクター」従事者とは異質なバックグラウンドを持つ。彼らの優れたビジネス感覚をもって、垢抜けないイメージの付いた日常的な素材であるキャッサバが巧みに加工され、消費者の心を捉えるレジャー財に仕立てられたわけである。

　食いつなぐ目的で、なけなしの資本を元手に、できるかぎり安上がりな屋台を調達し、消費者である地域住民の基本的必要に即した財・サービスを商

---

19) http://www.telatelaindonesia.com/pages/profile.php（2012年7月24日最終アクセス）。

第3章　現代的な消費と「インフォーマル・セクター」　89

うのは、定義どおりの「インフォーマル・セクター」である。他方、ある程度の規模の資本をもとに、カネになりそうな斬新な財・サービスを発掘・開発し、人目を引く気の利いた屋台を作り、主としてにぎやかな大通りで経済活動をし、あわよくばフランチャイズ展開に踏み切るのは、「インフォーマル・セクター」と似て非なるもので、「インフォーマル・セクター」風とでも呼ばれるのが適当だろう[20]。カリウラン通り（I）に立ち並ぶモダンな定置屋台あるいは固定店舗の多くは、このような「インフォーマル・セクター」風の商売であり、同地区の路地裏(カンポン)にあふれている、定義どおりの「インフォーマル・セクター」とは、一線を画するものである[21]。

　2000年代末になると、「インフォーマル・セクター」風よりももっと大きな資本力と高度な経営ノウハウを所有する中小企業や巨大資本の企業体、すなわち「フォーマル・セクター」が、カリウラン通り（I）に出現した。インドネシア資本または外資によるコンビニ、アメリカ資本のドーナツやピザのチェーン店、日本の商標やノウハウを受け継ぎつつ、インドネシア資本で独自に経営される日本食チェーン店、全国ネットのエステティックサロンなど、ショッピングモールに入居する類の店舗が、みるみる増えてきた。消費者の購買力、消費スタイル、消費に対する価値観の変化と歩調を合わせた「レジャー化」の延長線上で、広くカリウラン通りが「ショッピングモール化」していると言ってもよい。

　あるベーカリーカフェは、2000年代末以来、カリウラン通り（I）に年間1億1,000万ルピア（2008年当時の為替レートで約118万円）の10年契約で土地を賃借りし、おおかた自前で店舗を整え、商売をしている。A地区地元出身の妻が相続で獲得した土地をそのベーカリーカフェに貸し出しているのは、地方公務員のXさんだ。彼には、自力で商売を立ち上げるのに十分

---

20)　*Kompas*, 28 Juni, 2008には、2005〜2008年、そのフランチャイズ化が進んでいる状況に関する記事がある。Ardiansyah（2011）のような「インフォーマル・セクター」風ビジネスについてのマニュアル本も、多数出版されるようになった。
21)　マルタバ〈35〉やバンドゥン風トーストは、消費者の基本的必要に基づかない、いわば伝統的なレジャー財であるが、従来型「インフォーマル・セクター」として特定地域出身の出稼ぎモノ売りに商われてきた。これらは、「インフォーマル・セクター」風の登場する以前から、カリウラン通りなどの大通りに見られる。

な資本力や経営ノウハウはない。それゆえ、ベーカリーカフェが高額で妻名義の土地を借り上げてくれるのを快く思っている。同じく、Xさんの隣人で無職のTさんは、個人経営のスーパーマーケットの用地として、カリウラン通り（I）の所有地を貸し出している。隣人のXさんがベーカリーカフェから支払われるリース料よりも安いのだが、スーパーマーケット経営者が何年分もまとめて前払いしてくれるおかげで安定的な収入を得られることに、Tさんは満足している。XさんやTさんは、「インフォーマル・セクター」や「インフォーマル・セクター」風の商売人よりも高い価格を提示し、しかも長期前払いで自分の土地を賃借りしてくれる「フォーマル・セクター」の企業体を歓迎している。土地以外にほぼ資産を所有しない彼ら地元出身者が、元手なしで大きな収入を得ようとして、比較的リーズナブルなリース料で妥協する傾向にあることが、「フォーマル・セクター」のカリウラン通りへの進出を招き、同通りの「ショッピングモール化」に拍車をかける。逆に、このような「ショッピングモール化」が、一部の地元出身者に対してまとまった額の現金収入を手っ取り早く提供する機会になっている。

3 「インフォーマル・セクター」の「路地裏化（カンポン）」

　①地域住民（特に大学生）の消費スタイルの変容と②「インフォーマル・セクター」風や「フォーマル・セクター」の参入の2つの原因により、従来型の「インフォーマル・セクター」はカリウラン通り（I）から排除される道筋をたどっている。同通り（I）では、人々の基本的必要に基づく財・サービスの商売が難しくなったり、商売場所を保持しにくくなったりしているからである。

　いくつか例示しよう。ある東ジャワ州ラモンガン県出身者が、図3-2の6通りの入口付近のカリウラン通り（I）でプチュル・レレ（プニェタン）〈30〉とソト〈17〉の定置屋台を始めたのは、1991年だった。現在、ほぼ同じ場所に住宅兼店舗（ルコ）〈37〉を賃借りして商売している。年々高騰するそのリース料には、頭が痛い。かつては夕方から夜間だったのに、今はそれに加えて昼間も営業して、リース料を工面するのに必死である。ごく最近では、近くの路地裏（カンポン）で定置屋台を使って同じものを商う妹夫婦の純益にかなわなく

第3章　現代的な消費と「インフォーマル・セクター」　91

なってきた。

　1990年代からカリウラン通り（I）で商売してきた焼きめし・そばの定置屋台は、「インフォーマル・セクター」風のスペアリブ食堂に商売場所を取って代わられ、A地区を去った。ガドガドやロテックの類〈6〉を長く商ってきた一家も、図3-2の12通りの入口に近いカリウラン通り（I）のルコ〈37〉を売却し、どこかへ移転していった。そこには現在、全国的に知名度の高いアウトドア用品のチェーン店が建っている。十数年来、テンペ（大豆発酵食品）と豆腐のプニェタン〈30〉（米飯付き）を1,500ルピア（当時のレートで約20円）の激安価格で販売してきた固定店舗は、行列の途切れる日を1日たりとも見ないまま、店じまいになった。どんなにたくさん売り上げても、カリウラン通り（I）でのリース料を支払ったうえで、純益を死守することはできなかったのかもしれない。固定店舗のチャックエ〈19〉・ボラン・バリン〈34〉売りやその隣の新聞スタンドは、2000年代半ばにブティックなどの入ったルコ〈37〉棟ができるやいなや消えてしまった。チャックエ〈19〉・ボラン・バリン〈34〉売りは、この周辺でいちばん新しいショッピングモールの裏手にある路地裏(カンポン)へ移ったと、うわさに聞く。

　A地区の表舞台・カリウラン通り（I）を離れた「インフォーマル・セクター」には、つぶれてしまったものもある。しかし、大多数は「レジャー化」「ショッピングモール化」したそこを意識的に離れ、地域住民の基本的必要に適合した財・サービスを取り扱ってなお儲けられそうな、A地区あるいは別地区の奥深くへと経済活動の拠点を移した。要するに、「路地裏(カンポン)化」することによって、自らの活路を見出している。

4　路地裏(カンポン)で繰り広げられる生き残り戦略

　地域住民の基本的必要に合致した財・サービスを取り扱う従来型「インフォーマル・セクター」が「レジャー化」「ショッピングモール化」したカリウラン通りを退避したあとで移動してきたり、その種の「インフォーマル・セクター」の新規参入が集中したりすることで、A地区内の路地裏(カンポン)における同業種間の商売競争は激化する。路地裏(カンポン)の「インフォーマル・セクター」従事者は、①あまたの同業者との競争を勝ち抜く術と、②消費者の購買力、

消費様式、消費に対する価値観などの変化に対応した財・サービスの提供方法との双方に、苦労している。彼らは、自分の取り扱う財・サービスとほかの同業者のそれとの差別化を図り、消費者の満足度を高めることが路地裏（カンポン）での生き残り戦略であると感じ取り、そのとおり実践している。

　目新しい財・サービスの商売に転換するためのアイディアや資本を持たず、消費者の基本的必要に即したそれを取り扱う範囲内での差別化戦略として、①同業者よりも安い財・サービスを提供していることをアピールして、価格を据え置く、②その提供の仕方を高度化するという試みが、とりわけ目立つ。バナナの切り方を小さくし、衣をたっぷり付けてフリッターにする、麺を減らす代わりにキャベツを増量して、焼きそば一皿に仕上げる、砂糖ではなくサッカリンを使う、使用する米、シャンプー、洗剤、ペンキの質を落とすことなどは、価格据え置き戦略として、ほぼ全員の「インフォーマル・セクター」従事者が常日頃行っている。メニューや取り扱いサービスの種類を増やす、定休日をなくす、携帯電話のショートメッセージサービスを通して注文や宅配を受け付ける、アフターサービスをうたうなど、財・サービスの提供の仕方にも、際限なく工夫がほどこされるようになった。

　路地裏（カンポン）でバッソ〈24〉、鶏そば、シオマイ・バタゴル〈13〉、焼きめしなどを商う人々にとって、「自分の商売物がファーストフードチェーン店のチーズバーガーと同価格なら、消費者はレジャー性のあるチーズバーガーの方を買いにいってしまうかもしれない」という不安は大きい。そのような消費者を何とかつなぎとめるべく、原材料の値上がりを自身の販売価格にそのまま上乗せするのに、ためらいがある。慢性的なインフレ社会を生きているにもかかわらず、安定的な低価格で、満腹感のあるおいしいものを提供し、それを消費者に繰り返し買ってもらうにはどうすればよいかとの無理難題に全力で立ち向かうのが、A地区の「インフォーマル・セクター」従事者だ。目下、彼らの努力の甲斐もあり、安さ、腹持ち、消費者の下宿付近であるとの販売ロケーションを主要な武器に、消費者の基本的必要に即して路地裏（カンポン）で販売される財は、カリウラン通り（I）で「インフォーマル・セクター」風や「フォーマル・セクター」によって提供されるレジャー財と互角に張り合っている。

前掲の表3−4に見るとおり、A地区には109軒のランドリーがある。筆者が観察する限り、そのほとんどは固定客を得ていて、数カ月から数年にわたって危なげなく商売を切り盛りする。ランドリーの数は、2000年代初頭以来右肩上がりで増えてきたが、さしあたり、商売競争の激化を理由に消えていったものは少ない。下着類からベッドカバーやぬいぐるみまで何でも、客の洗濯ものを枚数／個数制か重量制で預かって洗い、客の好みに合った芳香剤に浸して、乾かし、さらに芳香スプレーを使いながらアイロンがけして、たたむ。即日仕上げ、下宿への御用聞き・配送も、当たり前に実施されている。そして、何よりも安い。

A地区には59軒の緑豆ぜんざいのキオスクがひしめきあう。黒もち米の粥を添えた緑豆ぜんざいを筆頭に、バナナフリッター、揚げ豆腐、小松菜や卵を入れてインスタント麺を調理したもの、メーカー各社のインスタントコーヒーや清涼飲料などを豊富に取りそろえ、消費者に奉仕する。大半は24時間営業なので、いつでも手軽に腹ごしらえをする場所として消費者に重宝がられているし、地域住民の社交場としても機能している。

第5節　おわりに
　　　——現代的な消費社会を生き抜く「インフォーマル・セクター」

1　「インフォーマル・セクター」への新規参入者の登場が示唆すること

地域住民（中でも大学生）の消費にまつわるスタイルや価値観に変容があったとはいえ、A地区の路地裏(カンポン)で活動する従来型の「インフォーマル・セクター」の数は減っていないし、むしろ増えている。財・サービスの種類や営業形態の劇的な変化を伴わないまま、価格抑制や高度サービス化を通じての顧客獲得・囲い込み競争を行って、「インフォーマル・セクター」従事者各自が一定数の顧客を握り、生き延びている。ガソリンや灯油に対する補助金削減政策が何度も原材料費の高騰と消費者による買い控えをもたらし、ただでさえ厳しい他者との商売競争をひとしお煽る。それでも、路地裏(カンポン)の「インフォーマル・セクター」従事者は、アヒルが水掻きをするように、水面下で辛酸をなめつつも、精いっぱいの工夫を凝らし、曲がりなりに純益を確保

できているからこそ、一見涼しい顔をしている。

　2000年代前半まで、A地区で緑豆ぜんざいのキオスクを経営するのはたいてい、西ジャワ州クニンガン県特定郡村の出身者だった。インスタント麺の供給元であるインドネシア最大の食品メーカーの後援で、同業者・同郷者会を組織し、キオスクの黄色い暖簾にその会の名を掲げているため、彼らの出自は容易に判別できる。2000年代半ば以来、A地区地元出身者および近隣のジョグジャカルタ特別州内の出身者が参入し始めたことにより、同地区で緑豆ぜんざいを商うキオスクの数はぐんと増えた。同様に、同時期の同地区界隈において、中ジャワ州クラテン県特定郡村出身者をまね、アンクリンガン〈1〉の商売に参入する地元出身者および近隣のジョグジャカルタ特別州内の出身者が、多数登場する。東ジャワ州ラモンガン県出身者を模倣して、プチュル・レレ（プニェタン）〈30〉を商う地元出身者なども出てきた。先人の「インフォーマル・セクター」従事者を模し、その商売に新規参入する地元出身者があとを絶たないという現象は、「路地裏化（カンポン）」時代の「インフォーマル・セクター」のありようが悲惨でない、それどころか、相変わらず利潤を創出できていることの証明なのだろう。

2　結論

　本章は、ポスト・スハルト期の大学街A地区において、①国立高等教育機関が教育法人化されたのちの時代、消費者である大学生の経済力、消費スタイル、消費に対する価値観に変容があったこと、②それと足並みをそろえて、A地区の表舞台であるカリウラン通り（I）が「インフォーマル・セクター」風や「フォーマル・セクター」の存在によって「レジャー化」「ショッピングモール化」されてきたこと、③消費者の基本的必要に基づく財・サービスを取り扱う従来型「インフォーマル・セクター」は、A地区内外の路地裏（カンポン）に集中して、生き残りを賭けていること、④財・サービスの種類や営業形態の変化を伴わない、路地裏（カンポン）での「インフォーマル・セクター」間の生き残り競争は、価格抑制と高度サービス化の面で熾烈に展開されている。その中での自己変容によって、概して富裕化した消費者の「インフォーマル・セクター」離れを食い止めていること、⑤路地裏（カンポン）での「インフォーマル・セ

クター」商売になお利潤獲得の余地があり、A地区地元出身者を含めてそこへ新規参入する人々が絶えないので、「インフォーマル・セクター」の数は依然として逓増中であることを、明らかにした。

　A地区の路地裏(カンポン)における「インフォーマル・セクター」は、じきに飽和状態、または「貧困の共有」状態に陥る可能性があり、自然淘汰作用を経験するだろう。いっそうの自己変容を怠る「インフォーマル・セクター」に、明日はない。路地裏(カンポン)で取り扱われる財・サービスの種類や営業形態に劇的な変化が起こるのか、財・サービスの提供方法で新たな道を開拓するのか、消費者の変容に合わせて自己変容し続けるための何か新しい得策を発見するのか、自発的に同地区の路地裏(カンポン)を離れる人が現れるのか、ありとあらゆる自己変容策がまだまだ想定される。より具体的な一例を挙げれば、今後、本格的な中間層化の進展しそうな社会における消費者の健康ブームや衛生観念の変化に便乗する形で、従来型「インフォーマル・セクター」の自己変容が生じないとも限らないのである。

　潤沢な資本と斬新なアイディアを手立てに、大通りの1等地へ乗り込む「フォーマル・セクター」や「インフォーマル・セクター」風のように、絶え間なく変貌する消費社会の大波小波をわが物顔に楽しむことはできなくても、「インフォーマル・セクター」はその波にたやすく飲み込まれてしまうほど弱い存在ではない。波間に沈みそうになりながら、大海に漂い続けるしぶとさが、彼らの持ち味である。

【引用文献】
〈日本語文献〉
佐藤百合 2011『経済大国インドネシア——21世紀の成長条件』中央公論新社。
布野修司 1991『カンポンの世界——ジャワの庶民住居誌』PARCO出版。
間瀬朋子 2008「"インフォーマル・セクター"のなかのソロ出かせぎ送り出し圏出身者」『上智アジア学』26、195-212頁。
村井吉敬 1978「インドネシアの民衆生業」『アジア研究』24(4)、57-82頁。
村井吉敬 2000「インドネシアの開発再考——スハルト体制の崩壊と開発」後藤乾一編『インドネシア——揺らぐ群島国家』アジア太平洋研究選書1、早稲田大学出版会、59-97頁。
ラファエラ・D・ドゥイアント 2005「カンポンとプダガン・クリリン——変容する路地

裏空間とインフォーマル・セクターの地層」吉原直樹編著『アジア・メガシティと地域コミュニティの動態――ジャカルタのRT/RWを中心にして』第6章、167‒197頁、御茶の水書房。

〈インドネシア語文献〉
Ardiansyah Putra, 2011, *The Power of Gerobak: Sukses Membangun Usaha Mandiri*（移動屋台が秘めるパワー――自営業を立ち上げて、成功しよう）, Yogyakarta: Cakrawala.

〈新聞・雑誌〉
『じゃかるた新聞』
Harian Jogja
Kompas

第3章　現代的な消費と「インフォーマル・セクター」

付録　インドネシア語用語表（50音順、アルファベットはインドネシア語表記）

〈1〉　アンクリンガン　angkringan
　　紅茶、しょうが湯、オレンジエードなどの飲みものとともに、バナナフリッターなどの揚げもの、豆腐の甘煮、バナナの葉に少量の米飯とおかずを包んだものなどの軽食を商う屋台カフェ

〈2〉　エス・クリム　es krim / es puter
　　アイスクリーム。工場製のものもあれば、ココナッツミルク、緑豆粉、砂糖などの材料を氷で冷やし固める方法で行商人が手作りしたものもある

〈3〉　オジェック　ojek
　　バイクタクシー

〈4〉　オセン・オセン・ムルチョン　oseng-oseng mercon
　　激辛の炒めものをおかずにした定食

〈5〉　カキリマ　kaki lima
　　移動屋台を固定し、仮設の露店を作って、行われる商売。本章では、定置屋台と解釈・翻訳して用いる

〈6〉　ガドガド、ロテック、クパット・タフ　gado-gado、lotek、kupat tahu
　　いずれも、数種類の野菜、ちまき、豆腐などを、スパイシーなソースで和えた軽食

〈7〉　カンポン／カンプン　kampung
　　自然発生的な集落、庶民の居住空間

〈8〉　キオス　kios
　　キオスク。固定的な小規模店舗

〈9〉　グデッグ　gudeg
　　未熟なジャックフルーツ、鶏肉、豆腐、ゆで卵などをヤシ砂糖とココナッツミルクで煮込んだ、ジョグジャカルタの地方料理

〈10〉　クリピック・シンコン　kripik singkong
　　キャッサバ・チップス

〈11〉　クルプック　kerupuk
　　魚やエビのすり身をでんぷんでつないで作る、歯触りの軽いせんべい

〈12〉　サテ　sate
　　肉類の串焼き。肉の種類や部位、たれをめぐって、地方ごとのバリエーションがある

〈13〉　シオマイ、バタゴル　siomay、batagor（＝ bakso tahu goreng）
　　魚のすり身にタピオカ粉を混ぜて蒸したり、揚げたりしたもの。蒸し野菜、ゆで卵などに、スパイシーなピーナッツソースをかけた軽食

〈14〉　ジャムー　jamu
　　各種ショウガ科植物、キンマの葉、米、タマリンド、ヤシ砂糖などから作られる天然生薬飲料。通常、行商人に手作りされる。固定店舗の場合、客の希望する効能を持つ工場製粉末ジャムーを湯で溶き、薬用酒、はちみつ、卵などを混ぜ合わせて、提供する

〈15〉　スラビ　srabi
　　米粉やココナッツミルクなどで作る焼き菓子

〈16〉　ソップ・カキ　sop kaki
　　肉（主にヤギ肉）の各種部位をスパイシーなミルクスープで煮込んだ料理

〈17〉　ソト　soto
　　肉類、春雨やビーフン、香味野菜などにスープをかけたもの。米飯が入る場合もある。地方ごとのバリエーションがある

〈18〉　ダウェット　dawet
　　米粉のプディング（チェンドル）とヤシ砂糖シロップの入ったココナッツミルク飲料
〈19〉　チャックエ　cakue
　　甘くない、中国風揚げパン
〈20〉　チロック　cilok
　　バッソ〈24〉の串刺し
〈21〉　テンプラ　tempura
　　さつま揚げ風の練りもの
〈22〉　ナシ・ウドゥック　nasi uduk
　　レモングラスやサラムの葉などで香りづけしながら、ココナッツミルクで炊いた米飯
〈23〉　ナシ・バカル　nasi bakar
　　米飯をバナナの葉で包んで、直火であぶったもの
〈24〉　バッソ　bakso
　　牛肉をタピオカ粉などでつないで作るミートボールのスープ
〈25〉　バッパオ　bakpao
　　鶏肉あんや緑豆あんなどの入った蒸しまんじゅう
〈26〉　バンク・プルチット　bank precit（bank titil / rentenir）
　　庶民向け小規模高利金融
〈27〉　ピクラン／ピクル　pikulan / pikul
　　天秤棒（を担ぐこと）／天秤棒を担ぐ
〈28〉　プガメン　pengamen
　　ストリート・ミュージシャン
〈29〉　プダガン・クリリン　pedagang keliling
　　行商人
〈30〉　プチュル・レレ（プニェタン）　pecel lele / penyetan
　　鶏肉、ナマズ、豆腐、テンペ（大豆発酵食品）などの食材を揚げたり、ローストしたりしたものに、チリソースと生野菜を添えた定食。食材をナマズに代表させてプチュル・レレ（ナマズのプチュル・ソース添え）、または調理した食材とチリソースを石皿上で石のすりこぎで潰して絡めるのにちなんで、プニェタン（潰したもの）と呼ばれる
〈31〉　プトゥ　putu
　　米粉とヤシ砂糖を竹筒に詰めて蒸し、ココナッツフレークを振りかけた菓子
〈32〉　ベチャ　becak
　　輪タク
〈33〉　ペムペック　pempek
　　魚のすり身をタピオカ粉でつないだものをゆでてから揚げて作ったさつま揚げもどきを、甘辛くて酸味のある醬油だれで食べる軽食。南スマトラ州パレンバン名物
〈34〉　ボラン・バリン　bolang-baling
　　ドーナツのような、中国風揚げパン
〈35〉　マルタバ　martabak
　　牛挽き肉、たまねぎ（長ねぎ）、卵をクミンで風味づけして炒めたものを薄い小麦粉生地で包んで、ギーで揚げ焼きにした、南インド風ミートパイ。パンケーキ風のものもいっしょに売られている。ふつう、前者を martabak telur、後者を martabak manis もしくは terang bulan と呼んで、区別する
〈36〉　ムスリム・チャイニーズフード　Muslim Chinese Food（halal）
　　豚肉を使わず、鶏肉と牛肉を素材にして、ムスリム向けにアレンジされた中華料理

〈37〉　ルコ　　ruko（＝ rumah toko）
　　住宅兼店舗
〈38〉　ルジャック　　rujak
　　未熟なマンゴーやパパイヤ、ミズレンブ、パイナップル、くずいも、きゅうりなどを、ヤシ砂糖、固形のエビ醤、トウガラシ、タマリンドなどで作るたれに絡めた、フルーツサラダ風のもの。エス・クリム〈2〉が添えられる場合もある
〈39〉　レセハン　　lesehan
　　茣蓙にじかに腰を下ろすこと。またそうした食事処
〈40〉　ロティ・マリアム　　roti Mariam
　　小麦粉で作られるアラビア風のパン
〈41〉　ロンデ　　ronde
　　白玉、ピーナッツ、サトウヤシ種子の胚乳などの入ったしょうが湯
〈42〉　ロンボン　　rombong
　　移動屋台
〈43〉　ワルン　　warung
　　固定的な小規模店舗。日用品店（雑貨屋）や小食堂を指す場合が多い

Column　ジャカルタの変わる食風景
——モール・グルメと路地グルメ

　ジャカルタの大規模モールは、まるでランドマークのようである。ジャカルタの中心部を南北に走る大動脈スディルマン―タムリン大通りには、日本の戦争賠償金で建設したホテル・インドネシアがあり、隣接してグランド・インドネシアというジャカルタ随一の大規模モールがある。大規模と言っても抽象的すぎるが、東京ドーム球場の10倍以上の店舗専有敷地面積で、一日中歩いても回りきれないほどである。真向かいにはグランド・ハイアット・ホテルがあり、後方には地続きでジャカルタで最も古い高級大規模モール、プラザ・インドネシアがある。この目抜き通りには、ほかにもリッツ・カールトンのあるパシフィック・プレイスやプラザ・スナヤンと高級モールが林立している。そして、このジャカルタ都心部から、西部にはモール・タマン・アングレック、ガンダリア・シティー、南部にはチトス、ポンドック・インダ・モールⅠとⅡ、北部にはメガ・モール・プルイットがあり、それぞれのモールは、グランド・インドネシアに見劣りしないほどの広さである。このような大規模モールが続々と建設されるようになったのは1990年代になってからのことであるが、特に今世紀に入ってからは建設ラッシュに沸いている。もはや、大規模モール時代と言っても過言ではないだろう。そして、消費好きのジャカルタっ子は、この大規模モールで購買欲を満足させるだけではなく、胃袋も満足させているのである。

庶民が利用した路地の屋台
　モール時代以前のインドネシアの外食文化は、路地に軒を連ねた屋台――と言ってもテントを張ったもので日本の屋台とはかなり風情が違うが、間口を大きく開けて中と外の間仕切りがなく、床が打ちっぱなしのコンクリートや土間という簡素な簡易食堂、日本でも馴染みのあるような形態のレストラ

建設中のショッピングモール。レストラン街に特化したPIMⅢ（筆者撮影）

ジャカルタ西部。昔ながらの食風景（筆者撮影）

ンであった。大通りを1本入ると、所狭しとばかりに屋台が軒を連ねている通りがあり、昼近くになるとココナッツ油の焼ける匂いや、ニンニクテラシ（魚醤のように魚やエビを腐らせたペースト状の調味料）の匂いが立ち上り、通りいっぱいに充満し、腹をすかせたオフィスで働く人々や買い物途中の人たちで繁盛していた。屋台ばかりではなく、簡素な食堂は大通りにも路地にもあったし、大きなチェーン店レストランも要所要所にあり、比較的安価な外食を近距離で済ませることが可能であった。

　ジャカルタ庶民は外食好きで、週末になると外食するのは今も昔も同じだ。屋台や簡易食堂だからといって馬鹿にしたものではなく、それぞれの店にそれぞれの味があり、ジャカルタっ子なら、サテ（sate：インドネシアの串焼き肉）ならどこそこ、オックステール・スープならどの店と、それぞれメニューによってお気に入りのこだわり店があった。今の言葉を借りれば「B級グルメ」とでも言おうか、こんなインドネシアの路地グルメは、アメリカ大統領バラク・オバマでさえも認めた味でもあった。

　2010年11月、彼は小学生時代を過ごしたインドネシアに大統領就任後初めて訪問したとき、インドネシア大学で子ども時代のジャカルタの思い出を織り交ぜたスピーチをした。屋台売りのサテやバッソ（bakso：インドネシアの肉団子スープ）の美味しさを語り、サテ売りやバッソ売りの声まで真似て、

インドネシアの聴衆を沸かせた。その後、在ジャカルタ・アメリカ大使館が気を利かせて、サテとバッソを用意したそうだが、大使館料理のあまりにも洗練された味を、「子どものときに食べた料理と違う」と冗談交じりに微笑みながらも少々落胆した表情で記者団に語っていた。

大規模モールで変わる食の風景

　こんなジャカルタの食文化の風景が、大規模モール建設で様変わりしてしまった。屋台は影をひそめ、建てつけの悪い食堂も姿を消しつつある。路地からは匂いが消え、屋台のゴミもなくなり、御世辞にも清潔とは言えなかったジャカルタの街は、一転、他の都市と何ら変わりのない、一見するときれいな大都会になった。以前、オーストラリア大使館が位置するクニンガン地区のラスナ・サイード大通りに面してフランス系スーパーマーケットが入ったモール、パサール・フェスティバルがあった。そこは、たまにジャワ更紗や本の展示会が開かれる程度の展示場スペースと、何軒かの小売店が出店している程度の小さなモールだった。モールの横は、ラスナ・サイード大通りからカンポンに通じる道があり、そこには小売商や屋台グルメが軒を連ねていた。パサール・フェスティバルは、2000年以降スーパーマーケットが撤退し、代わりに数えきれないほどのレストランが出店したモールに生まれ変わった。その多くはファーストフード店であり、ピザ・ハットをはじめ、マクドナルド、ウェンディーズ、バッミ・ガジャマダ（インドネシア・ラーメンのチェーン店）、飲茶の店から吉野家、コーヒー店やパン屋まである。まさに、ファーストフードのスーパーマーケットの様相を呈している。この変化の影響は近隣にも及び、路地から屋台は消え、道は舗装され、カンポンも消えてしまい大規模ホテルにとって代わられた。

　ファーストフード・スーパーマーケット的なモールの食べ物では飽きるのではと思いつつ、摩天楼のような大規模モールに足を運ぶと、どのモールも多少の違いはあれ似たり寄ったりの店が入っていることに気がつく。しかし、十数年前にはまったくなかったカフェ、アメリカの某コーヒーショップもある。ホテルやアメリカン・クラブに行かずとも、今はステーキもモールで食することができる。しかもそうした店では、英語のメニューも備えている。

レバノン料理店（筆者撮影）

増加したのは、レストランの店舗数だけではなく、料理の種類も同様に増加した。中国料理、フランス料理、イタリア料理、日本料理、韓国料理、タイ料理等々の各国料理が枚挙にいとまないほどひしめき合っていて、まるで民族料理の博物館のようだ。中でも興味を惹いたのが、インドネシア料理だ。インドネシア料理と銘打っているレストランは、現在家庭で食されるインドネシアの料理であっても、植民地的な雰囲気と「伝統料理」であるということを強調し、メニューにも植民地時代の綴りでuをoeと表記してあることが多い。まるで人類学者アルジュン・アパデュライが説いていたインドのカレーのナショナル・フード化のように、インドネシア富裕層や中間層が、インドネシアの食べ物に歴史的意味や文化的特徴を付随させ、ナショナル・フード化を推し進めているようである。

　昨今は、週末の外食の習慣が、週1日だけでなく土曜日と日曜日の週2日が一般化してきたが、その際、多くのインドネシア人は、家族連れでモールに足を運ぶため、週末でもたくさんの車で大渋滞になる。車を移動手段とするモール外食は、いわゆる中間層の人々が享受できる外食空間であるが、外食はモールだけではなくジャカルタ郊外へ足を延ばすと相も変わらず昔ながらの路地グルメや簡易食堂も健在であり、そこでは今もインドネシア庶民の舌と胃袋を満足させている。

不均衡な二極化

　近年、世界各国で一般化しているモール文化は、インドネシアの食文化にも大きな影響を与えているようだ。この20年間の「モール時代」でインドネシアの食文化は大規模モールに吸収され、モール・グルメに見られる食のコスモポリタン化は、インドネシアの食文化を2極化へ誘っていくようだ。モール・グルメと路地グルメ、グローバルな英語の食世界とインドネシア口

語の食世界、そして車の距離空間と足の距離空間。2極化は、決してバランスのとれたものではなく、この2極化の前者（モール・グルメ、グローバルな英語の食世界、車の距離空間）を享受できる中間層は、他方も享受することが可能であるが、この関係は決して可逆的ではなく、不均衡な2極化になっている。

植民地的な雰囲気のカフェ・バタヴィア
（筆者撮影）

そして、この食の2極化は、単に嗜好の違いだけではなく、教養・教育と経済の違いまで内包し、インドネシアの大都市社会の縮図となっているのである。

　（ウィリアム・ブラッドリー・ホートン：早稲田大学社会科学総合学術院講師）

Column　ミニマーケットの進出と外資コンビニの参入

ミニマーケット

　スーパーマーケットの歴史は古いが、近年それに加えて目につくようになったのが、近代的ミニマーケット、日本で言うところのコンビニの隆盛である。今インドネシアでは全国で200万店ある小売店中82%は伝統的小売店で、一方近代的な小売店（ハイパーマーケット、スーパーマーケットならびにミニマーケット）は1万5,000店ほど展開していて、その半分がミニマーケットだそうである。インドネシアではコンビニという呼称を使わずミニマーケットと総称するが、これは日本のコンビニと違ってとりあえず商品の販売が中心で、公共料金支払い、イベントのチケット販売、宅配受付、コイン式コピー機などのような「便利な」サービスの提供はまだ本格的に始まっていないことによると思われる。

　全国展開している中でもっとも古いミニマーケットは、地元資本によるインドマレット社（1988年創立）の経営によるもので、これは2012年3月現在、全国で6,161店を展開している。次いで1998年オープンのアルファマート社資本のものがある。いずれも直営店のほかに地元の出資者からロイヤリティーを受け取って営業を指南し事業展開するフランチャイズ方式のものもある。

路地裏(カンポン)に進出するミニマーケット

　これらのミニマーケットは、出現した当初は中間層の多く住む住宅街の大通りに店舗が開設されていたが、近年はいわゆる都市カンポンと言われる、相対的に低所得者が住む地域にもつくられるようになった。筆者の調査地（本書第6章で紹介するジャカルタ南郊のレンテンアグン町）では、数年前から小さなインドマレットがあったが、2011年8月に、レンテンアグン駅ちかくに（徒歩十数分）、アルファ・ミディというもう少し大きな、品ぞろえ

の多い店舗が開設され、非常な盛況ぶりである。

　インドネシアの路地裏(カンポン)には、もともと民家の軒先を使ってワルン・クロントンと呼ばれる日用品の小規模な雑貨屋が多数開設されており、庶民の日々の生活における需要を満たしていた。ワルンでは、1回使用分の小分けのシャンプー、調味料などはもちろんのこと、たとえばタバコ1本、頭痛薬1粒ずつでもバラ売りしてくれる。またお金のないときには月末払いの掛け売りもしてくれる。この便利さこそ本来の意味のコンビニエンスストアであって、それゆえに、筆者は近代的ミニマーケットは彼らの生活になじまないと見ていた。ところが2011年8月にオープンしたこのアルファ・ミディは路地裏(カンポン)の住民を対象に大繁盛し、2012年夏には、より一層活気づいていた。

　ミニマーケットでは、ワルン・クロントンのようにばら売りはできないので、ある程度まとまった量を買わなければならないが、しかし、その方が1個当たりの単価は確かに安くなる。しかも、毎週交代で、ある種の商品をセールの対象にしており、経済観念の鋭い路地裏(カンポン)の人たちは、チラシを見ながらその日まで待ってバーゲン製品を購入する。さらに、直接面識のないレジ係のところで支払いをするミニマーケットでは、近所の顔見知りが経営するワルンと違って「○○さんは△△を買っていったわよ。何するのかしらね？」などという衆人の目から自由である。極端なことを言えばこっそり「（イスラームでは）禁断の」ビールでも買える、という利点がある。

　インタビューの結果判明した、「買い物の場」に関するおおよその傾向としては、毎日の生鮮食品の買い物（belanja harian）は、朝手押し車を押して売りに来る野菜の行商人（tukang sayur）から、その日に必要な分だけ購入するというこれまでと同じスタイルが圧倒的に多かった。これらの行商人は近くの伝統的市場(バサール)（本書第1章参照）で仕入れてきて、近隣の主婦たちに少量ずつ販売するのである。一方、石鹸、洗剤、紙オムツ、調味料など保存可能な日用品の買い物（belanja bulanan）には、日曜日に夫のバイクの後ろに乗って、家族だんらんのかたわらモールの中の大きなスーパーマーケットや、近くのアルファ・ミディ、つまり近代的な小売りセクターに行くという人が多かった。この買い物の「場」、買い物の「スタイル」の選択の中に、ある程度新しい生活文化が見出される。この調査地の周辺では、アルファ・ミデ

ODENと書かれた大きな看板（筆者撮影）

ィ開店とほぼ同じ頃、レンテンアグン市場が建て替えを終えオープンしたので、それとの比較の視点からも興味深い（本書第1章参照）。

外資系コンビニの販売戦略

　ところで、ミニマーケット市場全体を見ると、ここ2、3年のもう1つの現象は、地元資本のものに加えて、セブン–イレブン、ローソン、ファミリーマートなど外資系のものが参入して新しい販売戦略を展開していることである。じつはインドネシア政府には、地元の小規模業者と競合関係になる小売部門になるべく外資を入れたくないという基本方針があり、そのためこれらの日系コンビニ会社はミニマーケットとして商業省からの認可がとりにくかった。そこでいずれも観光文化局（Dinas Pariwisata dan Kebudayaan）から飲食業としての許可をとって開店したのである。

　つまり、販売する調理済み食品をその場で食べることができるよう広い飲食スペースを作り、この店舗は基本的には飲食店であり、その店内で、生活必需物資も販売しているという形式にして許可をとったのである。興味深いのは、日系のコンビニ、ローソンやファミリーマートでは、「オデン」、「ベントウ」、「オニギリ」などといったファーストフードを、そのままの日本語名で、現地の嗜好に合わせて売り出していることだ。ローソンの場合、たとえば「オニギリ」を見ると、日本米に近い味のカリフォルニア米を使い、中身にはツナ缶のマヨネーズあえ、鮭のフレークなどを入れて1個7,000ルピア（約65円）程度で販売している。オデンの具は、コンニャク、ダイコン、チクワなどほとんど日本と変わらず、やはり1個3,000〜6,000ルピア（25〜50円）程度だ。ベントウは「カツベントウ（ただし、豚肉ではなく鶏肉使用）」「牛丼」など各種とりそろえている。これらといっしょにドリップ式のコーヒーや、炭酸飲料を買ってテーブルにつき、友人たちとゆっくり団欒す

るのが1つのファッションになっている。屋台で座り込むより清潔だし、空調がきいて涼しいことを考えれば決して高すぎないし、何よりその程度でちょっとリッチな気分になれたり、汗をぬぐったりできるのならおそらく安いものなのだろう。だから顧客の中心は勤め帰りの若者、学生たちだ。

オニギリとベントウ（筆者撮影）

　このような落ち着いた場所でノンクロン（nongkrong：何もしないでぼけっとしている）するというのがちょっとしたファッションになっているかのようだ。学校の帰りに寄ったり、お稽古事までの時間をつぶしたりしている。経営者によれば外国では持ち帰り（take out）が多いが、インドネシアの文化では、そこでたむろしたり、愛を確かめ合ったり、おしゃべりしたりしながら「一緒に」食べるということに意味があるようだ。たしかに仕事の途中でただ胃袋を満たす為だけに1人で立ち寄りさっさと食べる、というような光景はあまり目にしない。

　今後ミニマーケットは、日本と同じようなさまざまな付加的なサービスを提供する方向に進むだろう。そして消費者は昔ながらのワルン・クロントンとミニマーケットをちゃんと使い分けて、そのつど都合の良い方を合理的に選択していくだろう。

（倉沢愛子：慶應義塾大学名誉教授）

Column　サッカーに熱狂する若者たち

　インドネシアでサッカーの試合をご覧になったことはあるだろうか？
　忘れもしない 2004 年の夏のことである。東ジャワ州マラン市を訪れた筆者は、地元の強豪クラブであるアレマ・マランの試合を観戦した。競技場で目にしたのは、大勢の不良青年が興奮して雄叫びや火の手を上げながら石を投げつけ、ピッチを取り囲むようにして守る警官隊や相手サポーターと殴り合いの喧嘩をする姿であった。これはアレマ・マランに限った話ではない。インドネシアのサポーターは往々にして熱狂的であることで知られ、ときに死者が出るほどの激しい乱闘に発展することすらある。やはり 2012 年の夏に、非公認リーグに比べて「安全」であると言われていた公認リーグの試合を観戦した際も、相手チームがライバル関係にあるスラバヤのプルスバヤであったということもあろうが、乱闘が起こり、サポーターが続々と救急車で運ばれていった。
　アレマ・マランのサポーターたちと話すと、決まって判で押したように2006 年にインドネシア・サッカー協会（PSSI、以下協会）からベスト・サポーター賞を受賞していることを「自慢」する。しかし、同賞を受賞した翌年1 月 16 日のプルシヤワメナとの試合で、彼らはクディリのブラヴィジャヤ競技場を破壊し、協会から 3 年間にわたり競技場で応援することを禁じられている（しかしこの間もアレマ・マランのユニフォームを着なければ競技場に入ることができたので、サポーターはインドネシアの国旗を掲げ、バティックやイスラム服などの伝統的衣装を身にまとい応援していたという。この措置はマラン市長らの要請により 2009 年に解除された。アレマ応援団長ユリ氏へのインタビュー：2012 年 7 月 18 日、マラン市内の自宅）。
　2009-2010 シーズンにアレマ・マランは 1 部リーグであるスーパーリーグで優勝を果たす。偶然そのときマランに居合わせた筆者は、夜中に大勢の若者たちが「暴徒」となり、危険なバイク走行を繰り広げ、村では少年たち

が激しく爆竹や花火を鳴らしているのを見た。

　こうした体験を通じて、筆者は今日サッカー強国とは言い難いインドネシアで、若者たちがこれほどまでに熱狂するのは、彼らにとってサッカーは地域の伝統的な「お祭り」であり、「アジール（聖域）」としての機能を果たしているからなのではないかと感じた。そのあたりの背景を、アレマ・マランを事例に掘り下げてみたい。

ヒートアップする選手たち（2012年7月14日、ガジャヤナ競技場、筆者撮影）

ハーフタイムに警察と救急隊に運ばれるサポーター（2012年7月14日、ガジャヤナ競技場、筆者撮影）

アレン・マランの創設から現在まで

　アレマ・マランは1987年に創設された。創設の音頭をとったのはパプア州知事を務めた元国軍少佐のアコップ・ザイナルとその息子のルッキー・アコップ・ザイナル、それにオルファン・トビンの3人である。オルファン・トビンによれば、アレマ・マラン誕生の陰には、当時ジャカルタで下層社会に暮らす、ならず者・やくざ者の代名詞であった「マラン人」の中から、インドネシア代表に選ばれるような選手を育成したいとの思いがあった。しかし、「マラン人」を「ギャングスター」としてしか見なしていなかった当時の政府関係者はクラブ設立を警戒し、オルファン・トビンは多いときは1日に3度も軍隊に呼び出されて「尋問」にあった。そのため創設当初は軍を恐れるあまり、クラブの経営者になろうという者もいなかった（アレマ創設メンバーの1人オルファン・トビン氏へのインタビュー：2012年7月19日、マラン市

内のセナプトラ・ラジオ局）。

　かつてスカルノ期に、アジア最強と言われた香港を破り、サッカー強国のソ連と引き分けるなど黄金期を迎えたインドネシア代表（じつはアジアの国ではじめてワールドカップに出場したのはインドネシアで、日本代表がインドネシア代表に初勝利をおさめるのは1970年代になってからである）は、スハルト期になると成績が振るわなくなり、東南アジアの中でもビルマやマレーシアに主役の座を譲るようになった（楠田健太 2006「コロニアルから鏡像へ――地方から見たインドネシア・フットボール史序説」『アジア・アフリカ地域研究』第6号、44-76頁）。

　こうした中、1979年にガラタマという名称のセミプロリーグが発足すると、アレマ・マランはこれに参加した。この頃のアレマ・マランの試合は今以上の熱気に包まれていた。試合当日は競技場周辺の店は商品の盗難と破壊を恐れてすべて閉まり、軍人や警官が刀や竹槍で武装した不良青年の群れの警戒にあたっていた。当時、サポーターの多くはゴルカル（スハルト政権を支える与党として機能した職能集団）を支持しない、反政府勢力と見なされていた（前述のオルファン・トビン氏へのインタビュー）。

　熱狂的なサポーターを獲得したアレマ・マランは1992、1993年にガラタマ（1979年に創設され、1993年まで続いたセミプロリーグ）を連覇した。しかしその陰で、資金調達に苦しんでいたクラブは、競技に参加できないほどの深刻な財政難に喘いでいた。ガラタマ自体もまた1980年代半ばに八百長、審判買収が恒常化したことに加え、1986年にサッカーくじが導入されると、こういう賭け事はイスラム信仰と相いれないと社会問題化して行き詰まった。その結果、アマチュアリーグであるプルスリカタンが盛況を呈した（前掲、楠田2006：44-76）。

　1994年にガラタマとプルスリカタンは統合され、リーガインドネシアというプロリーグが発足。そこではディビシ・ウタマという、東西2つの地域ごとにリーグ戦を行い、上位チームによるプレーオフを戦うという制度がとられた。財政難に苦しんでいたアレマ・マランは2003年にフィリップ・モリス社傘下のタバコ会社ブントゥル・マランの参画以降、経営的に安定し、2005、2006年にはインドネシアカップを連覇した。2008年にはリーガイ

ンドネシアの上にスーパーリーグが設置され、2010–2011 シーズンまでの 3 シーズンにわたり開催されたが、この間、アレマ・マランは 2008 年に知事杯準優勝、2009–2010 シーズンにスーパーリーグ優勝、2010 年にインドネシアカップ準優勝、2010–2011 シーズンにスーパーリーグ準優勝という輝かしい戦績を残し、2007 年のアジアチャンピオンズリーグでは川崎フロンターレと対戦している。しかし、2010 年に親会社が英米タバコ社に変わると、ブントゥル・マランは本社の指示でスポンサーを降りた（アレマ広報担当のヌヌン氏へのインタビュー：2012 年 7 月 14 日、マラン市ジャカルタ通りのアレマ事務所）。

協会の迷走

　この間、中央も混乱を極めた。2011 年、協会内の内部抗争や政治的対立の結果、2011 年 1 月に非公認のリーガプリメールインドネシアが開幕すると、ときのヌルディン・ハリッド協会会長体制下、公認リーグであるスーパーリーグと非公認リーグが併存するという二重構造が生まれた。その後、自らの汚職問題で有罪判決を受けたヌルディン・ハリッド会長が国際サッカー連盟（以下 FIFA）から 3 選禁止を指導されて会長職を辞し、青年・スポーツ大臣専門補佐官を務めた北スマトラ・イスラーム大学教授のジョハール・アリフィン・フシンが新会長に就任した。

　すると、今度は新たに設立されたインドネシアプレミアリーグが公認リーグとなり、2011 年 12 月に開幕したスーパーリーグが非公認リーグとなったが、二重構造は継続され、FIFA の指導を受けた協会は、非公認リーグへの参加クラブに対し制裁を科すと警告を発し、圧力を強めている。2012 年 6 月に協会は FIFA の仲介でプロリーグの統合に向けた覚書を交わし、2013 年 3 月までの統合実現を目指している。しかしこれまでにも FIFA の警告が再三にわたり無視されてきたことを考えると、そう安易に事が進むとは思えない。

珍事件

　こうしたスポンサーの撤退と中央の混乱が招いたのが、2012 年 2 月 11 日のアレマ・マラン対ボンタン FC 戦で起こった前代未聞の珍事であった。
　この日の 14 時 58 分、ベルギー人監督ミロ率いるアレマ・マランを乗せたバスがホテル・レジェントからガジャヤナ競技場に向かった。15 時 5 分、バスは競技場の東門に到着するが、このとき競技場にはすでに後述するお家騒動で分裂した別チームのアレマ・マランがおり、監督や選手たちは中に入れない。15 時 15 分、バスは西門に移動するが、やはり競技場には入れず、バスでの待機を強いられる。15 時 26 分、ペニ市長がバスに来る。ペニはミロとともに競技場に入ろうとしたが、競技場内のアレマ主催者であるアントン・スサントに制止されてしまう。ここで小競り合いが起こり、ペニだけが競技場に入る。15 時 48 分、ミロ監督と場外のアレマ主催者であるスブル・ティオノが来て競技場内に入る。16 時 26 分、ボンタン FC のマネージャーが説明を求める。このとき競技場内のアレマ・マランの選手たちはウォーミングアップをすでに始めていた。16 時 27 分、ミロ監督と選手たちは依然としてバスの中に待機。彼らの支持者の間で歓声が起こる。16 時 30 分、協会のマラン支部の仲介のもと 2 つのアレマ・マラン間で話し合いが行われ、中止で決着。これを受けて、16 時 51 分、バスで待機していたアレマ・マランの監督、選手、それに審判が競技場を去る。さらに 16 時 58 分、ボンタンの監督、選手も競技場を去る。17 時 5 分には、競技場内にいたアレマ・マランも撤収し、17 時 15 分、警備員、警官も競技場をあとにした。
　一方、入場券が販売されなかったことを知った競技場に集まった物売りたちは、商売の補償を求めて市長宅に駆けつけた。彼らは弁当、豆腐、麺を家に投げつけた。結局、市長は家の前の残飯を清掃させたうえで、1 人当たり 50 万ルピア（約 4,500 円）、全部で 67 名分、計 3,350 万ルピア（約 30 万円）の補償を行った（*Malang Post*, 2 Desember, 2012）。

お家騒動の舞台裏

　このような事態に至った経緯を、関係者への取材をもとにまとめるとこうなる。有力スポンサーであったブントゥル・マランは、スポンサーを降りる

前にアレマ・マランに75億ルピア（約6,800万円）の資金を残した。もともと地方予算の配分（インドネシアでは2011年までは地方予算によりサッカークラブの運営を行うことができた）を受けてこなかったアレマ・マランは、2007年からアレマ財団の幹部により運営されるようになった。しかし、2009年に公認リーグと非公認リーグに分裂。前者はマラン市役所近郊のガジャヤナ競技場（約2万5,000人収容可）、後者はカンジュルハン競技場（約3万5,000～4万人収容可）をホームとした。しかし、前者の中でさらなるお家騒動が起こり、その結果発生したのが、上記の珍事であったというわけだ。

　地域クラブが公認リーグと非公認リーグの2つに分裂するという事態は、アレマ・マラン以外にもジャカルタのプルシジャ、メダンのPSMS、グリシック・ユナイテッドでも起こったが、アレマ・マランの場合は、3つ巴の分裂へと発展した（アレマ広報担当のダルマジ氏へのインタビュー：2012年7月17日、カブリパン通りのアレマ本部）。その背景には、非公認リーグのアレマ・マランを支持するレンドラ・クスナ県知事、クリダヤティ・ムルデカ大学学長陣営と、公認リーグのうちミロ監督率いるアレマ・マランを支持するムハマッド・ヌル元マラン市地方書記官、ペニ・スプラプト市長陣営が支持するアレマ・マラン、さらには、今1つの公認リーグのアレマ・マランを支持するアレマ創立者のルッキー・アコップ・ザイナルとコンサルタント会社を自称するアンチョラ社陣営の政治的・経済的な思惑が見え隠れする。

　結局、公認リーグのアレマ・マランのお家騒動はルッキー、アンチョラ社陣営のアレマ・マランが認められて解決した（アレマ・マネージャー、マラン・ポスト編集長のインドラタ氏へのインタビュー：2012年7月16日、マラン・ポスト本社）。

群衆から国民・視聴者・消費者へ

　以上のことから、アレマ・マランが、ジャカルタの下層社会の中で「マラン人」としての誇りを見出すことを夢見て生まれた市民クラブであり、地域の若者たちにとってサッカーは、そのような地域アイデンティティを消費するための伝統的な場として共有されていることが明らかとなった。しかし、そうしたアイデンティティは今中央の二重構造と地域社会の中の対立を受け

て引き裂かれようとしている。

　その過程で、お祭り騒ぎを楽しむ「群衆」でしかなかった若者たちは、ナショナリズムを愛する「国民」、海外・国内リーグを観戦する「視聴者」・「消費者」として、国家やFIFAを頂点とする国際社会や市場の中で位置づけ直されようとしている。

　たとえば、2010年に、オランダ生まれの混血青年イルファン・バフディムがインドネシア国籍を取得して代表にデビューし、マスメディアで人気を博したこともあり、その年に開催されたAFFスズキカップ（東南アジアサッカー選手権）も、ユドヨノ大統領がホームスタジアムに足を運ぶなど、盛り上がりを見せた。これは、1938年を例外として1度もワールドカップに出場したことがなく、AFCアジアカップも例年予選かグループリーグ敗退と振るわなかったインドネシア代表への期待の高まりともとれる。FIFAへの申請書類に政府による財務保証を盛り込まなかったとの理由で候補国から除外されてしまったものの、協会が2018・2022年ワールドカップに立候補しようとしたことも、そうした意欲の表れであろう。インドネシアでサッカーは今女性や子どもも「動員」する国民統合の手段としても機能しつつある。

　また、これはインドネシアに限った話ではないが、テレビ中継と国境を越える「人の移動」により、サッカーは産業としても拡大している。AN TVは、2009-2010シーズンのスーパーリーグ全306試合中150試合を毎週水・土・日の最大5試合TV中継した。また、RCTIはUEFA/AFCチャンピオンズリーグ、Global TVとMNCはワールドカップとイングランドプレミアリーグ、Indosiarはセリエ A、TV Oneはリーガエスパニョーラを中継し、誰もが無料で視聴できるようになっている。イルファン・バフディムに続き、ディエゴ・ミッチェルス、キム・クルニアワンなど、海外からインドネシアに移籍する選手もあとを絶たない。日本からも、多くの選手がインドネシアのクラブでプレーをしている。しかし、彼ら外国人選手の多くは給料の遅延や未払いの問題を抱えている。というのも、先述したようなプロリーグの分裂が、国内のサッカー人気を二分し、スポンサー収入や入場料収入を減少させているからだ。

　今後インドネシアが新興経済大国として存在感を示し、消費が拡大してい

く中で、サッカーもまた、国家が国民統合の手段として利用するナショナリズムの動きと、その共犯関係として出現したグローバリゼーションの動きによって、FIFAのつくる帝国的な権力秩序に徐々に包摂されていくのであろう。そのとき、若者たちの熱気はいったいどこに向かっているのであろうか。

（林英一：日本学術振興会特別研究員）

第 2 部
消費の変容

第4章

ディズニー化する郊外
――商品としての分譲住宅

新井健一郎

第1節　はじめに

　住宅は、ジャカルタを日々の生活の舞台とする人々にとって、最も高い価値を置かれた商品の1つである。
　ジャボデタベック（ジャカルタおよび、それを取り囲むボゴール県、タンゲラン県、ブカシ県、デポック市の総称）の消費動向誌 *NNA Weekly Consum* では、首都圏で働く20歳以上のホワイトカラーの男女100人に行ったアンケート調査の結果を載せているが、それによると「家を持つことは人生において最も重要なことだと思うか」という質問に対し、62％が「絶対そう思う」、35％が「まあそう思う」と答え、両回答の合計は97％にのぼった（*NNA Weekly Consum*, 21 Oktober, 2011, No.159: 5）。どのようなタイプの家に住みたいかという質問では回答者の大部分が1戸建て2階建て（60％）か1戸建て1階建て（31％）と答え、近年増えてきたマンションと回答した人は1％にすぎない。首都圏のホワイトカラー層にとって、庭付き1戸建て住宅に住むことには、大きな価値が置かれていることがわかる。
　こうした土地付き住宅への強い執着には、いくつもの理由がある。まずインドネシア首都圏では、過去一貫して土地は値上がりを続けてきたため、「土地の価値は下がらない」という日本で言う「土地神話」が非常に根強い。

しかも、住宅は他の耐久消費財に比べても桁違いに高価なため、欲しいと思っても簡単には入手できない。したがって購入から満足／飽きへといったサイクルがすぐに実現せず、多くの人にとって「いつか手に入れたい憧れの商品」「苦労してやっと手に入れた商品」となり、人生における最重要事項の1つとなるのである。

　この章の目的は、このように高い価値を置かれた1戸建て分譲住宅が、どのような形で分譲され、売買され、居住されているのかを紹介することである。特に、スハルト体制崩壊後にジャカルタ郊外で急激に一般化してきた、住宅街全体を塀で囲んだクラスター住宅街について、事例をもとに詳しく説明したい。

1　「中間層」と住宅

　本書の第6章にもあるように、倉沢はジャカルタ南端のレンテンアグンの詳細な調査をもとに、都市カンポン住民の間で「疑似中間層」と呼べるような人々の増大を明らかにしてきた。それでは、「疑似」と言ったときに念頭に置かれている「(真正)中間層」とはどのような人々であろうか。ここではソルベイ・ゲルクとハワード・ディックの議論を参考に、インドネシア独立後の歴史的文脈の中で、社会階層の分節化に対して消費が果たしてきた役割、とりわけ分譲住宅が帯びてきた社会的意味を明らかにしよう[1]。

　ソルベイ・ゲルクはインドネシアの中間層に関する論考の中で、「中間層」的な消費スタイルの変化の背後に、他者との階層区分への欲望を看取している。すなわちインドネシア独立はオランダの植民地主義が築いた固定的な人種・階級秩序の崩壊をもたらし、以後は消費を通じて特定の階層の成員であることを表示することが必要となった。特にスハルト体制下で実現した急速な経済成長は、威信や地位というものを生得的なものではなく、個人のライフスタイルや消費パターンによって操作・獲得可能な価値に変えた。結果と

---

1)　「中間層」にせよ「疑似中間層」にせよ、本書では所得額などでは明快に定義できない区分を記述するために、さしあたりの便宜的呼称として使っているにすぎない。ここでは、インドネシアにおいて「中間層」(kelas menengah) という語でイメージされてきた人々が、どのような形で社会的に分節されているか、という点に重点を置いて論じている。

して、生活様式は中間層が自らと下層とを区分する主要な手段となったのである。

　中間層としての典型に漏れず、「新中間層」の文化は、より下位社会層から絶えず自らを区分しようとする試みによって特徴づけられるものである。つまり、その編成は貧しい「他者」から距離を取る複雑な過程の中で境界づけられるのである。インドネシアにおいて、「新中間層」は消費を通じて「近代的」な生活様式を作り出し、それを普及させることを介して階層秩序を構築するのに戦略的な位置を占めていたのである（Gerke 2000: 145）。

　住宅（どこに住むか、どのような家に住んでいるか）は、ゲルクの言う意味で、自分たちを下位の社会層から区別するうえで、最もわかりやすい指標となる。その意味で、生得的な地位に左右されずに獲得した個人の威信や地位を表示するうえで、これほどふさわしい媒体はなかった。

　住宅そのものが、自らの地位を他と区別して表示するうえでの代表的な商品であるのに加え、住宅は他の多くの消費活動が行われる環境としても重要である。経済学者のハワード・ディックは1980年代、中間層を特徴づけるのは耐久消費財など特定の物品を所有していること自体ではなく、その消費手段が私化（privatization）されている点にある、と指摘したことがある（Dick 1990: 64）。家の戸を開け放ち、食事時なら通りがかりの隣人には「もう食べたのか」と声をかけ、建て前であれ食事にさそう、それがカンポンの日常生活の規範である。テレビであれ電話であれビデオプレーヤーであれ、時代時代ごとの新しい耐久消費財を近隣より早く購入した家には、近所の人々がおしかけたり、使わせてもらいに来るのが普通のことであった。

　一般の人々の間では、耐久消費財は社会的な機能を果たしている——近所の人たちがそうした消費財を一緒に使うことを拒むのは、反社会的なことである。その逆に、中間層の世帯は、そうした消費財の受益者を、自分の世帯成員のみに制限するのである。家は高い塀で囲まれ、ドアは施錠され、窓には鉄格子がつけられる。言い換えれば、そこには「消費手段の私

化」（privatization of the means of consumption）があるのである（Dick 1990: 64）。

　しかしディック、倉沢ともに指摘するように、カンポンのただ中にあって家族の消費生活を周囲の人間関係から切断しようとすれば、周辺住民との軋轢は避けられない。またカンポン内の社会的交際は、分かち合いや助け合いを強調する民衆的イスラーム道徳によって規範化されている。こうした道徳や価値観をカンポン内部の他の住民とある程度でも共有する限り、疑似中間層は民衆的イスラーム社会規範と、社会的上昇志向や私化された消費への志向との間で板挟みとなり、居心地の悪い立場に立つことになる[2]。

　こうした議論に照らしたとき、中間層的な上昇志向を強く持つ人々にとって分譲住宅街の持つ魅力は明らかであろう。本当の富裕層ならば、個人で広い敷地を囲い込んで大邸宅を建て、自費で専属警備員を雇用することも可能であるし、実際にそうしている者も多い。しかし、そこまでの資力を持たない場合、カンポン生活でつきまとった消費の私化をめぐるジレンマを解決する最も効果的な方法は、ある一定以上の所得水準の住民だけが集まった分譲住宅街に引っ越すことである。そうした場所では、諸家族は集合的に、より広い社会から隔離され、内部の隣人たちはみな平均して一定以上の所得層出身である。したがって耐久消費財を共有せよ、といった社会的圧力は存在しない。高い塀といった治安維持の装置も、住宅街全体を囲い込み、共同で警備スタッフを雇うことで共同化することができるようになるのである。すなわち分譲住宅街は、人々がその購入と居住を通じて、自らを「中間層」という集合的単位へと分節化する媒体・装置となってきたのである。

　インドネシア首都圏は、1980年代後半からアジア経済危機まで、および2000年代後半に不動産開発ブームを経験した。この時期にカンポンの取り壊しと引き換えに郊外ニュータウンや高級なショッピングモールといった空

---

[2]　この点に関するディックの議論は（Dick1990: 66-69）参照。また倉沢によれば、自宅のドアを開けっ放しにして誰もが自由に出入りできるようにするのが普通のレンテンアグンで、疑似中間層の場合は「あけておくとにわとりが入ってきて床を汚すものだから……」などと苦しい弁解をしながらドアを締め切りにする、といった態度が見られた（倉沢2001：190）。

間が急激に拡張したことは、同一の消費様式を持つ人々を同一の空間にまとめて他を排除することで、互いによく似た消費実践や生活意識の集団を形成する媒体となった。この集団にとっては、身に着ける衣服や自動車、ひいては生活環境全体が、消費を通じた自己表現や階層差別化の媒体となっていった。その意味で不動産ブームは、いわゆる「（真正）中間層」の典型的イメージに最も近い集団を空間面から析出し、可視的にする役割を果たしたのである。こうしたインドネシアの例などを念頭に、上述のハワード・ディックはピーター・リマーとの2009年の共著書で、高層オフィスビル、ショッピングモール、分譲住宅街、そしてそれらを結ぶ自家用車というエアコンの効いた空間とその外という区別が、東南アジアの大都市において、現在、社会階層を分ける主要な区分線になっていると指摘している（Rimmer and Dick 2009: 5章, 8章）。

2　分譲住宅の普及

　インドネシア独立後に軍・文民官僚・政治家や事業家として台頭した政治・経済エリートの多くにとって、ジャカルタは自分の郷里ではなかった。彼らは新たに握った権力や富にふさわしい場所を必要とした。当初にその役割を果たしたのは、メンテンを代表とするオランダ植民地時代の高級住宅街、次いでオランダの再占領時代に開発されたニュータウン、クバヨラン・バルであった[3]。これらは現在、ジャカルタを代表する高級住宅地区になっている。

　スハルト体制期の1970年代になると、ジャカルタ各地で新規の住宅地開発が活発になった。海外からの投資や援助資金の流入、そして石油ブームにより、膨大な資金がジャカルタに集中し、住宅の需要を高めたのである。この時期、インドネシアで独特の意味合いで紹介され、定着した用語の1つに「リアル・エステート」がある。この用語は、道路や街路灯、上下水道などの生活基盤が計画的に整備された分譲住宅地区を指す語として紹介された。

---

3)　クバヨラン・バルは当初は地方から流入する中下層の「原住民」がバタヴィア中心部にスラムを作ることを防ぐための受け皿として企画されたのだが、実際の開発の過程では中・上層の居住地区になっていった（van Roosmalen 2005: 107-109）。

以後、この語はジャカルタ政府が理想とする住宅街の理念型となり、また一般に計画的に整備された中・高級住宅地区を指す用語として定着していった。

1970年代に計画され、開発されたリアル・エステートの代表が、南ジャカルタのポンドック・インダである。スハルト大統領に近い事業家スドノ・サリムやスドゥイカトモノと、スカルノ体制期からジャカルタの各種開発事業を請け負ってきた事業家チプトラらが提携して開発したもので、世界的なゴルフ場設計家であるロバート・トレント・ジョーンズ・ジュニアがデザインしたゴルフコースを囲む高級住宅地区を持つことが売りであった。スドゥイカトモノやチプトラ自身もここに居を構えた。芸能人らにも好まれる地区となり、スハルト体制後期には、富裕層の住む高級住宅地区としての地位を確立した。メンテン、クバヨラン・バル、ポンドック・インダといった住宅地区は、すでに分譲が終了して久しく、現在では中古の土地・住宅が個別に取引されているのみである。日本円にして1億円を超える住宅も珍しくなく、居住に必要な資力の面でも社会的なイメージの面でも、名実ともに富裕層向け住宅地と言える。

これに対し、1980年代に入ると、首都を取り囲む外環道路や、都心から放射状に延びる都市間高速道路の整備計画に刺激され、1,000haを超えるような巨大なニュータウンの開発が、次々と始まった（新井2012）。これら80年代以降に計画・開発が始まったニュータウン事業、およびその周辺に開発されたより小規模の分譲住宅街の多くは、現在でも活発な住宅分譲が続いている。価格帯も、上述のポンドック・インダなどよりはるかに幅がある。カンポン生活からの分離によって「中間層」的な生活様式を達成しよう、という上昇志向のダイナミズムが最もはっきりと観察できるのは、これらの新しい分譲住宅街である。

現在、ジャカルタ首都特別州を取り囲むタンゲラン県（および北タンゲラン市・南タンゲラン市）、ブカシ県（およびブカシ市）、ボゴール県（およびボゴール市）、およびデポック市には、予定面積を合計すると4万6,000ヘクタールを超える大型ニュータウン事業が存在する。そのほぼすべてが1980年代半ばに計画され、1990年代から2000年代の約20年の間に開発が進められたものである。一番大型のBSDシティは、2008年までにほぼ分譲が

完了したチサダネ川東側の 1,500ha の部分だけで、累積供給数が 2 万 8,000 戸以上に達している（*PT Bumi Serpong Damai Tbk Annual Report* 2011: 18）。仮に 1 家族当たり平均 4 人として住民人口を想定すると、BSD シティだけですでに人口 10 万人を超えている。その他の大型ニュータウンや、その周辺で活発に分譲が進められている中小の分譲住宅街の人口を考えたとき、こうした「リアル・エステート」の住民が、現在の首都圏において無視できない存在感を持っていることが容易に想像できるであろう。首都圏における大型ニュータウンの数はインドネシア国内の他の都市と比べて突出しており、こうしたニュータウンとその周辺の分譲住宅街の生活は、現代インドネシアの首都圏を代表する生活類型の 1 つと言えるであろう。

第 2 節　大型ニュータウンの時代

1　シナルマス・グループの台頭

　首都圏の大型ニュータウン開発業者のうち、現在最も大規模な事業を展開しているのがシナルマス・グループである。

　首都圏郊外の住宅市場において、同グループが支配的な地位を確立したのはアジア経済危機以降である。債務整理に苦しむ他グループの大型ニュータウン開発事業を次々と買収したり資本参加の比重を高めたりして、インドネシア最大の開発業者にのし上がったのである。

　現在、同グループは、ジャカルタ西隣のタンゲラン県で首都圏最大の 6,000ha の用地開発許可を持つ BSD シティを、ジャカルタ南隣のボゴール県では、コタ・ウィサタ（750ha）とレジェンダ・ウィサタ（200ha）を、ジャカルタ東隣のブカシ県では、グランド・ウィサタ（1,100ha）とコタ・デルタマス（3,000ha）を開発中である。ボゴール、タンゲラン、ブカシ 3 県すべてで、最大規模のニュータウン事業をシナルマスが握るようになったのである。その意味で、シナルマス・グループの事業に注目することは、ポスト・スハルト体制期の首都圏の変化を見るうえで戦略的な意味を持っていると言えるであろう。

2　テーマ住宅街の誕生——コタ・ウィサタの時代

　不動産産業において、シナルマスの台頭の大きな契機となった事業の1つが、ボゴール県チブブルに外資系数社と提携して開発したニュータウン、コタ・ウィサタである。このプロジェクトは、グループ傘下のドゥタ・プルティウィ社と、日本の丸紅、韓国のLG、タイのLand and Houseの合弁事業であった。都心から遠く（都心CBD地区の中心にあるスマンギ立体交差からニュータウン入口まで、高速道路を通って約29km）、市民に馴染みの薄い場所にあったうえ、価格設定も非常に高価だったにもかかわらず、1996年に売り出しが始まると、絶好調の販売実績を挙げた。特異なことにその成功は1997年の経済危機後、むしろ際立つようになった。実際、このプロジェクトは経済危機後もあたかも何も変わらなかったかのようにふるまうことができた数少ない事業である。競合プロジェクトが停滞に苦しんでいる間に、毎月10億ルピア（約1,280万円）もの広告予算を立てて猛烈な宣伝攻勢を行ったのである（*Properti Indonesia*, April, 1999: 17）。1997年には100億ルピア（約4億3,000万円）だった月平均売上高は、1999年には220億ルピア（約3億2,000万円）となり、2000年には330億ルピア（約4億2,000万円）に達した（*Properti Indonesia*, Juli, 2000: 15）。結果としてコタ・ウィサタは最も攻撃的な販売促進と最も大きな営業的成功を収めている不動産事業の1つとして瞬く間に有名となり、他のプロジェクトにも大きな影響を与えるようになったのである。

　コタ・ウィサタの特徴の1つは、全区画で警備員が常駐した単一ゲートを備えたクラスター方式（いわゆる「ゲーティッド・コミュニティ」）を採用した点である。クラスター方式自体はインドネシア首都圏に以前から存在したから特に目新しいものではなかったが、以前はかなり高所得層向けの高級住宅区画に限って採用されるのが一般的であった。しかしアジア経済危機と1998年の首都圏の大暴動、そして治安の急速な悪化を背景に、全区画クラスター方式は買い手の大きな支持を集めた。その結果、コタ・ウィサタの成功以降、首都圏の主要な大型住宅分譲事業のほとんどで、新規分譲区画はクラスター方式になった。

　第2の特徴として、それぞれのクラスターを、特定の国や地域になぞら

えてテーマ化した点が挙げられる。コタ・ウィサタはインドネシア語で「観光の街」を意味する。ニュータウンとしては奇妙な名称であるが、ニュータウン全体が、世界各地の都市や国の名前をつけられた別々のクラスターによって構成されているのである。たとえばモナコ、マドリッド、パリ、京都、カリフォルニア、アメリカ、アムステルダム、ウィーン、バージニア、フロリダ、サンフランシスコなどである。クラスターごとに内部の雰囲気や建築物の外観などを変えることで、居住者や訪問者はクラスターからクラスターへと散歩をするだけでさまざまなエキゾチックな景観を楽しめるように作られている。最もエキゾチックな雰囲気があるのは各クラスターの出入口部分である。そこにはクラスターの標識となるような建物が建てられ、警備員詰め所や店舗住宅の一部となっている。たとえば「アムステルダム」クラスターの場合は水車、「京都」クラスターの入口には五重の塔、といった具合である。いったんクラスターの内部に入ると、通常の住宅はクラスター・ゲート部分ほど凝った作りはしていないが、窓の形や柱などの表面的な部分の装飾性を高めることで、クラスターごとの個性をつけている。

コタ・ウィサタは都心からは遠く、特に渋滞の時間的ロスを考えると毎日都心に通勤するには不便である。このプロジェクトが最初から対象として狙ったのは、2軒目の家を求める富裕層であった。そのマーケティングにおいても居住機能の点はさほど強調されず、最大の力点はデザイン面などでの差別化に置かれてきた。コタ・ウィサタのマネージャーの1人、ジュリウス・ケケは以下のように書いている。

　　住宅は住宅である。しかし、もしその住宅をある種のgimmik（仕掛け）をもって包装すれば、消費者は違う風に見るだろう。コタ・ウィサタでは、

コサ・ウィサタの店舗住宅

京都の住人は必ずや、そこの住宅や環境がアムステルダムのそれとは違うと主張するだろう。しかし製品としてそれは違うものなのか？　もし注意深く観察すれば、それら別々のタイプは設計図面上ではほとんど同じものなのだ（Keke 2001: 6）。

　……コタ・ウィサタは supply driven market（供給主導型市場）を信奉している。そこではわれわれ供給者の側が市場を誘導して買いたくなるようにするのである。方法はといえば魅力的な製品を提供し、それぞれのタイプの供給数を限定することで陳腐化を防ぎ、他の住宅街にない諸施設を準備しておくことによってである（Keke 2001: 6）。

　このニュータウンでは、「世界」あるいは「グローバル」のイメージが、テーマパークのような演出された多様性と非日常的感覚を生み出すために最大限使われている。観光パンフレットをそのまま3次元化したようなカラフルな世界は、ニュータウン外部の西ジャワの平凡な「インドネシア的」光景と劇的な対照を作り出す。この非日常的な「世界」の住人になるには相当な購買力が必要とされるので、その段階で住民は一定以上の高所得者層に選別される。そのうえで、そのような恵まれた消費者にとって、「アムステルダム」の住人になるか、はたまた「サンフランシスコ」の住人になるかは自由である。開発業者は、この「世界」の多様性を、消費者の個性を表現するための選択の自由と見なすよう、呼びかけているのである。

　コタ・ウィサタの第3の特徴は、テーマ化されたクラスター住宅街と遊園地や商業施設を組み合わせ、最大限の相乗効果を狙った点である。ニュータウン全体の祝祭性や非日常性をさらに強調するため、その中心には「ファンタジー・アイランド」という遊園地が作られ、またのちに「カンポン・チナ」という中国色を前面に出したショッピング・エリアも作られた。その狙いについて、上述のジュリウス・ケケは以下のように書いている。

　　われわれは販売促進のターゲットを決める際には非常に慎重でなければならない。コタ・ウィサタのような水準の事業となると、販売促進の重点はむしろ潜在的な買い手の子どもたちに向けられる。子どもたちは両親に

プロジェクトまで足を運ばせるうえで、非常に大きい力を持っているとわれわれは信じている。そのためわれわれは家族全員、とりわけ子どもたちが楽しめるようなさまざまなイベントを開催している。そうすればわれわれのプロジェクト地に足を運ぶのも家族の娯楽活動の一環にできるので、その分決心が容易になる（Keke 2001: 7）。

　子どもを対象とした遊園地やさまざまなイベントの存在は、潜在的な買い手にチブブルまで足を運ばせることで、住宅販売を促進した。逆に、さまざまなクラスター住宅街が織りなすエキゾチックな景観全体が、遊園地や商業施設に他の場所では得られない付加価値を与え、カンポン・チナのような分譲型の小売りスペースや店舗住宅の販売に貢献した。

　社会学者のアラン・ブライマンは、経済の重心が次第にサービス産業に移る中で、商品差別化や消費者の繋ぎ止めのための戦略として、ディズニーランドが典型的な形で体現した諸原理が応用され、次第に社会の各分野に浸透していく傾向に注目し、それを「ディズニー化」と呼んだ（ブライマン2008）。彼が「ディズニー化」という語で示したのは、テーマ化、ハイブリッド消費、マーチャンダイジング、パフォーマティヴ労働、およびそれらに伴う強固な管理や監視技術である。テーマ化とは、たとえば「ワイルド・ウエスト（荒野の西部）」をナラティヴ（物語）にしたカジノやレストランのように、対象となる施設や物体を、それとほとんど無縁のナラティヴで表現することである。ハイブリッド消費は、消費者を1カ所に長く繋ぎ止めるために、ショッピング、映画鑑賞、ホテル宿泊、カジノなど従来別々の消費領域に存在していた消費形態を結合させる傾向を指す。マーチャンダイジングとは、ミッキーマウスのようなキャラクターやイメージ、あるいはロゴを著作権を持つ商品として販売促進し、またさまざまな商品にそれらイメージやロゴを表示することで差別化することを指す。パフォーマティヴ労働とは、特にサービス産業を中心に、職場が劇場に類似したものと捉えられ、労働が演劇的パフォーマンス的な性質を帯びることを指している。

　すでに見てきたように、コタ・ウィサタではキャラクター商品のマーチャンダイジングやパフォーマティヴ労働などはそれほど顕著ではないが、ニュ

ータウン空間のテーマ化と、それを利用したハイブリッド消費は、これまでの首都圏のどの住宅街よりも意識的かつ大規模に行われた。その意味で、コタ・ウィサタはインドネシア首都圏のこれまでのニュータウン事業の中で、最も大胆にディズニー化されたものであった。

3　テーマ住宅街の流行

　コタ・ウィサタは、巨大な範例的影響を及ぼした。この事業の商業的成功を見て、他の開発業者が続々と追従を始めたからである。たとえばチプトラ・グループがタンゲラン県チクパで開発したニュータウン、チトラ・ラヤは、当初は「芸術の街」をテーマに売り出していた。住宅にもサティ型、ルンバ型、ロッシーニ型、ストラヴィンスキー型などの名がつけられていた。しかし2000年以降に新規開発された区画は、トラガ・メディテラニア（地中海の湖）やタマン・カリビアン（カリブの園）といった名前がつけられ、内部の住宅の名称もジャマイカ型、バハマ型、バミューダ型という具合に、コタ・ウィサタ風の異国エキゾチシズム路線に豹変した。タンゲラン市内でモデルン・グループが開発中のコタ・モデルンの場合も、クラスター・プランチス（フランス街区）を分譲し、そこでは住宅にリベラ型、サントロペ型、ボルドー型といった名前がつけられた。リッポー・グループもまた、タンゲラン県に開発中のリッポー・カラワチ内にオーサカ、パタヤなどの街区を作るといった追随ぶりであった。こうした傾向は、首都圏の住宅デザインの流行がミニマリスト様式[4]に移行する2004～2005年頃まで続いた。

　さらに、シナルマスがこれまで他の開発業者の事業であったタンゲラン県のBSDやブカシ県のコタ・レジェンダ（現在名グランド・ウィサタ）といったニュータウンの経営権を掌握すると、これらすべての傘下事業において、コタ・ウィサタで培われた手法がフルに適用されるようになった。またコタ・ウィサタ以降のシナルマス・グループの事業の住宅は、その設計のほとんどをパウルス・プルウィト・ハンドヨ（Paulus Purwito Handoyo）という同一の建築家が担当するようになった（*Housing Estate*, September 2009: 48）。

　4）　最小限の装飾と直線の多用で、シンプルでスタイリッシュな機能美を前面に出した住宅デザイン。

第 4 章　ディズニー化する郊外　133

そのため、ボゴール県のコタ・ウィサタ、タンゲラン県の BSD シティ、ブカシ県のグランド・ウィサタのどれをとっても、同時期に分譲された住宅のデザインは「コピー＆ペースト」という語で形容したくなるほど、非常に似通ったものになっていった。そこで、以下では BSD シティを例に、クラスター住宅街の開発と分譲プロセスをよりくわしく紹介しよう。

第 3 節　テーマ住宅街を売る

1　BSD シティ概観

　BSD シティは予定総面積 6,000ha で、首都圏で現在開発中のニュータウン事業中、最大のものである。シナルマス・グループが 2004 年に経営権を掌握して以降、この事業は同グループにとってその規模と将来性から最も重要な不動産事業となってきた。同グループは自社の名を冠した私立学校（シナルマス・ワールド・アカデミー）や財閥創設者の名を冠した病院（エカ・チプタ病院）などを他の開発事業に先駆けてここに建設してきた。加えて 2010 年にはグループの不動産事業を「シナルマス・ランド社」のもとに集約し、その本社ビルを BSD シティに建設した。したがって、現在この BSD シティは、グループの不動産事業全体の管理中枢拠点ともなっている。

　既述のとおり、BSD シティは予定総面積 6,000ha の事業だが、スハルト体制期から開発が進められてきたのは、チサダネ川の東側の約 1,500 ヘクタールであった。このエリアは 2008 年頃までにおよその開発・分譲が終了した。それを受け、2008 年からチサダネ川の西側中、約 2,000 ヘクタールの開発・分譲が始まった。この拡張に伴い、現在ではチサダネ川東の既存市街地は東 BSD、チサダネ川西側の新規開発地区は西 BSD と呼ばれている。

　行政的には、東 BSD は 5 つの郡（kecamatan）の 13 の町（kelurahan）・村（desa）にまたがっている[5]。ただし、住民の日常生活の中では、こうした行

---

5) Kecamatan Serpong, Serpong Utara, Setu, Legok, そして Pegedangan の 5 つの郡にある Lengkong Gudang Barat, Cilenggang, Lengkong Karya, Lengkong Wetan, Lengkong Gudang Timur, Rawabuntu, Serpong, Rawa Mekarjaya, Setu, Babakan, Ciater, Jelupang, Pondok Jagung である。

政的な住所はほとんど意識されない。筆者が 2008 年にラワ・ブントウ町役場の町長に行ったインタビューによると、住民カード（KTP）を作る際には、所管する郡役所や村役場に赴く必要があるのだが、特にジャカルタから転入した住民は、ジャカルタ住所の住民カードを持ち続けることを好み、住所の書き換えをしない者も多い[6]。

また、クラスター内部でも住民の入居が進めば、隣保組織（RT や RW）が結成されるべきだが、これは住民が自発的に結成しなければ意味がないので、町役場としては特に働きかけをしていないという。それ以外の場面でも、町役場役人やカンポンの住民と、クラスター内部の住民の交流は少ない。また開発業者は、基本的に自らの判断で開発用地内部の管理を行っており、内部の運営に町役場が関与する場面は少ないという。

都市の実際の行政機能の多くを担っているのは、現在シナルマス・ランド社が株式の 49.87% を保有するブミ・スルポン・ダマイ株式会社である[7]。同社の業務は、広大な将来開発予定地部分の用地取得や管理、現在開発・分譲中の区画のインフラ建設や住宅・商業不動産の宣伝・販売、そして分譲・開発済みのエリアの管理など、じつに多岐にわたる。最もくわしい組織図の掲載された 2009 年版の年次報告書から、組織図を引用してみよう（図 4-1）。計画（都市計画）部門や植栽・景観管理部門、都市基盤部門やエステート・マネジメント部門など、都市計画や都市行政機能を担う部門が存在していることがわかるであろう。2011 年現在、同社は従業員 1,599 名を雇用する大組織である。そのうち、トップ・マネジメント 35 名、マネージャーが 185 名、スタッフが 604 名、さらに末端のノン・スタッフと呼ばれる層が 775

---

[6] 「自覚のある人」は転居後に町役場に住民カードの変更にやってくるが、そうした自覚のある人ばかりではないので、役場では人口を正確に把握できるデータは持っていないという。またクラスターの開発に従事する住み込みの建設労働者も、地方からの単身出稼ぎが多く、住民登録をしていないので、どれだけの人数がいるのか把握できていないという（2008 年 9 月）。

[7] BSD City の元来の名称はブミ・スルポン・ダマイ（平和なるスルポンの地）であり、BSD はその頭文字である。しかしシナルマス・グループが経営権を掌握してニュータウンの名称が BSD City と改名された 2004 年以降は、専ら省略形の BSD が使われ、ブミ・スルポン・ダマイという言葉は開発主体の企業名として以外は聞くことが稀になっている。Sinarmas Land 社による Bumi Serpong Damai 社の株式持ち分は、*Sinarmas Land Limited Annual Report*, 2011: 6 を参照。

図4-1　組織図（2009年現在）

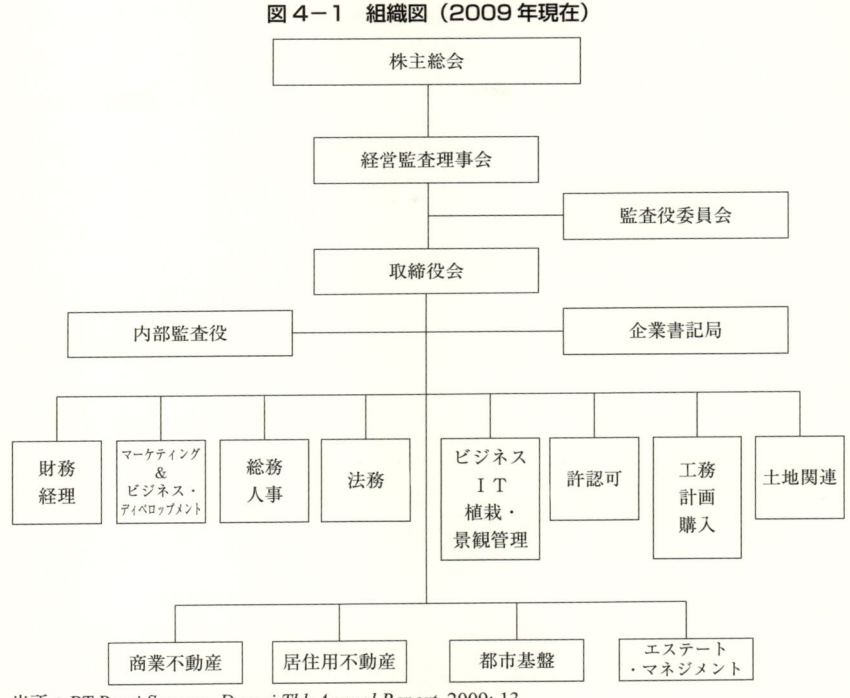

```
                    株主総会
                       │
                 経営監査理事会
                       │──────────監査役委員会
                    取締役会
         ┌─────────────┼─────────────┐
      内部監査役                    企業書記局
         │
  ┌──┬──┬──┬──┬──┬──┬──┬──┐
 財務 マーケ 総務 法務 ビジネス 許認可 工務 土地関連
 経理 ティング 人事     IT          計画
      ＆              植栽・         購買
      ビジネス・        景観管理
      ディベロップメント
         │
      ┌──┬──┬──┐
     商業 居住用 都市基盤 エステート・
     不動産 不動産        マネジメント
```

出所：*PT Bumi Serpong Damai Tbk Annual Report*, 2009: 13.

名となっている（*PT Bumi Serpong Damai Tbk Laporan Tahunan*, 2011: 71）。

　住民が日常意識する住所の基準になるのは、クラスターと呼ばれる区画である。シナルマス・グループが経営を掌握して以降のBSDシティでは、グランド・クラスターと呼ばれる大区画が8つ開発されている。ザ・グリーン、デ・ラティノス、ヴァーモント・ハイツ、グリーン・コーヴ、フォレスタ、イコン、デ・パルク、ジ・アヴァニである[8]。グランド・クラスターは大きいもので、75ヘクタール程度である。もともと農園だった場所などを中心に、ある程度まとまった面積を用地買収して囲い込んだ区画を一体的に開発したものである。

　グランド・クラスターと既存集落（カンポン）との関係は、ときに相互依

---

8) The Green, De Latinos, Vermont Heights, Green Cove, Foresta, Icon, De Park, The Avani.

存的、ときに敵対的である。用地買収の法的基礎となる用地開発許可（Izin lokasi）は、人口が密集した既存集落を避けて耕地や森などに出されるため、既存カンポンとクラスターはパッチワークのように入り組んで分布している。BSDシティ開発当初の1990年代初めには農村だったカンポンも、周辺の耕地が市街地へと急激に変わっていったため、現在では住人の職業も市街地の住民サービスに関係したさまざまな仕事に変わっている。また、外部から流入した人口が農家から土地を買って家を建てたり賃貸長屋の居住者として住み着くため、カンポンの人口密度は高まってきた。市街地化したカンポンの自然拡張と開発業者の開発予定地とが重なると、当初の予定どおりの用地買収が困難になる。そうした場合でも、開発業者はカンポンを迂回したり包囲した変則的な形のクラスターを計画し、開発できる場所から次々と開発・分譲をしていく。

　たとえば西BSDに開発された「フォレスタ」というグランド・クラスターは、クラスター中央部に住民のための森がある、ということが売りであった。しかし航空写真で見ると、この「森」とは既存カンポンなのである。カンポンを取り囲んで外部と切断してしまい、音をあげた住民が土地売却に応じて退去すれば、将来はクラスター住民の「森」になる、ということなのであろうか。こうした場合、クラスターの開発と既存集落の関係は明らかに敵対的なものと言える。ちなみに、土地・住宅の売却と立ち退きをどうしても拒否する個人宅や集落全体を完全に包囲して外部と切断し、実質的に生活不可能にすることは、BSDシティに限らず開発業者がしばしば用いる典型的な用地買収戦術の1つである[9]。

2　イメージとしての分譲住宅

　プロセスとしての分譲住宅の購入は、商品と代金の単純な引き換えとはほ

---

9)　たとえば、BSDと同じスルポン地区のニュータウンであるアラム・ストラでの開発業者と住民との紛争について、『コンパス（*Kompas*）』紙のいくつかの記事を参照のこと（"Alam Sutra Bantah Teror Warga" 10 Agustus 2010 [http://nasional.kompas.com/read/2010/08/10/08531069/function.simplexml-load-file]; "Satu Rumah Dikepung Urukan Tanah Alam Sutera" 4 Mei 2011 [http://serpong.kompas.com/berita/detail/440/satu.rumah.dikepung.urukan.tanah.alam.sutera]）。

ど遠い。住宅は、一般の人間が生涯で購入する商品の中でも最も高価なものの1つである。しかし分譲住宅を直接開発業者から購入する場合、消費者のほとんどは、実際に現物の家を見ることなく購入を決めなければならない。新たな分譲区画を販売する際、開発業者が顧客に案内できるのは、工事中の更地、場合によってせいぜいその一角にモデルハウスを何軒か建てた程度の段階である。実際に住宅が引き渡されるのは、購入契約をしてから1年後、業者によっては1年半後である。訪問客が開発業者側に大金を託する決断の前に経験するのは、快適な販売事務所、愛想のよい販売スタッフ、大きくてカラフルなパンフレットに印刷された住宅の完成予想イラストと間取り図、開発プロジェクト内やその周辺で完成済み、あるいは建設中の各種の施設、そして更地である。つまり商品としての住宅の消費者にとって、家とはまずもって美しく印刷されたパンフレットのイラストや間取り図といったイメージとして受容されるものなのである。

　こうしたすべてが、「1年後に引き渡される住宅とその将来価値」という商品を顧客の脳裏に活き活きと浮かび上がらせるために総動員されるが、これらのデータと実際に売買される商品との間にはじつに不確かな結びつきしかない。豪華なパンフレットの完成予想図と間取り図の下には、「添付されたデータは、準備段階での状況・条件に基づくものです。変更はいつでも起こりえますし、開発業者の完全な権利となっています」というただし書きが書かれている。1年後といった引渡し約束時期からの遅延に関しても、法廷で訴訟問題となった際を想定して、売買契約時に開発業者側の遅延責任を大きく免除するような条項が入れられる場合が多い。それでも個々の住宅の仕様に関しては、どのようなものが引き渡されるか、売買契約によってある程度の確実性は期待できる。しかしクラスターやグランド・クラスター全体の設計については、個々の売買契約の対象外である。大きなグランド・クラスターの場合、最初の売り出し開始から完成までに4～5年はかかるので、実際に出来上がった街並や区画は、当初の広告イメージとは大きく異なることも珍しくない。

3 広告イメージから現実へ

　コタ・ウィサタのマネージャー、ジュリウス・ケケの文章にあったように、開発業者にとってクラスターやグランド・クラスターのデザインやテーマ化は、基本的にマーケティング上の仕掛けにすぎない。したがって、実際の住宅販売において当初のテーマやデザインが効果的でないと判断された場合は、クラスター全体を特定のテーマで演出する、という戦略の一貫性は簡単に放棄される。

　2004年から建て売り前販売が始まった70ヘクタールのグランド・クラスター、デ・ラティノスを例にとろう。デ・ラティノスの販売・分譲が進んだ2005年前後は、首都圏の住宅デザインの流行が、コタ・ウィサタのような異国エキゾチシズムからミニマリスト様式に変化する移行期であった。デ・ラティノスも、当初はコタ・ウィサタとよく似た発想で、「ラテン・アメリカ」をテーマにクラスター各所を演出することを予定していた。『プロパーティ・インドネシア』誌の2005年7月号に掲載された広告では、デ・ラティノスを「全面的にラテン的ライフスタイルの概念を応用した最初でかつ唯一の区画」であると謳い、グランド・クラスターの入口には「マチュピチュ像」が置かれ、「太陽の道」大通りの両側はインカ風装飾で飾られる、とエキゾチシズムを強調し、販売パンフレットには"Life is a festival"という祝祭性を強調したキャッチ・フレーズが掲げられた（*Properti Indonesia*, July 2005: 54）。

　内部はバハマス・リゾート、カリビアン・アイランド、ラ・ヴィンタージュ、セントロ・ハバマ、デ・リオ、ヴァージン・アイランズ、パタゴニア・ビレッジ、ハシエンダ・メキシカーノ、ブラジリアン・フラメンゴ、コスタリカ、サンティアゴという11のサブ・クラスターに分割され、段階的に分譲が進められた。最初に分譲されたクラスターであるハシエンダ・メキシカーノ、およびバハマス・リゾートの住宅の一部は、やや南欧風の意匠など、エキゾチシズムを強調した様式で建設された。またグランド・クラスターの中心に建てられたスポーツ施設は「アトランティス・スポーツ・パレス」と名付けられ、貝やヒトデ模様を屋根に飾りつけたり、壁面全体を派手な色に塗り立てるなど、子ども向けの遊園地施設のような建物に仕立てられた。

ところが、2005年前後から流行しはじめたミニマリスト様式は、派手なデザインと色合わせを前面に出したラテン系というテーマとは対照的なものであった。開発業者はラテン風というテーマの一貫性を追求するよりも、最新の流行に素早く適応することを選んだ。その結果、ハシエンダ・メキシカーノののちに分譲したクラスター内の住宅デザインはすべてミニマリスト的なデザインとなり、「マチュピチュ像」や「インカ風装飾」といったものも作られなかった。ミニマリスト様式を中心とした住宅は好調な売れ行きを示し、デ・ラティノスの住宅は完売したが、その代償としてグランド・クラスター全体はテーマ的な一貫性を欠き、ちぐはぐで中途半端な結果をもたらした[10]。

販売戦略の変更だけでなく、用地買収の事情によっても計画は変更された。たとえば、Aクラスターでは、販売開始時にパンフレットに掲載されたクラスター完成予定図に対し、実際に開発された土地はかなり狭くなっている（図4-2）。これは、クラスターのすぐ後ろに隣接したカンポンの用地買収がうまく進まなかったためである。図4-2の★の位置の住宅を購入した住民は、区画を選ぶ際に、パンフレットにあった最初の配置図から、列のちょうど真ん中あたりの家を選んで買ったつもりであった。だが、実際にできあがってみると、住宅はクラスターの一番端で、塀をはさんですぐ隣はカンポンとなっていた。「こんなはずではなかったのに」と不満顔であったが、直接購入した土地を超えた、近隣環境についての変更は、売買契約の対象外である。

4　さまざまな差別化の仕掛け
(1)　グランド・クラスターとその外部

グランド・クラスター全体は塀で周辺環境と区切られている。デ・ラティノスのすぐ外には古くからの市街地化したカンポンがあるが、これら周辺カンポンから明確に区別された別世界となっている。

70haというと、日本の首都圏の感覚で言えばグランド・クラスター全体

---

[10] この点は「元祖」コタ・ウィサタも同様で、2000年代後半に分譲されたクラスターでは、「世界各地の都市・観光地」というテーマ化は、クラスターの名称を除いてほとんど有名無実になっており、その意味で近隣の他の競合プロジェクトとの区別は判然としないものとなっている。

140　第2部　消費の変容

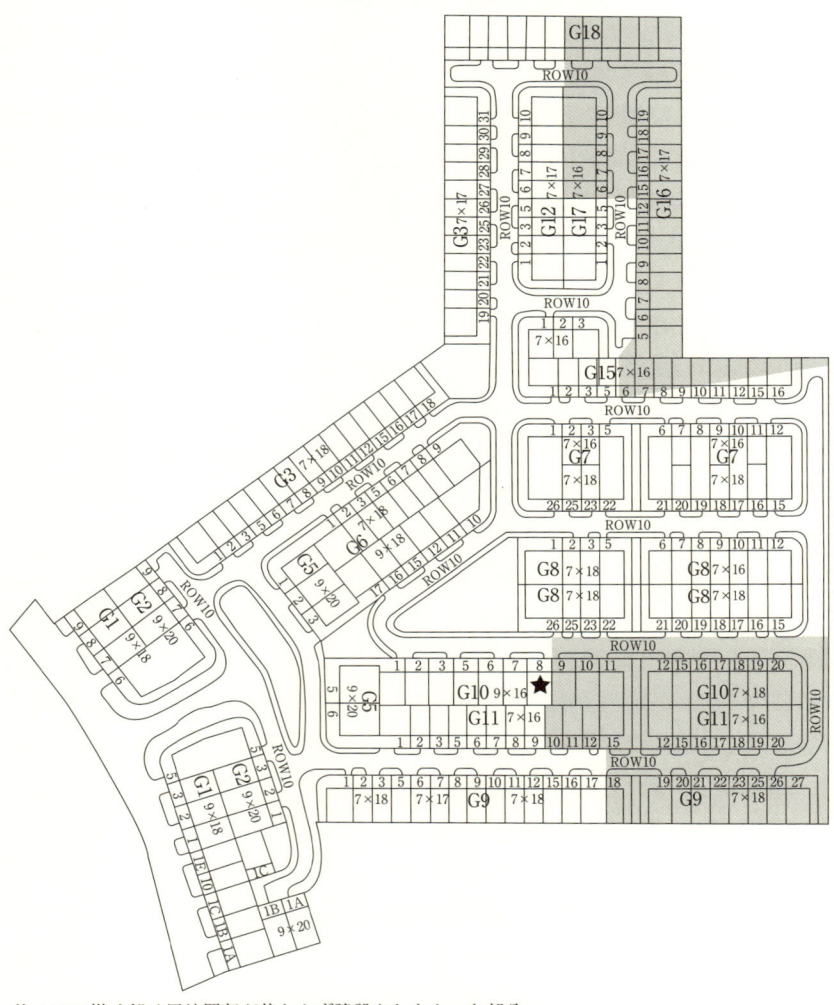

図4-2　Aクラスターの完成予定図

注：アミ掛け部は用地買収が終わらず建設されなかった部分。

が1つの「街」と言ってよい規模である。当然、何カ所かに出入口があった方が便利なはずだが、デ・ラティノスには1カ所しか入口がない。通過交通を排除し、このグランド・クラスターに特に用件のない人々が内部に入ってこないようにしているのである。

70haの区画全体を1つの入口だけで囲い込むことには、利便性から見て多くの問題がある。たとえば近隣の鉄道駅から最も近いサンティアゴ・クラスターまでは、最短の直線距離にして300mしかない。しかし、クラスターのゲートから、グランド・クラスター全体のゲートを経由して迂回すると、移動距離は2kmにもなってしまうのである。
　それでもグランド・クラスター方式が採用され、消費者の支持を受けているのは、住民が基本的に4輪車やバイクを使うことを前提に、設計・販売されているからである。住宅購入を検討する消費者にとって、2kmの距離はマイナス要因にならず、クラスター方式による治安面での優位性の方が評価の対象となるのである。さらに日本との違いを言えば、通勤鉄道は下層庶民の使うもの、というイメージが根強くあるためか、近くの駅の存在は、広告文でも宣伝パンフレット上の地図でも、まったく無視されている。他方、パンフレットのイメージ図では、どの家の前にも必ず自動車（特に高級外車）が描かれており、パンフレット上の地図では、（鉄道駅のすぐ近くにある）ジャカルタへ直通する高速道路出入口との近さだけが強調されているのである。第6章で倉沢が書いているようなカンポンの擬似中間層の新しい動向と異なり、極端な自動車志向が伺える。
　入口を1つにすることは、住宅街が渋滞の抜け道になることを防ぐ役割も果たしている。全体が複数方向に通り抜けできる、より自然な区画割りをした古くからの高級住宅街（クバヨラン・バルやポンドック・インダなど）では、ジャカルタの通勤圏が拡大するにつれて、朝夕の通勤時間帯には生活道路のすみずみまで通勤中のバイク・4輪車の抜け道と化してしまい、交通安全の面でも大気汚染の面でも著しい環境悪化をもたらしている。
　こうしてデ・ラティノスは全体として、外部と画然と区別された空間である。しかし一歩内部を見れば、そこには無数の区分が作られている。

(2) クラスター間の差別化

　複数のクラスター間では、微妙な差異が作られている。差異を作る要素の1つは、外部からの隔離度の高さである。一番の高級区画と位置づけられているバハマス・リゾートは、グランド・クラスターの中心に位置するうえ、

川を挟んでクラブハウス（プールやテニスコート）と相対している。周囲はすべてほかのクラスターやクラブハウスに取り囲まれているため、近隣カンポンとは一切隣接していない。加えて、グランド・クラスター内部を横切る川にかかった2カ所の橋にもゲートがあり、クラスター入口にもゲートがあるため、訪問者はデ・ラティノス全体の入口、橋のゲート、クラスター入口ゲートと全部で3カ所のゲートをくぐることになる。このうち身分証明書などの提示が求められるのはクラスターのゲートのみだが、部外者、特に行商人などにとっては、他の2つのゲートも十分に心理的な障壁となっているはずである。

　これに対し、比較的低価格の小さな住宅が中心のサンティアゴ・クラスターは、塀の外のすぐ近くに線路や駅があり、鉄道の通過音や駅のアナウンスが直接聞こえてくる。またすぐ外は市街地化したカンポンである。

　クラスター間の差はグランド・クラスター内部での位置関係だけでなく、土地・住宅の大きさによっても差別化されている。高級クラスターであるバハマス・リゾートでは、一番小さな区画でも敷地面積が180 m^2 で、多くの区画が200 m^2 を超えているのに対し、より廉価の価格構成であるハシエンダ・メキシカーノやサンティアゴでは、敷地面積が100 m^2 程度の小さな住宅も多数分譲されている。価格は、仮に同じ住宅タイプでも、分譲期間中に何度も値上げが行われたうえ、支払方法によっても異なる。参考までに2007年8月4日付けの価格リストで一番安価な住宅は「ブラジリアン・フラメンゴ」内の床面積89 m^2、土地面積105 m^2 の住宅で、5億3,100万ルピア（約680万円）、一番高い住宅は「ラ・ヴィンタージュ」内の床面積200 m^2、土地面積200 m^2 のもので、約11億8,300万ルピア（約1,516万円）であった。2倍以上の差があることがわかる。日本で、たとえば3,000万円の住宅と6,000万円の住宅を考えれば容易に想像できるだろうが、住宅のような高額商品で2倍の価格差は非常に大きい。買い手に要求される所得も相当違い、同じグランド・クラスターの中でも、かなり違った所得水準の人が混在することになる。こうして、同じデ・ラティノス内部の住民でも、どのクラスターに住んでいるかの差が、ある種のステータスの差を生むように設計されているのである。

第 4 章　ディズニー化する郊外　143

(3) クラスター内部の差別化

　クラスターの内部でも、中心部や良い立地には大きめの区画と住宅が配され、その周辺を小さな住宅が取り囲むようにできている。また、条件の良い角地は、土地だけで分譲され、購入者自身が自分の好みで家を建てられるようになっている。そうした角地は土地面積が 200 m² を超えるのが普通であり、周囲の建て売り住宅に比べかなり大きめの家が建てられることが多い。

　こうして同一の場所に大量生産される商品でありつつ住宅は細かく差別化され、住民は日々の生活の中で、絶えず、より大きな家や小さな家に住んでいる隣人たちとの違いを目にし、意識するのである。

5　住宅デザインと間取り

　デ・ラティノスを含め、シナルマス・グループの住宅の大部分の設計を手がけてきたのは、パウルス・プルウィット・ハンドヨという建築家である。デ・ラティノスの住宅もすべて彼が手がけている。『ハウジング・エステート』誌の 2009 年 9 月号に彼について紹介した短い記事があるが、それを読むと、シナルマス・グループが求めてきたものがよくわかる。まず、パウルスはコタ・ウィサタの住宅パンフレットに使われる完成予想イメージ図の作成を依頼され、その仕事ぶりが評価されて、次第に建築設計全般を依頼されるようになった。彼が評価されたのは、提案する住宅がいずれも人目を惹き、低コストだが一見豪華に見えたからである。「それが、開発業者によって建てられる大量生産住宅を設計する基本原則だよ。もし自分たちの設計サービスをずっと利用し続けてもらいたいならばね」とパウルスは語る（*Housing Estate,* September, 2009: 48）。

　すでに述べたように、大部分の消費者は実際の住宅を見たうえで購入するのではない。購入を決断する前に消費者が参考にできるのはパンフレットやモデル住宅にすぎず、パンフレット映りの良い外見であることは、開発業者にとってきわめて重要である。また、開発業者にとってはデザインそのものに込められた思想や理念よりも、それが市場の流行に合っていることが重要である。他方、パウルスにとって、分譲住宅とはあくまで大量生産品であり、そのデザインに建築家としての余計な理想やプライドを絡めることは無意味

である。彼は、見栄えが良いが実際には建築費用が安くあがる設計が得意であり、しかもデザインは開発業者の要望に柔軟に応じる。また、いつでも注文に応じ、翌日までに仕上げて欲しいと言われれば翌日までに仕上げてみせる。パウルスは、クライアントである開発業者にとって便利な存在になることに徹しているようである。

デ・ラティノスには、土地面積 119 m²、床面積 56 m² で平屋の住宅から土地面積 200 m²、床面積 237 m² の住宅まで、さまざまなサイズ・デザインの住宅がある。分譲住宅は、角地を除けば、建物を隣家と密着させる形で建てられる。すべての住宅で、前庭には車 1 台の駐車スペースが用意してある。加えて床面積が 140 m² 以上の住宅では、屋内ガレージも用意してある。

一般的な間取りを説明しよう。ジャカルタの住宅一般と共通する特徴だが、入口ドアを空けてすぐの場所が応接スペースとなっており、多くの家ではソファーやテレビが置かれる。靴を脱ぐことを目的とした専用の玄関はない。応接スペースと連続して家族の食事スペース・台所がある。その他 1 階にベッドルームが 1 つあり、部屋の大きさに応じて 2 階にも 2～3 室のベッドルームと簡単なバルコニーがある。

入居家族向けの洗面所は各階に最低 1 つあり、洗面場所、シャワー、洋式トイレが備え付けてある。床面積 180 m² 程度の大きな建物では、夫婦向けの主寝室専用のバスルームがあり、そこにはバスタブも完備されている場合がある。このほかにメイド用の寝室・浴室を備えた建物も多い。メイド室のバスルームは、水浴び用の水を溜める水瓶と、簡易トイレという組み合わせが一般的である。大きな住宅になるほどメイド室を備える傾向があるが、床面積 97 m²、土地面積 128 m² の比較的小さな住宅でもメイド室を備えた間取りもある一方、それよりやや大きい床面積 109 m²、土地面積 162 m² の住宅でメイド室がない型があるなど、必ずしも一貫していない。

住民は、しばしば購入した住宅を増改築する。クラスター全体の統一性を保つため、建物のファサードのデザインを変えることは売買時の契約で禁止されている。そのため、前庭の駐車場に遮光屋根を設置するなどの工事以外は、基本的に購入時のままとなっている。

逆に裏庭に関しては、住民の意志で比較的自由に建て増しできるため、多

くの住宅では、居住者が庭の一部または全部をつぶす形で増築を行っている。開発業者としても、初めから裏庭が増築に利用されることを前提に区画割りをしているようである。

第4節　クラスター内の生活

　前節までで、クラスター住宅が開発され、消費者に購入されるまでのプロセスを見てきた。最後に、購入されたあとのクラスター住宅街のようすを、再びデ・ラティノスを例に、そこに出入りする人々に焦点を当てて簡単に紹介しよう。

1　住民

　分譲済みのクラスター住宅街の中心をなすのは、住民たちである。都心と違い、高い賃貸料を払ってまでBSDシティのような郊外の分譲住宅街の一軒家を借りようという人は少ない。住民は、購入者の家族を中心とした関係者と、雇われた住み込みのメイド・ベビーシッターである。購入者は事業家、外資系企業や証券会社などの会社員、警察高官などの官僚、国立インドネシア大学の大学講師などさまざまである。

　同じクラスターの住民でも、近所付き合いはさほど活発でない。日本の郊外住宅街では、ゴミ出し場の清掃などをめぐって隣人との必要最小限の役割分担などが必要な場合が多いが、クラスターでは各自の家の前にゴミ出し場があり、業者が回収する。また、クラスター住宅街は徹底した自動車依存社会であり、各自の家には、車やバイクを停める駐車スペースやガレージが完備してある。住民は家からすぐに車かバイクに乗って外出する。したがって、仮に隣の家の住民であっても、挨拶程度しかかわさないことはめずらしくない。

　カリビアン・アイランズの住人A氏は、以前はビンタロ・ジャヤ（BSDシティより古くから開発されたニュータウン）の非クラスター街区に住んでいたが、定年退職後、デ・ラティノスに家を買い、引っ越してきた。A氏に、ビンタロとBSDシティの人間関係の違いについて質問してみると、やや嘆

き顔でこう答えた。

「ビンタロでは近隣の住民付き合いが非常に盛んで、人間関係が親密だった。それに比べ、ここはすごく閑散としているね。昼間は皆仕事に出かけてしまってほとんど人がいないし。」

住民の多くは働き盛りで、昼間はジャカルタなどに通勤している。加えて、将来値上がりしたあとに転売するための、投資目的の購入者も多い。こうした投機的な買い手は、購入後は空き家のまま放置するか、必要最低限の家具を入れて、週末などに別荘として利用するにすぎない。そのため、退職したA氏のように昼間にクラスター内にいる成人男性の入居者が非常に少なく、社交が限られてしまうのである。ただし、主婦たちの間では、アリサンと呼ばれる頼母子講を組織して月に1度集まるなど、自然発生的なグループも生まれている。

クラスター内部には広場や遊戯具がある。しかし、イスラームの断食月における日没後の断食開きなど、特別なイベントの機会を除けば、これらの広場や公園を成人の住人が利用している姿はめったに見かけない。広場や街路で歩いたり座ったりしている姿が目につくのは、小さな子どもたちと、それを見守るベビーシッター、あるいは植栽スタッフなどである。

小さな子どもを対象としたプレイ・グループや絵画教室などが、クラスターの商業地区にいくつも営業している。そこには、白い仕事着を着たベビーシッターに連れられた幼児の姿が多い。こうしてベビーシッター同士は、座って世間話をするなど、交流が生まれる。また、プレイ・グループや学校が行う運動会といったイベントの際は、多くの親が集まる。こうした子どもの教育に関連したイベントは、親同士が知り合う数少ない機会となっている。

このように、全体として閑散として隣人関係が希薄なクラスター内であるが、住民の入居が進むにつれ、一部の住民が主導する形で、住民間の交流や連絡を深めるための住民フォーラム（Forum Warga）が結成されるようになった。フォーラムの結成を先導したのは、Bクラスターの住民であった。この住民フォーラムは、定款・組織図などをしっかりと整備した本格的なものである。会長、副会長の下に、書記や会計係がおり、各種イベントの実行、

クラスター内の治安・安全管理、清掃に関して、住民間および関係各方面と連絡を取るスタッフがいる。このフォーラムが主体となる形で、独立記念日やイスラームの断食月開け、新年などに共同イベントを開催し、住民間の親睦を図っている。また、町役場と住民の間に立って、住民の新住所での登録（住民カードや家族カードの作成）、住民の選挙登録の手伝いなども進めてきた。

他方、BSDシティ内の実質的な都市行政を担っている開発業者に対しては、デ・ラティノス内部の施設・設備の建設を販売パンフレットなどでの事前の約束どおりに進め、また礼拝施設の建設をするよう要求してきた。特にイスラームの礼拝施設（モスク）に関しては、ほかのクラスターのムスリム住民にも働きかけた結果、フォーラムとは別個にデ・ラティノス・ムスリム家族親睦財団（Yayasan Kerukunan Keluarga Muslim De Latinos）が設立され、開発業者から建設用の土地の提供を得て、デ・ラティノス内に独自のモスクを建設する成果を挙げている。

治安・安全維持に関しては、警備部門との協議・監督を強化し、警備員の規律がゆるんでいる、と考えられる事柄については開発業者に苦情を申し立てた。また、警備員が住民の車を識別しやすいよう、車のフロントガラスに貼る特別なステッカーを作成し、断食月中に警備員の断食開きの食事を交代で用意するなどしている。開発業者に対しては、塀や柵、照明、警備員の利用する装置（無線機等）などを充実させるよう交渉を行ってきた。

他方で、住民自身が守るべき規範として、クラスター内を売買春、ギャンブル、および麻薬やアルコール消費の場としない、ゴミの投げ捨てをしない、大きな騒音を立てないなど内規を作り、その遵守を呼びかけてきた。

2009年に筆者がインタビューしたフォーラム会長は、今後の課題の1つとして、特定のクラスターに属さない部分に関する諸問題をどうするかを挙げた。たとえば店舗住宅が建ち並ぶデ・ラティノス中心部の大通りには日中バイク・タクシーがたむろして客待ちをしているが、この大通りはどのクラスターにも所属していないため、クラスター単位の住民フォーラムでは規制できない。将来的には、デ・ラティノスの全クラスターでフォーラムが結成され、連携して開発業者に共同要求ができるようになるのが望ましい、とのことであった。

デ・ラティノスでは、Bクラスターの住民フォーラムが先例となって、その後ほかのクラスターでも住民フォーラムの組織化が進んだ。しかし、フォーラムの運営は活動熱心な住民たちの参加に左右されるため、形式的にフォーラムがあっても、それほど活発に活動をしていないクラスターもある。

2　警備員

　各クラスターの出入口横には警備員の詰め所がある。クラスターは塀で囲われ、警備員によって警備されてこそクラスターであり、警備員はクラスター住宅街の「安心感」を作り出す重要な存在である。住民の車にはステッカーが貼られているが、小さなクラスターの場合、実際には警備員は住民の多くを顔で識別している。タクシーなどの別の車でクラスターに入るときも、住民ならば顔だけで識別して笑顔で挨拶をして入れてくれるが、部外者には丁寧に、検問所に身分証明書を預けることを要求する。また、警備員はゲートの管理をするだけでなく、分担して昼夜、定期的にクラスター内の巡回を行っている。特に家具などの搬出入や工事などで外部業者の車両がクラスター内に入った場合は、それとなく作業現場の家のそばを巡回して、何か異常がないかチェックをする。

　警備員は住民にとって出入りの際に必ず顔を合わせる存在であり、近所の人間関係が希薄なクラスター内では、隣の家に住む住民よりも警備員に顔を合わせる頻度の方が遥かに高いことも珍しくない。住民たちはコーヒーやスナックなどの差し入れを怠らない。たとえばAクラスターでは、住民フォーラム結成後、断食月にフォーラム住民中のムスリム会員が事前に分担を決め、警備員が日没後に摂る断食開けの食事を用意するようになった。

　しかし、住民と警備員の関係は、あくまで警備サービスの顧客側と、そのために雇用された従業員との関係である。提供されるサービスの質に問題がある場合、住民側は厳しい目を向ける。たとえば当初警備員の50％は純粋な警備スタッフで、他の50％はグランド・クラスターの周辺カンポン住民からリクルートされた警備スタッフであった。これは他の住宅街でもよく見られるパターンで、周辺住民をクラスター内の警備に組み込むことで、クラスター内の治安をより高めることを狙ったものであった。しばらくすると、

警備員は希望する住民に対し、バイク・タクシーの運転手の役割なども引き受けて小遣い稼ぎをするようになった。これは、よく利用する住民にとっては便利なサービスだが、一部の住民フォーラムの話し合いでは、こうした行為は本来の警備業務をおろそかにする重大な規律のゆるみである、と問題視する意見が出て、開発業者に苦情として報告された。そしておそらくその結果、あるときデ・ラティノスの警備員全員が一斉に契約を打ち切られ、交代させられた。代わりに補充されたのは、遠く中部ジャワで採用されて配置された警備員で、現在はこうした地域に根を持たない専門警備員が、クラスターの警護を担当している。

3　植栽スタッフ

　BSDシティ、特にクラスター内部は木や花、芝生など緑が多い空間であり、植栽の管理にはかなりの人手が必要である。こうした管理は基本的にBSDシティのエステート・マネジメント部門が行っており、実際の手入れを行っているのは、雇用された周辺カンポンの住人たちである。デ・ラティノスの場合、主にクラスターのすぐ外のカンポンの中年女性たちが雇われている。彼女たちは基本的に徒歩で通勤する。炎天下に、日傘のような大きな帽子をかぶり、緑の制服を着て徒歩で移動する植栽スタッフは目立つ存在である。

　カンポンの自宅から仕事場までは仮に直線距離では近くても、いったんグランド・クラスターの入口を通らなければならないため、大きく迂回しなければならない。しかし、グランド・クラスター入口の長い道路の塀の植え込み陰の目立たない場所には故意にか自然にか隙間があり、そこを通って植栽スタッフが隣接カンポンから近道をしている姿も見られた。

　植栽スタッフの女性たちと住民は、普段あまり会話をすることはない。しかし、住民が個人の庭の植栽管理を必要とすることはよくあり、その場合、普段からクラスターに出入りしている女性に声をかけて、仕事を依頼することも多い。

4 その他の人々

　ゴミ回収人は毎日クラスター内を巡回し、ゴミを回収する。日本の住宅街と違い、各家の前にゴミ入れがあるため、特定の家の前にゴミが集中することはない。また、住民自身はゴミの分別を求められていない。その他、クラスター内を出入りする主要な存在として、角地などで建設中の家や増改築の家のために、個人の施主に雇われた建設労働者が挙げられる。特に、1戸建て住宅を新築する場合、建設労働者は完成まで数カ月間も、現場にテントなどを設置して住み込んでいる。他の住民とほとんど交流もなく自分たちだけで作業し、ひっそりと生活しているが、一見して一般の住民とは所得水準も服装も異なるため、それなりに目を引く存在である。それはクラスター住宅が遮断しようとしてきたはずの外の世界（社会的下層）に属する人々であり、それがクラスター空間のただ中にあることが、強い場違いの印象を与え、人目を引くのである。

　他方、首都圏の住宅街の路上至るところで見かける行商人の姿は、クラスター内部では見かけない。クラスター内での行商は許されていないからである。同じBSDシティ内でも、より以前に分譲された非クラスター方式の住宅エリアでは、行商人は普通に営業している[11]。

　デ・ラティノス全体の中央部分には、店舗住宅が建ち並んでいる。ここはコンビニや数軒の食堂、子ども向けのプレイ・グループ、絵画教室や薬局などがあるが、コンビニ以外は、にぎわうほどの客の姿はない。店舗住宅地区で働く従業員（コンビニの店員やプレイ・グループなどの指導員）は、基本的にデ・ラティノス外部に居住する通勤者である。

第5節　おわりに

　この十数年、首都圏では「ボゴール県チレウンシ郡、コタ・ウィサタ、サ

---

[11] 筆者はビンタロ・ジャヤの比較的新規のクラスター住宅街の内部で、行商人が屋台を押してクラスター内部に入り営業している姿を目にしたことがある。このように、一言でクラスター住宅街と言っても、場所や管理主体の方針によって違いがあるのも興味深い点である。同じような違いは、クラスター住民相互の社交の程度などにも言えるかもしれない。

ンフランシスコ」や「南タンゲラン市、BSDシティ、デ・ラティノス、カリビアン・アイランズ」といった奇妙な住所が続々と誕生してきた。本章で取り上げた事例から観察できたのは、既存の市街地とは異なる論理で運営された独自の空間が急速に増殖していく姿である。

　まず、スハルト体制末期から体制移行期の混乱時に急速に一般化したクラスター住宅街は、テーマ化との組み合わせで、従来のリアル・エステート以上に外部（周辺カンポン）との差異を際立たせた空間作りを主流化させた。それは住宅という最も日常的な空間に、従来以上に深くブライマンの言うディズニー化を押し進めるものであった。そして、分譲住宅の消費者が選好したテーマは、郊外での家族生活をインドネシア固有の「伝統」と結びつけようとしたスハルト体制期の家族主義の理念（新井2012：2章）とは、概して無関係のものであった。1990年代初頭に同じような傾向が顕著になった際は、当時の大統領スハルトが「真正なインドネシア語を使おう」というスローガンで国民規律運動を始め、地名のインドネシア語化を開発業者に強制した。それは、無国籍化していくジャカルタの都市空間に「ナショナリズム」や「伝統」の印を再刻印することで、国民国家の中心という象徴性を取り戻そうとする企てであった。しかし、首都圏郊外に大型ニュータウンが占めるようになった空間の圧倒的な拡がりと、そこで大流行したテーマ住宅街における異国趣味や海外都市イメージの商品化は、もはやそうした古典的な領域化の試みを圧倒し、その有効性を失効させてしまったように見える。

　また1998年5月の首都圏全域での国家テロ・暴動、その後の治安の急激な悪化と混迷した政治・社会情勢と表裏をなすように、ニュータウン内部ではクラスターによる安心・安全を強調した空間が拡がった。ユドヨノ政権期に入る頃から社会情勢は次第に安定するようになったが、いったん定着したクラスター住宅街は2度と消滅しなかった。今日でも、首都圏で新規開発される住宅街区は、少数の廉価住宅地区を除けばほぼすべて、クラスター方式を採用している。

　加えて、大型ニュータウンは都市行政サービスの徹底的な民営化をもたらした。BSDシティの事例は、今日のインドネシア首都圏で、私企業がどこまで深く都市の統治に関与しているかを示している。開発業者は開発と販売

を担うだけでなく、区画の分譲後も都市行政機能の多くを担い続けている。たとえば道路や街路灯、植栽、歩道橋、人工池や水路、上下水道といった、都市の物理的な生活基盤の整備と維持管理はほとんどが開発業者によって行われている。また治安維持の面でも、個々のクラスターの管理は開発業者が雇用・管理する警備組織に担われている。一般にスハルト体制期のインドネシアは、政府が軍・警察機構によって作り上げた治安秩序維持のメカニズムに隣保組織による住民の相互監視をうまく組み合わせ、住民の動向を末端まで監視する効果的な仕組みができあがっていた、と理解されている。しかしニュータウンに雇用された警備組織と地域を管轄する警察との間では、末端の現場レベルではほとんど提携が行われていない。クラスター住民も開発業者も、そうした政府の警察・治安機構の浸透・干渉をあまり歓迎しているようには見えない。隣保組織である隣組（RT）、町内会（RW）の組織化も緩慢で、かつ散発的である。住民は、「都市政府」たる開発業者に集合的要求をつきつける場合には、むしろ住民フォーラムのような、従来の行政の枠組みでは明確な位置づけのない自発的組織によって対処しようとしている。他方、これらの街並みの維持管理にかかる費用をほとんど負担しておらず、仮にその管理権を引き渡されても十分な運用予算も能力も持たない地方政府は、これらニュータウン内部の運営のあり方について過度に干渉できるほどの交渉力を持っていないようである。

　現在でも、首都圏に住む人々の多数派は、カンポンに居住している。しかし、現在の首都圏カンポンは、必ずしもクラスター住宅の論理への対抗文化の強力な拠点となっているわけではない。本書第6章で倉沢が明らかにしたとおり、高度経済成長の渦中の首都圏で、家族単位で私化された消費中心のライフスタイルを志向する態度は、カンポン住民の中にもすでに広く浸透している。その意味で、クラスター住宅とカンポンの関係はヘゲモニックな価値観において「憧れのライフスタイル」を具現する側と、それを部分的に模倣したり創意工夫によって流用したりする側の関係となっている。雇用関係の面でも、分譲住宅街の住民たちが、警備員や植栽スタッフという形でカンポンの住民を雇用するのであって、その逆ではない。雇用者としてのクラスター住宅の住民は、被雇用者の側よりも優位に立っている。

最後に、いったんその内部に目を向けると、ニュータウンはクラスターごとの差、クラスター内部の住宅サイズの差など幾重もの微妙な差異によって階層化された世界である。他方で住民の間では、「住民フォーラム」など、独自の形で公共性を生み出そうとする動きが見られる。警備員や清掃・植栽スタッフなど、雇用関係によって、これらの空間の周辺に居住し、日々これらの空間で働き、生計を依存している人々の数も増大している。こうしたニュータウンに関係するさまざまな人々の社会関係を含め、今後首都圏各地のニュータウンに対する、より多面的な角度からの研究が必要とされているのである。

　この章の内容の一部は、東海大学が受託した文部科学省委託研究（平成18年度世界を対象としたニーズ対応型地域研究推進事業）「東南アジアにおける混住社会から共生社会への移行戦略の創出：企業進出下の在地社会変容に関する調査をもとに」（研究代表者：東海大学文学部アジア文明学科内藤耕教授）の一環で行った現地調査に基づいたものである。また本章冒頭で参照した NNA Weekly Consum 誌の閲覧は、大学共同利用機関法人・総合地球環境学研究所の研究プログラム「メガシティが地球環境に及ぼすインパクト：そのメカニズム解明と未来可能性に向けた都市圏モデルの提案」（代表：村松伸教授）への参加によって可能になったものである。謝してここに記す。

【参考文献】
〈日本語文献〉
新井健一郎 2001「不動産王チプトラのジャカルタ」『社会人類学年報』27、弘文堂。
──── 2005「寡占的郊外化──スハルト体制下のインドネシア首都圏開発」『アジア経済』46-2、アジア経済研究所。
──── 2012『首都をつくる──ジャカルタ創造の50年』東海大学出版会。
ブライマン、アラン 2008『ディズニー化する社会──文化・消費・労働とグローバリゼーション』能登路雅子監訳・盛岡洋二訳、明石書店（Bryman, Alan, 2004, *The Disneyization of Society*, London: Sage Publications）。
倉沢愛子 2001『ジャカルタ路地裏（カンポン）フィールドノート』中央公論新社。
──── 2007「外来者の流入と都市下層社会の変容──ジャカルタ南郊の集住地区の事例」倉沢愛子編『都市下層の生活構造と移動ネットワーク』明石書店。

〈英語文献〉
Arai, Kenichiro, 2001, "Only Yesterday in Jakarta: Property Boom and Consumptive Trends in the Late New Order Metropolitan City,"『東南アジア研究』38(4).

――――, 2011, "From Water Buffaloes to Motorcycles: The Development of Large-scale Industrial Estates and Their Socio-spatial Impact on the Surrounding Villages in Karawang Regency, West Java,"『東南アジア研究』49(2).
Dick, H. W., 1990, "Further Reflections on the Middle Class," Richard Tanter and Kenneth Young (eds.), *The Politics of Middle Class Indonesia*, Victoria: Monash University.
Gerke, Solvay, 2000, "Global Lifestyles under Local Conditions: The New Indonesian Middle Class," Chua Beng-Huat (ed.), *Consumption in Asia: Lifestyles and Identities*, London: Routledge.
Keke, Julius, 2001, "Kota Wisata: Kiat Sukses Pemasaran: Sebuah Studi Kasus," (未公刊、2001年9月ジャカルタのGedung Bidakaraで開催されたCPA (Certified Property Analyst) セミナーでの発表論文).
Rimmer, Peter J. and Howard Dick, 1998, "Beyond the Third World City: The New Urban Geography of South-east Asia," *Urban Studies,* 35(12), The University of Glasgow.
――――, 2009, *The City in Southeast Asia: Patterns, Processes and Policy*, Singapore: NUS Press.
van Roosmalen, Pauline, 2005, "Expanding Grounds, The Roots of Spatial Planning in Indonesia," Freek Colombijn, Martine Barwegen, Purnawn Basundoro and Johny Alfan Khusyari (eds.), *Kota Lama, Kota Baru: Sejarah Kota-Kota di Indonesia Sebelum dan Setelah Kemerdekaan*, Jogjakarta: Ombak.

〈年次報告書〉
PT Bumi Serpong Damai Tbk Annual Report（各年版）.
Sinarmas Land Limited Annual Report 2011.

〈新聞・雑誌〉
Bisnis Properti, Jakarta: Pusat Studi Properti Indonesia.
Globe Asia, Jakarta: Globe Asia Magazine.
Housing Estate, Jakarta: PT Estate Indonesia.
NNA Weekly Consum, Jakarta: PT NNA Indonesia.
Properti Indonesia, Jakarta : PT Totalmegah Medianusa.

第 5 章

浴室タイルの家
―― 東ジャワ海外出稼ぎ村における
　　顕示的消費と社会変容

南家三津子

第 1 節　はじめに

　かつて貧しい僻地でありながら、1980 年代後半より海外出稼ぎ労働者供給地 (kantong TKI)[1]) あるいは海外出稼ぎ村としての発展を遂げた東ジャワ州トゥルンアグン県 B 郡の 2 村（T 村、W 村）を筆者は過去 10 年余りにわたり、たびたび訪れる機会があった。そして、そこで見られるタイル (keramik：ケラミック)[2]) の独特の使い方に注目した。本来は浴室・台所の内装用として製造されたタイル（以下、浴室タイル）が、家の正面の外装にも使用されているのである。この地域を含むジャワのさまざまな地域では海外

---

1)　Kantong / kantung は、ポケット／財布の意。
　インドネシア人海外出稼ぎ労働者の総称は TKI（テカイ：Tenaga Kerja Indonesia）で、およそ「インドネシア人労働者」を意味する。TKI を TKW（テカウェ：Tenaga Kerja Wanita）とすることで「インドネシア人女性労働者」を表す。2013 年現在、海外出稼ぎ労働者は、概算で 650 万人である。不法就労が多いため、正確な人数は不明である。インドネシアからの出稼ぎ労働者は、住み込み家政婦として女性労働者の需要が多く、主な出稼ぎ先は、マレーシア、台湾、シンガポール、香港、アラブ首長国連邦、サウジアラビア（人権問題多発のため、送り出し停止）である。B 郡 T 村、W 村では、女性は台湾での住み込み家政婦、男性はマレーシアでの建築労働者としての就労が特に多い。

出稼ぎから帰ってくると、以前住んでいた簡素な竹編みの家（rumah gethek）や他の伝統家屋を、レンガ（bata）造りの家（rumah tembok）に建て替え、その家の正面の外壁に浴室タイルを張って飾るという一種の流行があり、これは海外出稼ぎの進展とともに広まった[3]。一般に海外出稼ぎ労働者には、膨大な額の稼ぎを、故郷の村で即座にバイクの購入や豪華な家の建設に使い果たす傾向があることが指摘されている[4]。筆者の訪れた現代の東ジャワ農村でも「故郷に錦を飾る」ための、このような新たな方法が見出されるのである。

　インドネシアのレンガは日本のレンガとは異質のもので、施工方法も異なる。日本のレンガ造りの家は、レンガという素材の風合いを生かし、それをそのまま建物の外壁としても使用するが、インドネシアの農村で用いられるレンガは低品質で、色、形ともに不揃いであるため、基本的に構造軀体としての役割を果たすにとどまる。したがってその上にさらにしかるべき外装を施すことなしには、家が未完成（belum jadi）の状態にしか見えない。従来からの外壁処理の方法は、レンガでできた家の表面をセメントで平らに均（なら）し、

2）　英語の ceramic（陶磁器）がインドネシア語化したもの。インドネシア語の一般用語としての「タイル（keramik）」には、建築用陶磁器タイルすべてが含まれる。本章では、混乱を避けるためタイルの材質による分類（陶器質、せっ器質、磁器質など）には立ち入らず、記述の便宜上、浴室・台所の内装用タイルをすべて「浴室タイル」とする。

3）　レンガ造りの家（rumah tembok / gedong）は永久家屋（rumah permanen）でもある。かつて家屋のほとんどを占めていた竹編みの家（rumah gethek）の壁材として使われる竹編みは、風や蚊が通り抜ける壁（dinding）でしかなく、レンガを積み上げて石壁（tembok）で造られた家屋のみが、現代の農村社会においても、一般にまっとうな家屋と考えられるようになった（T村女性村長S氏へのインタビュー、2012年8月26日）。

4）　過去にB郡の社会（福祉）課から貧困家庭の認定を受けていたW村の家庭では、台湾へ出稼ぎに行った妻からの仕送りの1億1,000万ルピア（約100万円）のうち、1億800万ルピア（約98万円）をレンガ造りの家の建設に費やした。しかしまだ赤レンガの軀体と一部の床がセメントで、残りは土間のままである。村社会を上から眺める公務員や軍人などのエリート層は、このようなお金の使い方を浪費（konsumtif）と批判する。なお村内の職人の日給が5万ルピア（約450円）、商店の店員の月給が約50万ルピア（約4,500円）で、しかもそのほとんどが生活費で消えていくことを考えると、台湾で3食付きの住み込み家政婦の仕事（斡旋・渡航費用天引き前の月給が450万ルピア：約4万500円）が農村の低学歴の未熟練労働者にとって破格の待遇であることがわかる。

その上を白いペンキ5)で塗装するのが標準的である。通常、都市部のレンガ造りの家には、このような外装が施される。したがって、本章のテーマである「浴室タイルの家」は、家の正面の外壁に装飾として浴室・台所用内装タイルを張るという、通常の塗装による外装よりもさらに費用と手間をかけた贅沢で

タイル張りの家と門柱。門柱はえんじ色とベージュ。鉄門と家は濃い緑色（筆者撮影）

豪華な（mewah）家であると同時に、竹編みの家にはなかった清潔感あふれる家なのである。

　本章では、海外出稼ぎによる潤沢な外貨収入がもたらした顕示的消費、言い換えれば財力の誇示やいわゆる「見せびらかし」に重点を置いた消費行動を、家造りから眺め、それがジャワ農村社会で持つ意味と社会変容との関係を考えたい。本来は浴室または台所用の内装タイルで外壁を飾るという、都市部ではほとんど見られない海外出稼ぎ村に特徴的な現象に特に注目した。農村社会における顕示的消費と、より高い社会的地位の獲得をめざす人々の狙い、そして進行する社会変容の兆しを読み取ろうとするものである。また社会的上昇志向は強いにもかかわらず、一般的に都市部のケースで観察されていることと異なり、子弟の教育に対する関心が相対的に低い要因を考えたい。

　ジャワ農村の人々が貧困を脱して豊かになった家族を褒めるとき、「家はすでにレンガ造りで、床もすでにタイル張り」と言うのを耳にする。これは単に農村住民の勝手な思い入れではなく、インドネシア中央統計局（Biro Pusat Statistik: BPS）が定める貧困線の基準を踏まえてのことである。衣食住に関する14のチェック項目のうち、家の壁材が何か（竹編み・低品質の木材

---

5)　今では白いペンキを使用するが、もともと石灰を焼いたガンピンを水でといて塗装に使っていた。この方法は、材料の用意に時間を要するほか、乾いた後でも白い壁に洋服が接触すると色がついてしまう難点があり、需要が減少する原因となっている。

かレンガか)、床材は何か(土間・質素な板の間かタイルか)が、貧困家庭を認定する際に重要な役割を果たすのである。

　多くのインドネシア人が家を持つことを人生の重要な目的に挙げるという調査結果がある(本書第4章を参照)が、他の国々でもある程度は似たような傾向は見られるであろう。また家の大きさや装飾がステータスシンボルとして、富を見せびらかす場となりうることも世界共通の現象かもしれない。いわゆる「成金」とされる人々が、これ見よがしに派手な造りの家を建てるのは、ごくありふれた消費行動の1つであるに違いない。輸出用海産物(村井1987)や商品作物の価格高騰で沸くインドネシアの他の地方や過去の日本においても、たとえば北海道のニシン御殿のような、何々御殿と呼びたくなるような目立つ家が少なくない。しかしこうした顕示的消費をただ成金趣味と決めつけるのではなく、そこに文化的、地域的相違から生ずる意味を何か見つけられないだろうか。では東ジャワの農村に見る家の新築ブームをどう捉えるべきか。わざわざ浴室タイルで家の外壁を飾る人々は、何を意図し、どのような願いを「浴室タイルの家」に託しているのか。東ジャワの村々で拾い集めた人々の声と筆者の観察から考えてみたい。

　まず第2節では、顕示的消費に関する先行研究に依拠しつつ、ジャワ農村部での家屋と顕示的消費についての関係を論じる。第3節では、本章の舞台となったトゥルンアグン県B郡のT村、W村が洪水被害に悩まされ貧困にあえぐ状態から、海外出稼ぎに活路を見出し、村の家屋が竹編みの家から浴室タイルで装飾を施したレンガ造りの家へと変わっていくようすを追う。第4節では、ジャワの農村に影響を与えたタイル文化の起源を探り、海外出稼ぎ村においてタイルの使用が一種の成功の証しとなっていることを明らかにする。最後に第5節では、海外出稼ぎ村の人々が一定の社会的地位の獲得に懸命になるあまり、子弟の教育以上に、まずは家正面のタイル飾りに象徴されるような豪華な家を建てることを何よりも優先させる理由を考えたい。

第2節　顕示的消費とジャワ農村社会

　米国の経済学者ソースティン・ヴェブレンは1899年（原書発刊年）に有名な『有閑階級の理論』を発表した。その中で、見せびらかしの消費、つまり顕示的消費を論じるうえで、「顕示的閑暇」と「顕示的消費」という2つの中心的概念を提示した。上流階級に属する男女は、働かずとも豊かに暮らせる財力を持つことを顕示するために、それぞれ肉体労働がしにくい衣服を身に着けていた。当時の男性にとってのシルクハットや女性のコルセットとドレスなどは、その一例である。こうした顕示的消費に関しては、自らが属する社会階層のより上層の生活様式を模倣するのが常である（ヴェブレン1998）。これに対し中野麻衣子は、文化人類学的視点からヴェブレンの顕示的消費という分析枠を用いてバリ社会を観察し、バリ社会における顕示的消費が極まると、神秘主義の領域にまで踏み込んでしまうことを示した。バリ文化の中では、体面や恥を意味する「ゲンシ（gengsi）」を重んじるあまり、顕示的消費に邁進し、最終的には神秘主義という「この世ならざるもの」へと足を踏み入れてしまうのである（中野2010）。中野は、さらにバリにおける顕示的消費とヴェブレンの理論との決定的な違いとして、バリの社会環境では有閑であることでなく、むしろ勤勉に働いた結果としての財力に、より価値があるとする点を指摘している。

　ジャワ貴族の労働に対する意識は、ヴェブレンが示す西洋の上流階級の労働観に似ている。つまりジャワの貴族的背景を持つ、20世紀前半に発展を遂げた官僚エリート層であるプリヤイの男性にとっては労働やお金を稼ぐことに直接関わるのは低俗なこととされていた。そうした「下賤な」行為は、もっぱら女性（妻）に一任されていたのである。そこでは男性は、経済活動ではない政治や文化的な事柄に専念することが期待されていた。そしてお金で権力を手に入れるのではなく、権力には自然とお金が引き寄せられると考えられていた（Djajadiningrat‒Nieuwenhuis 1987）。

　お金や経済活動に対する姿勢が決定的に変化したのは、スハルト体制下で経済開発重視の傾向が社会全体に浸透してからである。本書第4章で新井健一郎が指摘しているように、スハルト政権が社会に与えた影響の1つに、

「浴室タイルの家」とバイク。天井の塗装のために隣県から職人を呼び寄せた。床はモザイク大理石（筆者撮影）

経済力が社会的地位を決定づける最も重要な要素となったことが挙げられる（Gerke 2000）。またスハルトが特に力を注いだ開発政策も、さまざまな施策を通して農村社会への関与を強めるようになった。その結果、ジャワ農村社会は一定の独立性を維持しつつも、村長をはじめとする村落レベルのエリート層はあらゆる面において官僚制に大きく依存するようになった。彼らは、徐々に普及し始めたテレビやバイク等の贅沢品を所有するなど、都市の中間層的な生活様式を持つ一面もあった（Young 1990）。その一方で、その他の村民たちは、彼らエリート層ならではの消費文化からかけ離れたところにいた。つまり少々乱暴に分類すれば、農村の経済・社会構造は、基本的に官僚制に依拠した富裕・エリート層とその他一般の貧しい村民に二分されていたと言えよう。

　それではジャワ社会においては、ヴェブレンの提示した顕示的消費の理論は、どのような意味を持つのだろうか。ジャワ農村社会の政治的エリート層を中心とする人々は、同時に当時から奢侈品であった耐久消費材へも手が届く村の富裕層でもあった。反対にスハルト体制から恩恵を受ける機会が少なかった土地なし層を含む貧しい農民たちが、出稼ぎ労働者となって海外へ出て行った[6]。海外出稼ぎで新たに富を得た人々は、ヴェブレンの理論に従えば、1つ上の階層である村内エリート層の消費スタイルを真似て、彼らなりの顕示的消費に励むと予測できる。しかし注意深く観察すると、生まれて初めて獲得した大金を手にして帰国した海外出稼ぎ労働者が模倣したのは、必

---

[6] 少数ながら富裕層からも海外出稼ぎ労働者を輩出している。彼らは潤沢な資金力を生かして、渡航・斡旋費用の負担が大きいが高収入を見込める日本や米国などで不法就労する場合が多い。そしていったん出稼ぎ先から出国すると再入国がほぼ不可能であるため、10年以上不法就労を続ける人もいる。

ずしも村長をはじめとする身近な富裕層の生活ではなかった。海外出稼ぎ帰りの人々が手本とする対象は、海外の雇い主の消費生活であり、生活様式である。それが最もはっきりと見えるのは、出稼ぎ帰りの人々が建設する家の形や装飾である。少なくとも消費生活に関する限り、昔のボス（ジャワの大地主）よりも新しい（海外出稼ぎ先の）ボスの生活こそが彼らの憧れの的となった。

　そもそも旧来の封建的とも言えるほどの主従関係が存在した農村社会においては、下に位置した人々が上の人々の生活に近づくことなど考えられなかった。そこには厳然とした身分の区分があり、身分によって社会的に許容される屋根の形が異なっていた。貧農が、支配者層、富裕層に特有の屋根を葺くのは、身分不相応であり、自他ともに認める十分な経済力と、ある種の権威（wibawa）を身につけるまでは許されることではなかった[7]。したがって資金の有無にかかわらず、元貧農たちは村の地主層の持つ家を模倣する意志など端からなかった。その背景には中野の言う「この世ならざるもの」に関わる要素もある。たとえば当時の村長宅にはプンドポ[8]と呼ばれ、集会所となるジャワの伝統的建物が備わっているのが常で、村役場を兼ねていた。独特の建築様式に加えて、超自然的な力を持つとされる金の針を柱に埋め込むなど、神秘主義の世界と深く交わる部分がある。同様に権威の象徴とされる先祖伝来のクリス（装飾性の高い護身用短刀）も、一族の正統なる継承者のみが保有し、ジャワ暦のスロ月に水浴びさせる役目が課される。プンドポのあるジャワ伝統家屋を所有することは、ジャワ神秘主義の流儀に則ってクリスを所有・維持することの延長線上にある。したがって顕示的消費が高じて神秘主義の世界に突入するにも、ただ財力を持つだけでは不十分である。神秘的な力を先祖より受け継いでいない者にとっては、精神力を養う苦行なしには次の段階に進む霊力が与えられないと信じられている。

---

[7]　ジャワ伝統社会の変容とともに、すでにこの不文律は尊重されることが少なくなり、一部の伝統家屋は売買の対象ともなっている。

[8]　ジャワ伝統建築の中でも最も特徴的な形状を持つ建造物の１つで、中央が突起した屋根と柱からなる、屋根つきの舞台にも似た建物である。重要な儀礼空間とされ、ジャワ社会の頂点である王宮から末端レベルの村長宅に至るまで権威の象徴とされてきた。四方を壁で覆った建物もある（166頁の写真参照）。

海外出稼ぎや高等教育をステップに、貧しかった親の世代より財力を持ち社会的地位の上昇を感じつつある層にとっても、何世代にもわたる農村の支配者層に比べて決定的に劣るのが、こうした権威づけの欠如であろう。このギャップを埋めるのは容易いことではない。伝統的な権威づけから疎外された人々は、そうした世界に挑むよりも、カネとモノだけで通用する道を選ぶ方がはるかに楽である。

　その際に重要となるのは、自らの不安定な優位性をどう言説に反映させるかである。そこで力を発揮するのが「モデルン（modern：近代的）」対「クノ（kuno：古い、時代遅れの）」という区分である。すなわちモデルンとの対比において、「トラディシオニル（tradisionil：伝統的）」という表現が使用されてしかるべき場面でも、否定的なニュアンスにも取れる「クノ」を意識的に並列することで、モデルンである自身の優れた立場を自然に際立たせるのである9)。たとえ出稼ぎ先では社会の底辺に位置づけられる外国人単純労働者であろうとも、村に帰れば自動的に「外国帰り」ブランドが付与される。大都市だけでなく、ジャワ農村においても外国ブランドは、過去の遺物と化したジャワ伝統文化に対して優位性を発揮する。したがって社会的に意味のある顕示的消費とするには、外国（経験）を暗示させる「モデルン」と過去の遺物の意味合いを含む「クノ」とを対比させつつ、「モデルン」と認められるモノを効果的に見せびらかすのである。

　そしてカネというナマの富でなく、カネを価値あるモノの形に変換させて顕示するかどうかで、富そのものの価値が決まる。カネが銀行口座に眠っていては何の意味も持たない。では農村部特有の顕示的消費の特徴は何なのであろうか。また金持ちでモデルンな自分を見せるために、家の正面に張り巡らした浴室タイルはいかなる意味を持つのか。竹編みの家からタイル張りの家への移行はどのようなプロセスだったのか。東ジャワ州トゥルンアグン県B郡の2村（T村、W村）を例に、その歴史的変容を見ていきたい。

---

9)　筆者がW村で裕福な米穀業者所有の珍しく伝統家屋の屋根を取り入れた新築の家の写真を撮っているときである。向かいの小さなレンガ造りの家から飛び出してきた男性が、伝統家屋の特徴のある屋根を指さし、「時代遅れ（kuno）！」と叫んだ（2012年8月29日）。

第3節　海外出稼ぎ村の誕生――竹編みの家から「浴室タイルの家」へ

1　東ジャワ僻地の高級住宅街

　2001年に筆者が東ジャワ州トゥルンアグン県B郡T村に初めて足を踏み入れたときの印象は、強烈であった。村の中心を貫く村道200～300mの左右には、ジャカルタの高級住宅街ポンドック・インダの農村版かと思えるほど、金持ちの象徴である二階家や浴室タイルを家の正面に張った立派で目立つ家々が軒を連ねていた。中には、まるで家紋か家のロゴであるかのように二階正面部分に赤い三菱マークをペンキで描き入れた家さえあった。さらに2012年には、村全体がより装飾性豊かなレンガ造りの家で埋め尽くされている。装飾で目立つのが家正面に施された浴室タイルだが、それだけにとどまらない。まず高く派手な門柱と塀が家屋敷を囲う。門柱は浴室タイル、床タイル（ときには浴室用凹凸床タイルも含む）、その他の建材を総動員して派手に造り上げる。そして塀は頑丈な鉄でできており、2m以上の高さも珍しくない。その目的は、家をより立派に見せるためである。村の誰に聞いても、治安が悪くて泥棒事件が頻繁にあるというような話は出てこないため、高い塀はおそらく防犯目的ではないのであろう。これはジャワの他の地域では見かけない、トゥルンアグン南部地域に特徴的なものであるらしい[10]。中には、門柱を中国風の赤い屋根の形にした家がある。台湾か香港かの雇用主の文化を真似ているのであろう。正面の屋根部分には、御殿と呼ぶにふさわしい独特の形状の大きな飾りが掲げられている。さらに虹のように色とりどりに家の各部分が塗り分けられているのも新しい傾向である。村の人々は、何色もの色を使うのがモデルンで流行に乗っていると考える。この、色に関する感覚と流行の変化のせいであろうか、家の外壁を白く塗った家が少なくなっている。伝統家屋でさえ、コバルトブルーやピンクで塗装されているのには驚かされる。

　じつは、W村もT村の状況と似ている。異なる点は、広い土地に恵まれたW村には二階家がそれほど多くはないことである。T村に二階家が多い

10）　中部ジャワ、ボロブドゥール寺院隣接の村を拠点とするチャータータクシー運転手S氏へのインタビュー（2012年12月14日）。

のは、土地の乏しい村だからでもあろう。T村は、昔から耕作地が乏しく、B郡で最も貧しい村であったため、どの村よりも海外出稼ぎ労働者を多く輩出している。住民の数が3,000人強のT村から、村役場が把握しているだけでもこれまで約1,000人の村民が海外出稼ぎ労働者として働いた[11]ことから判断すると、平均して各家庭から最低1人の出稼ぎ労働者を出している計算になるだろう。東ジャワの海外出稼ぎ労働者の間では、家とバイクを手に入れたあとは、新しく商売をするために事業資金を確保するか、水田を買うことが慣例となっている[12]。しかしT村内では、耕作できる田畑が限られており、余剰資金で水田を購入しようとしても、大きな水田地帯を持つW村など村外に求めるしかない。また特に郡レベル以上の行政側からの指導により、海外出稼ぎを繰り返さなくとも継続的な収入を得られるように事業を始めることが奨励されている。しかしバイクや家を確保した後でなければ、いかなる事業にも手を出さないというのがT村、W村ともに村長以下、村社会ではほぼ鉄則となっている。しかもようやく獲得した自慢の家や土地を失うことがないように、事業資金の借入などもっての他と考える。自然の流れとして、一部の資金をあらかじめ水田購入や事業資金として確保するよりも、まずは納得のいくまで自慢できるような家を建設するのである。そして隣近所に負けじと、小さな土地に目いっぱい豪華な家を建てることに執心する。土地が狭ければ、二階家として上に伸びていく。こうして最も貧しかったT村の人々は、競うように海外出稼ぎに出て、海外からの稼ぎは、小さな土地に建てる豪華で派手な家の建設に注ぎ込まれる。その結果、どこよりも顕示的な家が建ち並び、農村版高級住宅街を形づくるようになったのである。

---

[11]　T村助役A氏へのインタビュー（2012年9月3日）。
[12]　ジャワ島全域で似たような傾向が見られる。しかしスラウェシ島の一部では、家の整備よりも消費材の購入に海外出稼ぎで得た資金を注ぎ込む（南スラウェシのブギス社会）傾向が強いことや、派手な宴会で人をもてなすことが富の顕示と社会的地位向上のために重要視されている（東南スラウェシのトラキ社会）ことも報告されている。

2　洪水と貧困の南トゥルンアグン史

　以前よりトゥルンアグン県では北部と南部で、経済状況に大きな格差があった。北部地域では、現在も縫製業、金属加工業やランバック（rambak：牛皮・水牛皮を油で揚げたスナック）製造業などの家庭内工業や小規模のタバコ製造をはじめとする産業が盛んである。また農業では、タバコやサトウキビなどの商品作物の栽培にも力を入れている。対する南部地域は、一部にタバコ栽培、ガンピン産業[13]、大理石採掘場と大理石加工工場などの産業はあるものの、北部に比べてその数が少なく、現金収入も少なかった。1990年代以降、この南北の経済格差を縮める役割を果たしたのが、南部地域からの海外出稼ぎである。

　南部の貧困問題が深刻であった理由に、毎年雨季のたびに起きる洪水があった。トゥルンアグン県の北側を流れるブランタス川とその支流の氾濫時には、山に囲まれたうえ、特に水はけの悪い低い沼地が多かったため深刻な洪水被害を受けた。洪水問題は、オランダ植民地時代からの懸案でもあった。日本軍占領期には多くの労務者を犠牲にして（Sato 1994）南海岸近くの小高い山にトンネルを通し、海に放水する治水工事が行われたが、見るべき成果が挙がったのは、日本の戦後賠償によるネヤマ放水トンネルが完了した1961年であった。そのほか、散発的に近くの岩山から流れてくる鉄砲水も、B郡の中心部に洪水被害をもたらすことがあった。

　洪水は、食糧難と生活苦を意味していた。収穫前の稲が全滅することも珍しくなく、最も被害が深刻な年には、1年に1回の収穫もままならなかった[14]。コメがうまく収穫できたときは、白米を食することもできたが、そうでないときは、1日1回、蒸したシンコン[15]（キャッサバ芋）を食するのがやっとの時代であった。1960年代のW村元村長S氏の親族は、1963年の

---

13)　地元の山から切り出した石灰を石釜で焼くのがガンピンの製造方法である。以前は壁の塗装用として使用されたが、現在は、主に製糖工場などで工業用に利用されている。砂糖の原料であるサトウキビのしぼり汁を中和させると同時に、不純物を沈澱させ除去する際に必要とされる。しかし、燃料の木材価格の高騰により、B郡ではほとんどのガンピン製造業者が廃業に追い込まれた。

14)　現在では稲の品種改良が進むと同時に、豊富な灌漑用水に恵まれ、通常年に3回の収穫がある。

15)　シンコンとその葉は、最も質素で庶民的な食材とされる。

T村助役A氏のピンク色の伝統家屋。ポーチと右奥の二階家は増改築によるもの（筆者撮影）

飢饉の際には、村長でさえもトウモロコシで飢えを凌いだと回顧する16)。さらに1970年代初めには、B郡に赴任してきた郡長一家も、政府支給の10日分ほどの白米を安いティウル（シンコンの加工品）に買い替え、ようやく1カ月分の食糧を確保していた17)。しかし徐々にではあるが、コメの代用品であったティウルに混ぜる白米の量が増えていった。なおこのような経済状況の中でも、豊かな生活を送っていた人々もわずかながらいた。大地主でT村元村長のM氏（現T村助役A氏の父親）宅であった。馬のエサとなる草を集める係として住み込んでいた無給の下男まで、毎日3食ともに白米の食事が与えられていた18)。

T村、W村で数えられないほど耳にした、元海外出稼ぎ労働者たちの口癖がある。

　以前は何も持っていませんでしたが……アッラーに感謝……
　でも今はもう快適な生活です。

この彼らの言う「何も持っていなかった」時代というのは、竹編みの家に住み、土間の台所で木の小枝、薪とココナッツの外皮を燃やして調理をし、徒歩か自転車で移動する生活を指す。海外出稼ぎが本格化する以前の1980年代までは、ほとんどの村人は同じように暮らしていた。そして海外出稼ぎが始まった1980年代後半にはすでに白米と副食の食事を1日3回摂れるよ

---

16)　W村元村長S氏（1960年代から1990年代）の弟で元小学校教員のS氏へのインタビュー（2012年9月8日）。
17)　B郡元郡長夫人H氏へのインタビュー（トゥルンアグンの町、2012年9月9日）。
18)　B郡S村M氏（T村出身、T村元村長M氏の親族で下男として同居し奉公した）へのインタビュー（2012年12月17日）。本人は、給金の支払いや生まれた子馬をもらう約束で働いていたが、結局、金品での報酬は一切なかったという。

うになるまで経済状況が改善していた。つまり彼らの言う「何もない」というのは、食事にも困るような生活苦ではなく、いわゆる都市の中間層や村のエリート層が享受していたテレビやバイク、さらにごく限られた一部の富裕層のみが所有していたレンガ造りの家などの「人に自慢できるようなモノ」が欠如した生活だったのである。

　しかし当時は、農民たちの主たる関心事は住む家よりも、田畑用の土地や家畜であった。一般の農民は竹と木の簡素な造りの家屋しか選択肢がなく、関心を持つ意味がなかったためである。一部の富農で、村の指導者層でもある限られた人々だけが家屋敷の造りを重んじ、伝統的エリート層の権威の象徴であるジャワ独特の木造家屋（一部竹編み）を所有した。当時は日本軍政時代に建設された郡役場以外にW村にただ1軒のレンガ造りの家屋があったにとどまる。その家は（直線距離で）約7km離れた南海岸の港に漁船を所有する網元一家が所有していた[19]。したがって、そのほかは誰も家をレンガ造りにするなど夢にも考えられなかった。貧しい農民にとっては、エリート層の持つ伝統家屋と同様にレンガ造りの家はそれほど遠い存在だったのである。このように支配層と一般の村民の多くを占める貧農および土地なし農民の経済的格差と地位格差は誰の目にも歴然としており、その経済的、心理的、そして伝統の壁は、容易に乗り越えられるものではなかった。

　ところが、スハルト体制下で社会的出自ではなく、富こそが社会的地位を決定づけるという新しい価値観が現れた。さらに貧農であっても海外出稼ぎ労働者として多額の現金収入を短い期間に得られる機会に恵まれるという、かつては想像だにしなかった時代となった。

　そして人々の間で家への関心が急速に芽生えたのは、海外出稼ぎ労働の物理的な成果が、レンガ造りの家という形で隣近所に建ち始めるようになってからである。土地なし農民であっても、体一つで海外へ出稼ぎに出れば、村のエリート層の古めかしい家など色あせて見えるほどのモデルンな家に住むチャンスが得られることをはっきりと認識できるようになったのである。

---

19) 現在では転売されて、村唯一のスーパーマーケットとして生まれ変わり、皮肉にもかつて貧しかった海外出稼ぎ労働者たちの重要な消費の場となっていた。しかし2014年1月に電気系統の不具合が原因とされる出火により全焼し、4月現在、建物の規模を拡大して再建中である。

168　第2部　消費の変容

3　土間の時代から光り輝く床タイルの時代へ

　1980年代後半に相次いでサウジアラビアへ出稼ぎに行った初期の海外出稼ぎ労働者の女性たちは、サウジアラビア政府とインドネシア政府との密接な連携において送り出された。2年間の契約を終えて帰国した女性たちが、次々とレンガ造りの家を建てたのは1980年代末より1990年代にかけてである[20]。このとき、農村社会が受けた衝撃は大きなものであった。それまで大地主からは一人前の人間として扱われなかった自分たちも「運命を変える（mengubah nasib）」[21]ことができるのだという、信仰にも似た思いを貧しかった人々の心に植えつけることになった。

　現在、レンガ造りの立派な家に住む人々が語る竹編みの家の思い出は、隔世の感があるようでいて、じつは時間的にはさほど遠い過去のことではない。T村の女性村長S氏と夫（前村長）は、竹編みの家の不便さをことさらに強調する。前述のように、当時は竹編みの家に住むことは、本来の土間、つまり土の上で生活することを意味していた[22]。海外出稼ぎ村の長であるT村女性村長S氏やW村村長A氏は、竹編みと土間の家の時代を振り返るとき、嫌悪感を隠そうともしない。彼ら村の指導者層も一般村民と同様に、貧しかった過去を葬り去ろうと懸命である。その思いが、人々が竹編みの家を形容するときに使う言葉に現れている。彼らはレンガの家を「モデルン（近代的）」と表現し、ジャワ伝統家屋を「クノ（時代遅れ）」と呼ぶ。家を分類するこうした図式の中で竹編みの家は、蔑みの対象の「原始的（primitif：プリミティフ）」な存在でしかない。そのため、海外出稼ぎ村の人々の多くは、もはや竹編みの家と自分自身のイメージを重ね合わせることを潔しとしない。彼らは、新築の家については、目を輝かして誇らしげに語る。しかし竹編みの家の記憶に筆者の質問が触れるや、心なしか顔がこわばり、渋々答える人

---

[20]　当時は住宅建設費用が安く、2年間の稼ぎだけで3寝室の小さなレンガ造りの家（約70㎡）を建設することができた。現在では、給料の高い台湾で働いたとしても、1契約（2年間）を2、3回こなして、ようやく内装まで完成するほど、費用が高くなっている。より大きな家を建てる傾向があることも、その一要因であろう。

[21]　日本語としては「運命を切り開く」とする方が自然な表現であろう。しかしインドネシア語で「運命を変える」と表現する背景には、今の自分の生活を根本から変えたいという意味合いが強い。

[22]　現在では、セメント床の家が多い。

が大半であることに気づいた。竹編みの家の思い出を懐かしく語るのは、教員や公務員のように教育程度の高い人々くらいである。彼らはほほ笑みながら「（人は竹編みの家を原始的だと嫌うが）本当は、風通しが良く快適だった」23)と語る。たしかに日本では隙間風となるが、熱帯のジャワでは、竹編みの隙間を

今も残る竹編みの家（筆者撮影）

通りぬける風がむしろ心地良いのである。こうして貧しかった過去を振り返ることができるのも、彼らエリート層のアイデンティティの根幹部分が、かつて住んだ家の造りとは関係ない、別のところにあるからであろう。

　ここ20〜30年の間、インドネシアの床材、特に海外出稼ぎ村の床材は、大きく変化した。土でできた土間を最も原始的な「床」とすると、まるで住人とともに出世するかのように、床材も進化を遂げてきた。人々の生活が改善するに従い、この土間は次の段階であるセメントを流した床となり、さらに経済状況が良くなると、床タイルへと変貌を遂げる。床タイルは、T村、W村の海外出稼ぎブームが本格化した1990年代以降に東ジャワ農村にも普及し始めた。しかしじつは時系列的に見ると、セメントを流した床と現代的な床タイルの中間には、テッヘルあるいはテッグル24)（tegel）と呼ばれる20cm角で厚手の古典的床材が存在する。普及タイプである無地のテッヘルは、日本の歩道に用いられるセメント板の表面を滑らかにしたような床材である。その一方で、オランダ植民地期からの石造りの建物に使われた色彩豊かで芸術的なテッヘルは象嵌タイル25)がその多くを占め、今でも建物とともに健在である。テッヘルは、板状の高級大理石や花崗岩などの天然石の床

---

23) B郡元郡長M氏へのインタビュー（トゥルンアグン県C郡、2012年9月6日）およびW村元小学校教員M氏へのインタビュー（2012年8月25日）。なお元郡長のM氏は、竹編みの家の中で撮った家族の貴重な写真を持つ。
24) オランダ語のtegel（床材タイル）から来たもので、「テッヘル」が原語に最も近い標準的な読み方であるが、ジャワ農村では、「テッグル」と呼ぶのが普通である。

170　第2部　消費の変容

W村建材屋に並ぶ床タイル。右奥上に見えるのはコイ柄の絵タイル（筆者撮影）

材ほど高価ではないまでも、それらと並んで富裕層の間で親しまれてきた床材である。またインドネシアの広い地域で、テッヘルという呼称は滑らかな表面を持つ床材の総称としても用いられていた。しかし、テッヘルが最も進化した床材であった1980年代までは、B郡の村々では、経済状況がそのレベルまで達しておらず、伝統的なテッヘルという存在にはほとんど馴染みがない。T村、W村の住民たちが、近代的な床材に初めて触れたのは、海外の出稼ぎ先であった。そして帰国後に新築したレンガ造りの家では、最もモデルン（近代的）な床タイルを採用した。つまりT村、W村は、外国帰りの人々とともに、土間と簡素なセメント床の時代からテッヘルの時代を飛び越え、次の段階の床タイルの時代に移行したのである。

　一般にジャワでは海外出稼ぎ労働者の家の特徴は、貧困を脱して豊かになったことを象徴する床タイルにあるという。海外出稼ぎを何度も繰り返した労働者の家では、家の床という床がすべて床タイルで覆われている。浴室が滑りにくい色つき凹凸タイルである以外は、通常白系の床タイルが使用される。B郡では、安価で手に入りやすいタイプのモザイク大理石の床と人気を二分する。家の新築後は、床タイルを張る際には正面の客間とポーチやベランダを最優先させ、順々に日常の生活空間へと床タイルを広げていく。途中で建築資金が枯渇した場合は、優先順位の最も低い台所の床は、最後まで土間かセメントを流したままの状態で放置される[26]。家の住人たちにとって

---

25)　タイルの正方形の枠組み内を鉄で文様に沿って縁取りし、その窪みにそれぞれ異なる色に染色したセメントを流し込み乾燥させたもの。

26)　20年前に台所の床を3分の1ほど白いタイルで張ったところで住宅資金が枯渇した隣のI村の女性は、数年前に子どもから改装資金の援助を得たときには、玄関前の壁と柱に浴室タイルを、そしてポーチ部分に新しく床タイルを張ったが、台所の床は20年前と変わらず、3分の2がセメント床のままである。

の快適さよりも、表（人）から家がどう見えるかが最も重要だからである。

　トゥルンアグン県B郡は大理石の産地であり、T村、W村から数km離れたB村に大理石の採掘場と加工工場がある。B郡内では、工場から安く仕入れることのできる細かい（クズ石）大理石を組み合わせて、モザイク柄の床材にするのが大理石の床の施工方法である。より高価な板状の大理石の床材は、一般に村民の手には届かないのである。ところで床タイルに比べて体が冷えないのが、大理石の最大の利点とされる。また床タイルの優れた点として、大理石と異なり施工後研磨する手間がかからず、輝きが衰えないことが最も高く評価されるのである。農村部から離れた都市部では、天然石に似せて作られた大きなサイズの高級タイルの普及が顕著であるが、B郡内で著者がそれを目にしたのは、W村村長のA氏宅の他には1軒のみである。

4　「浴室タイルの家」

　床タイルと並んで海外出稼ぎ労働者の家の特徴とされるのは、家の正面の外壁に張られたタイルである。そのほとんどは、浴室・台所用である縦長（25cm×20cm）の内装タイルが使用されている。1990年代に新築された家屋の正面を飾るタイルとして、B郡で信奉者の多いイスラーム教穏健派のナフダトゥル・ウラマのシンボルカラーである濃い緑の浴室用タイルが一番人気であった[27]。2012年現在の人気色は薄茶色がかったオレンジ色である。その理由は、自然の色であるからという。至る所で、この新しい流行色が採用されているのが、手に取るようにわかる。しかしさまざまな色が村内には混在しており、ピンク色の浴室タイルで飾られた家もある。そのほかに比較的新しい傾向として、柄物のタイルがよく登場する。W村では、正面部分が明るいサーモン色の蝶柄の浴室タイルで埋め尽くされた家や、明らかに浴室をイメージしたとわかる小さな熱帯魚模様のタイルが玄関脇の一面に張ら

27）　建築職人を含む、T村、W村の人々の間では、村内で普及している内装用タイルが元来、台所・浴室用に製造されたタイルであるという認識はなく、単に（床タイルに対して）壁用タイルとして捉えられている。そして濃い色は家の外装に、淡い色は浴室にというように材質ではなく、色や柄により使い分けるとする考え方が一般的である。つまり大都市の中間層が自然に習得するタイルに関する一般常識的な知識は、必ずしも農村部で共有されていない。これも都市・農村間に存在する情報の格差といえる。

れている家も見かけた。また、正面の壁一面に広がる浴室タイルの中央部分に、鳥や馬などの絵タイルをあたかも額縁の絵を壁に掲げるかのように配置した家もある。一昔前までは、家の正面部分全体にタイルを張る形が普通であったが、ここ数年の傾向は、外壁の下半分に無地のタイルを張り、その上に一段だけリスト[28]と呼ばれる細い装飾用タイルを施したものが主流となっている。この形は、域内の小中学校の校舎にも採用されている。細い装飾用タイルを挟んで上下に違う色調を組み合わせることもある。隣近所で流行色を探り合い、互いに真似をしながらも、ほんの少しだけ自分ならではの独自性を出そうとしているところが、「浴室タイルの家」の特徴である。T村、W村を都市中間層の視点で眺めると、まるで村全体が浴室か台所かと思えるほど、奇妙な光景が広がっている。

　家正面を飾る浴室タイルの色や柄の選び方から判断すると、明らかにその装飾性や豪華さが重要視されていることがわかる。しかし浴室タイルを張る背景には、メンテナンスのしやすさという合理的判断が強く働いているのも事実である。毎年、レバラン（断食月明けイスラームの大祭）前には、壁を塗り替える習慣があるが、タイルを張ることによりその手間と費用が省ける上、掃除も楽である。しかも最初に通常の塗装に比べて3倍以上の費用がかかったとしても、半永久的にその輝きは失われないのである。ここに海外で懸命に働いた成果が、次の世代までに色あせないようにとの願いが込められている。村に戻ったほとんどの海外出稼ぎ労働者は、海外出稼ぎ前と同じ農作業と単純労働、そして市場での物売りなどの収入源に頼るしかない。従って海外出稼ぎを継続しない限り、今後まとまった収入は見込めない。自分たちのそんな懐事情も考慮して、資金があるうちにできる限り豪華で立派な家を建ててしまおうと考えるのである。

　ジャカルタなどの大都市に住む中間層の人々は、こうした海外出稼ぎ村を目にし、その趣味の悪さ（norak）と「間違った」タイル建材の使用法、そして奇妙な柄（たとえば居間や玄関先に浴室向けの熱帯魚模様）の使い方に眉をひそめる。しかし、農村での居住経験があり、農村住民に近い感覚を持っ

---

[28] いわゆるボーダータイルで、ヘリの細い部分やタイル間の境界部分にアクセントとして使用されることが多い。

ている中間層の人々の間では、同じように「浴室タイルの家」を作る人々が現れ始めている。たとえば、前出のB郡元郡長のM氏宅では、数年前に客間の下半分に自分で緑色の浴室タイルを張り、居間や寝室は、オレンジ色の浴室タイルに細い装飾用タイルを張った。M氏はその理由に、やはり掃除が楽であることと、毎年恒例のレバラン前の壁塗りの手間が半分で済むことを挙げた。そして、前出のB郡元郡長（のちにトゥルンアグン県副知事）H夫人は、現在はトゥルンアグンの町の豊かな中間層特有の家に住み、シンガポールに住む子どものところに毎年長期で滞在するほど都市中間層の生活様式に通じているはずである。しかし高級な大理石の板と天然石で装飾された家正面部分はそのまま維持しながら、ポーチ・ベランダ部分の左右の塀の壁に、T村、W村でも流行のオレンジ色の浴室タイルと装飾用タイルを組み合わせた飾りが施してある。浴室タイルを張ったのは、ごく最近のことだという。そして左右とも中央部分には絵タイルがはめ込まれているが、何とその1つには、果物の盛り合わせ、そして反対側には大きな魚の絵タイルが組み込まれていた。少なくとも果物の絵タイルは、台所用のものであろう。それでも家の主であるH夫人は、誇らしげだった。そしていくぶんショックを受けた筆者の表情には気づかず、「流行に従うのは大切なことよ」と言い含めるように語るのだった。

　このように当初は、海外出稼ぎ帰りの人々を中心に作り上げてきた浴室・台所用内装タイルで外壁を装飾する習慣は、徐々に農村部に近い都市の中間層の間でも広まり始めている。

第4節　タイル（飾り）は成功の証し

1　タイル飾りの歴史的由来

　ジャワ農村で家正面や室内に浴室タイルを張る習慣の由来を特定するのは難しい。しかしいくつかの可能性を挙げてみたい。まずマラッカを中心とするマレーシア、シンガポール、インドネシアに見られるプラナカン（現地生まれの子）文化を源流とするものが考えられる。プラナカンとは、中国大陸から渡って来た中国人とマレー（インドネシア）人妻との子孫を指す。20世

紀初頭から1920〜30年代に建てられた彼らの住宅には、玄関部分や門柱を含む外壁と一部、室内にアールヌーヴォー調の花模様を中心としたヴィクトリアン・タイルが装飾タイルとして使用されている。これらタイルのほとんどはイギリス製の暖炉枠の装飾用タイルである（Knapp and Ong 2012）。イギリス植民地下のマラヤ・シンガポール[29]では、イギリス本国より取り寄せたタイルを手に入れるためには、かなりの財力が必要であった。プラナカンの人々の間で、家正面を飾った装飾用タイルがステータスシンボルとして顕示的消費の意味を持っていたことは、想像に難くない。マラヤ・シンガポールのタイル文化は、プラナカン特有のもので、生粋の中国人文化とは一線を画する[30]が、インドネシアにもプラナカンのタイル文化を反映したような中国系住民の古い家屋が残っている（Knapp and Ong 2010）。またオランダ植民地時代に建設されたジャワ貴族・富裕層特有のレンガ造りの家屋にもヨーロッパ製（一部に日本製）の装飾タイルの使用が見られる。

　しかし第二次世界大戦後に普及した装飾性のない約10〜15cm角の浴室タイルは、特に中国系住民の間で広く使用された。1983年に筆者がクアラルンプールで訪ねた中国系マレーシア人宅で、白い浴室用に見えるタイルが居間に張られていたのに寒々とした感覚を覚えたのを記憶している。また1990年頃にはマレーシアのカフェの壁を飾っていたのも、こうした新しいタイプのタイルである。戦後に普及した内装用タイルは、無地の何の変哲もないタイルに見える。しかし意外なことに、シンガポールで最も高級なホテルの1つとされるラッフルズホテル併設のカフェでも同様の白いタイルが使用されており、最上段のみ花模様の装飾タイルをあしらっている[31]。同じように1980年代には、インドネシアにおいても一部の中国系インドネシア人経営の商店や飲食店等の内壁にも似たようなサイズの淡い青や緑の無地タイルが使用されていた。このタイル使用法を中間層のプリブミ（原住民）系インドネシア人が真似ることは、まずなかった。彼らの間では、このタイ

---

29)　現マレーシアとシンガポール。
30)　シンガポール国立博物館とプラナカン歴史博物館での取材（2012年12月27日）。
31)　ホテルが今の姿となった1989年から1991年にかけての改装後である。シンガポール、ラッフルズホテル併設のア・テン・カフェでの取材（2012年12月11日）。

プの無地タイルは、もっぱら浴室タイルとして理解され、利用されていたからである。しかし農村出身の人々にとっては、タイルという建材は金持ちの家のイメージや清潔さから来るモデルン（近代的）なイメージがあるのだろうか。B郡元郡長M氏は、現在、ジャワ農村住民がこぞって浴室タイルを浴室や台所以外にも使用する理由として、この中国系インドネシア人のタイル使用に倣ったと見る。

　さらに他の経路でインドネシアにタイル文化が入ってきたとすると、やはり中東とイスラーム寺院建築の影響も考えられる。青や緑のタイルが建物全体を覆う、タイル文化の代表として日常目にすることが多い。さらに宗教的で神聖な場所であることから、タイル使用がよけいに理想化されて見えたとも考えられる。また、同じく中東の文化を起源とするが、サウジアラビアなどの出稼ぎ先のタイル建材と石の文化を真似た可能性もあるだろう。サウジアラビア帰りのある出稼ぎ労働者は、家の外装に「ケラミック（タイル）」を使用した理由を、サウジアラビアの雇い主宅で見た大理石の壁をタイルで再現したかったと話している[32]。つまり高価な大理石の板を壁材として使用するだけの財力のない人々が、代用品として浴室・台所用の内装タイルを使ったのである。もっぱら中間層や富裕層の使用する贅沢な建材までは手が届かない疑似中間層的な存在ならではの工夫である。

2　村外からの賞賛――労働・移民大臣の来訪

　1990年代末には、自身が実業家であると同時に、当時の労働・移民大臣でもあったアブドゥル・ラティフ（Abdul Latief）、そして後任の大臣も海外出稼ぎ村の代表としてB郡T村を視察に訪れた。インドネシアで最も海外送金が多い村であったからだ。間をおいて2人の大臣がわざわざジャカルタから遠い僻地の村にやってきたのである。B郡でも最も耕作地の少ないT村は土地なし小作が多い貧しい村で、海外出稼ぎが始まるまでは、近隣の村々に対して、肩身の狭い思いをしていた。洪水被害が特に深刻であったW村と並んで、大学から学生グループ[33]が社会支援のために毎年派遣され

---

32) *Kompas* 31 Juli, 2011, "Uang Habis, Kami Kerja Lagi". http://english.kompas.com/read/2011/07/31/08544318/Uang.Habis.Kami.Kerja.Lagi（2013年1月4日最終アクセス）。

るような村の1つであった。その村落開発の劣等生が、大臣来訪の栄誉を受けた心理的影響は計り知れない。ヘリコプターに乗った大臣が、郡役場横の広場へ降り立つのを一目見ようと、近隣の村からも多くの人々が広場の周りに集まった。T村にとっては、かつてない晴れ舞台となった。大臣の村訪問は、T村を海外出稼ぎ村の優等生として公式に認定したに等しい。ここに大臣お墨付きの海外出稼ぎ村としてのアイデンティティが確立したのである。

　大臣は、海外出稼ぎの最も顕著な成果である立派なレンガ造りの住宅群を視察すると同時に、実業家としての立場からも、海外出稼ぎで得た多額の資金が、すべてバイクや家の建設に費やされるのではなく、継続的な収入の確保に繋がるように促すという目的があった。そしてすでに何らかの事業を軌道に乗せていた元海外出稼ぎ労働者にはさらに奨励金を供与した。その後、おそらく村始まって以来の快挙であっただろう大臣の村訪問という大イベントは、何年もの間繰り返し話題にのぼり、絶えず記憶の再生産がなされた。しかしT村と近隣の村にとって、大臣来訪は諸刃の剣となった。海外出稼ぎ村としてのアイデンティティに酔うあまり、大臣の意向とは裏腹に、人々は事業資金を確保する前にまず家を整備しようと、ますます豪華な家の建設に邁進することになったのである。当時、B郡助役として大臣を迎え、のちに郡長となったM氏は、村の人々が大臣訪問の真の目的をはき違えてしまったと述懐する[34]。

3　村で描く成功物語

　都市の住民にとっては、高級住宅地に住むことがステータスシンボルとなりうるが、農村では幹線道路沿いに立派な家を持つことがステータスになる。しかしほとんどの場合、親から受け継いだ土地を最大限に利用する。村人にとっては、村は自らの成功物語を描きあげる唯一のキャンバスであり、顕示的消費の舞台である。したがってできうる限りの大きな立派な家を建てようとするが、それができない場合は必然的に装飾に凝る結果となる。自分の貧

---

33)　KKN（Kuliah Kerja Nyata：実践講義）と呼ばれる。大学生ならではの知識と体力を生かした勤労奉仕に似た活動である。
34)　B郡元郡長M氏（C郡在住）へのインタビュー（2012年12月17日）。

しく惨めだった過去を知る人々に、経済的な成功を手にしたことを示して賞賛を浴びたいと考えるのは、海外出稼ぎ労働者に限らない。たとえばジャカルタでテガル大衆食堂35)を開くテガル出身者、ジャカルタの歓楽街で働く若いインドラマユ出身の女性たち、シンガポール国境近くのバタム島へ国内出稼ぎをする女性工場労働者たち、彼らは、ほぼ例外なく故郷の村に立派な家を建てる。そして友人、知人からの賞賛を期待する（平井 2011 参照）。

しかし多くの賞賛の陰には、暗い側面も潜んでいる。今や公然の秘密となっているが、海外の出稼ぎ先においても顕示的消費が高じて、男女ともに本来の仕事から離れたところに、別の怪しげな収入源を見つけることも珍しくない。しかし道徳を振りかざす人々の陰口は、村社会を圧倒させるだけのカネとモノの前ではかき消されがちである。T村でことさらに飾り立てられた二階家に住む女性は、日本から持ち帰った設計図で建てた家が自慢である。この女性は日本の夜の繁華街での「正規の」就労経験をこう語る。

> 人がなんと言っても気にしません。私は日本でアルティス（芸能人）として踊り、（酒を飲む）お客様の横に座っておしゃべりをしていただけですから。

これに対し批判する側は従来からの宗教的、伝統的価値観に基づいた苦言を呈する。しかし、そうした批判を受ける側にとって最も強力な反論は、「（でも）お金を持っているのは誰でしょう」との一言で十分であり、最新型のバイクや豪華な家が無言のうちに批判を圧倒するのである。こうした「儲けたもの勝ち、そして儲けたカネをモノで見せたもの勝ち」と言わんばかりの社会風潮がT村、W村には漂っている。

海外出稼ぎ労働者の成功物語は、まずは日本製バイクの購入から始まり、レンガ造りの家、そして床タイル、浴室タイルの家正面や屋根の飾りに表現されていく。そして家具や電気製品など、家内部の装備品へと進む。外国帰りの成功者に期待されるシナリオ通りにすみやかにモノで成功の証拠を提示

---

35) テガル出身者がジャカルタなどの大都市で営む大衆食堂。食堂経営者の故郷の村でも、海外出稼ぎ者の村に多く見られる浴室タイルで家の正面を飾る傾向がある（ジャカルタ在住の建築家、ディディック・スワソノ氏へのインタビュー、2012年8月4日）。

（顕示）しなければ、批判や良からぬ噂話の的となる。海外出稼ぎが「失敗に終わった」と言われるのが、道徳的なことで陰口をたたかれるよりもつらいことなのかもしれない。ただの噂話や陰口とは異なり、出稼ぎの失敗には何も自慢できるモノがない、という厳然たる証拠が伴うからである。村、地域挙げてのビジネス化した感のある海外出稼ぎに失敗したというレッテルは、まさに恥辱となる。そのためであろうか、出稼ぎ先から留守宅へと指示を出し、海外送金は稼ぎ手（家主）不在のままバイクの購入や家の建設へと姿を変えていく。家具屋に出向いた留守家族の携帯電話に遠い国から指示が入ることもある。

　最も理想的なのは、海外から帰国した際に、自分の「凱旋パレード」の舞台となる新築の家があることである。海外から帰国するモデルンで洗練されたと思う自分が戻るにふさわしい舞台は、決して竹編みの家や、薄汚れたセメント床の家ではない。そのため出稼ぎ労働者自身が帰国後に家を新築・増改築、そしてタイル張りの内装に取り掛かる場合、ほぼ例外なく帰国直後に工事が開始される。レンガ造りの軀体さえ出来上がっていれば、家の外装・内装が未完成の赤いレンガのままでも及第である。完璧な形へ向けて発展途上にあるのが誰の目にも明らかであるからである。そして家の中にほぼ何もない状態から生活を始めていくのである。

4　家の正面と人々の「体面」を飾る浴室タイル

　ジャワ各地では、僻地の農村、特にＴ村やＷ村のように海外出稼ぎ村と呼ばれている地域に近づくほど、浴室・台所用のタイルが家正面の外装に使用されている割合が高いのに気がつく。そして僻地の村にたどり着いたところで、第3節、第1項で紹介したような農村版高級住宅街、あるいは山奥の「桃源郷」かと思えるような光輝く家々が建ち並ぶ集落に出会うのである。

　ゲルクが指摘しているように、スハルト開発経済政策のもとで、経済力が社会的地位を決定づける際に最も重要な役割を果たすようになった。その影響は、すでにジャワ農村社会にも浸透している。海外出稼ぎ労働者たちは、竹編みの家からようやく脱却し、短い期間に金持ちへ変貌を遂げた、外国帰りのモデルンな人間である、という自意識が強い。そして自分の海外出稼ぎ

が成功であったことを、はっきりと示したい。そこで最も重要な財産である家もモデルンで金持ちの家として顕示されるのである。新築の家の前に置かれたバイクも補強材料の1つである。ここでは家正面の浴室タイルと絵タイルは、成功の証しであり、成功した人々の自己PRのメッセージである。この広告塔とし

客間の室内装飾と床タイルに見る中間層的生活スタイル（筆者撮影）

ての何か目に見えるモノ（証拠）なくしては、農村社会は金持ちになったことを受け入れてくれない。かつて財産は女性の金装飾品の形で保管されるとともに、レバランの際は、借りてきた金のネックレス、腕輪、そして耳飾りで若い娘を飾り、良い縁談を求めた。従来の装飾品、あるいは牛、ヤギなどの家畜の所有・飼育による蓄財が皆無になったわけではないが、現在では、顕示的消費の対象が、より目立ちやすく時代の流れに適ったバイクや家へと変化している。さらに若い男性が恋人を持つ際には、バイク所有が必須条件であり、男女ともに結婚相手にも立派なレンガ造りの持ち家があることを期待するのが常である。

　家の正面を浴室タイルで飾るのは、新たに海外から帰ってきた人々に限らない。普段農業を営む人々にとっても、経済力を持つ自己イメージを強調したいのは同じである。隣近所の流行に遅れていない証拠を見せる効果もある。W村の60歳代の男性は、牛を1頭売って資金を調達し、流行のオレンジ色の浴室タイルで家の正面を飾り、ポーチ・ベランダと居間に白い床タイルを張った。この家は、かつてサウジアラビアに出稼ぎに行った妻が建てたものである。工事が終わったばかりという浴室タイルで飾られた家の前で、この男性は胸を張って言う。「（この辺の流行に）遅れないように（mengikuti kemajuan）」であると。農民の財産である牛を所有することよりも家を装飾し、農村での自分と家族が時代に適った存在であることを知らしめたいのである。

　ジャワ社会では、家の表から見えるところを飾ると同時に、入ってすぐに

ある客間を整備することが最優先される。大切な社交の場であるからであるが、日本の玄関にも勝手口との厳然とした格の違いがあるように、広く社会に向けて見せる公式の顔という側面がある（Newberry 2006 参照）。こうして家正面を整備することに対しての尋常ならざる熱意とは裏腹に、実際には目に触れるが、家の脇部分は赤いレンガが剥き出しになっている家が大半である。ある時、家の正面だけでも整備する、というこの考え方の最たる例に行き遭った。

今では、T村、W村合わせても20軒ほどに減少した竹編みの家の1軒を見学させてもらうために、W村で比較的貧しいとされる一家を訪れたときのことである。家の主人である60歳代の男性は、この写真撮影がもしや政府からの住宅改善プロジェクトからの資金援助に繋がるかと考えたのか、筆者にすがるように言った。

> もし家の改装のために（政府から）援助が得られるのであれば、家の正面だけでもレンガ造りにしてくれればよいのですが……。

亡くなった母親から引き継いだこの家には、その孫にあたる20歳代の娘夫婦を住まわせている。同じ敷地内で主人夫妻が住む棟は、ごく小さく簡素な造りの、かろうじてレンガ造りの体をなすような家であり、白い塗装がしてある。農作業と副業のマッサージによる収入から、少しずつレンガとセメントを買い集め、ようやく建てた家なのであろうか。

現在竹編みの家に住む娘は、ジャカルタでの海外出稼ぎ研修で、台湾語の習得ができずに不合格となり、当初予定していた台湾への出稼ぎ候補からはずされ、村に送り帰されてきた。この経緯を知る村の人々の陰口は容赦がない。ほとんどの若者たちが海外出稼ぎに出る村で、出稼ぎ斡旋を断られたことは、大変な不名誉である。さらに竹編みの家に住み続けるのは、恥の上塗りである。何としてでも家を整備して、人に見せられるレベルにするべきだ、という有言、無言の圧力を村社会から受けているのがわかる。竹編みの家の横には、さらに程度の悪い隙間だらけの浴室がある。しかし、この父親のただ1つの関心は、家が正面からどう見えるか、だけである。生活や衛生環境は二の次なのである。

第5節　家と教育とのはざまで——社会的上昇への2つの選択肢

　これまでも数々の非常識な質問を村人たちにぶつけてきた筆者だが、レンガ造りの家ではなく「子弟の教育費を優先するため竹編みに家に住み続ける可能性」についての質問には、強い拒絶反応が返ってきた。そんなことを聞くのはおかしい人間なのである。怒りさえ露わにする人もいた。レンガ造りの家に住める資金を手にしながら、家を整備しないのは、非常識であり、まともな村民の風上にも置けない。そういったニュアンスの反応だろうか。W村村長A氏の意見に、村でコンセンサスとなっていることが集約されていた。

　　（子どもの教育のためとはいえ）竹編みの家に住み続けるなんて自尊心（harga diri）のない人だと思われますよ。教育費がさらに必要ならば、家を建てたあと、また海外出稼ぎに出て子どもの教育資金を得ればいいだけのことです。

　ジャワ人独特の丁寧な話し方ではあるものの、いつもの冗談交じりの村長とは打って変わり、急に深刻な顔つきとなり、筆者に対して諭すように話すのであった。T村の女性村長S氏宅での反応も似たものだった。S氏は、前村長である夫のN氏を傍らに、W村村長とほぼ同じ反応を見せた。そして「外国まで行った人が、竹編みの家に住み続けるのは論外だ」と言うのだった。その横で夫のN氏も静かにうなずいた。
　では現在子どもの教育が大きな関心事である母親はどうだろうか。すでに10年近くも夫が台湾に出稼ぎに出ている30歳代前半の女性は、11歳の一人娘が医者になりたいと言い出し戸惑っている。

　　今は本人の希望で塾（les）に通わせています。（筆者の質問に対して声を荒げて）家を売って教育資金を捻出しろと言うのですか。とんでもないことです。夫が何年も出稼ぎに行って、今ようやく建った家を手放すなんて。家は私たちが死ぬまで安定した生活を送るよりどころとなるものです。家がなければどこに寝ろと言うのですか。田んぼに寝ろとでも言うのですか。そのときに医学部に通わせるお金がなかったら、教員にな

ればよいのです。教員になるのにはさほどお金がかかりませんから。

　この女性は、ほかのどのような場面でも見せたことのないような激しい怒りにも似た感情をむき出しにしてこう言い放ったのである。
　では、実際に長男の大学教育のために、家造りを犠牲にしている親はどう考えているのか。30歳代後半の女性で、マレーシアで働く夫の留守を守る女性に聞いてみた。彼女は竹編みの家に姑と次男の3人で住んでいる。家の前の間口が3mほどで数えるほどの品揃えしかない雑貨屋のほか、店の外では1ℓビン入りのガソリンを販売し、さらに夕方からはジャワ風香辛料を使用した、クリスピー風なのだろうか、分厚い衣をつけた鶏の切り身の揚げ物を「ケンタ・キー・フライドチキン（Kenta' Q Fried Chicken）」の名で販売している。どれも利幅の小さい商売である。店の前で女性が困惑した風に顔を歪めて語った。

　　大学を卒業したら今度は修士課程（S2：Strata dua）に進みたいと言うのです。本人の希望を叶えてやるつもりですが、まだ家がないんですよ……。私にとっては家を持つときがまだ来ていないのでしょうね。

　女性がこう語るとき、勉強熱心な長男を自慢する言葉は口から一言も出てこなかった。頭の隅では教育の大切さを認識しているのだろう。夫からの海外送金の多くが東ジャワの中都市マランの大学へ通う長男の教育費と生活費で消えていく。姑所有の古い竹編みの家は、周囲の新しい家々に囲まれて一層古さが目立つ。村では「大学出（Sarjana）」という言葉の次には「でも職なし（tapi ngangur）」と続くのが決まり文句のようになっている。村社会がこぞって最重要視するレンガ造りの持ち家をあきらめて子どもを大学に通わせるのは辛い。誰もが立派な家を褒めそやすが、子どもを大学へ通わせていることを褒めてくれる人はごくまれである。彼女にとって意味も価値も不明のS2（修士号）を取らせるため、さらに数年の間住宅資金を蓄えることができない。単身出稼ぎの夫とは、1年に1回断食月明けの休暇のときにしか会えない。そうするうちに、現在小学校高学年の次男の教育費確保を考える時期となる。

村では、どの親も子どもにできるだけ高い教育を受けさせたいと、口では言う。たしかに海外出稼ぎが始まってから、高校卒業が標準的な学歴レベルに上がった。T村在住でトゥルンアグンの町の大学で非常勤講師を務めるS氏は、これを海外出稼ぎ送り出しで改善したことの1つであると考える[36]。しかしその上の大学教育へのハードルは依然として高い。学力の問題ではないのだ。大学へ通わせるために4年間で7,000万ルピア（約64万円）を費やすくらいなら、むしろ高校卒業後すぐに、男性労働者の仕事斡旋料が高い韓国や台湾に行かせることができる。うまくすれば費用はかさむが、稼ぎも良い日本や米国での不法就労へ向けての斡旋さえ頼めるかもしれない、というのがT村、W村の人々の本音である。将来の収入が保証されない大学卒の肩書に比べて、海外出稼ぎはほぼ確実に大きな収入をもたらす、より合理性の高い「投資先」なのである。

　しかし郡や県レベルの役場に勤務する人々は、子どもの教育のために家造りを犠牲にする可能性を否定しない。日々の生活を維持できるだけの定期収入を得ている給与所得者であるうえ、高等教育なしには（運転手や用務員とは違う）通常の公務員のポストに就けないからである。親と同等かそれ以上の職を得るには、大学を卒業するのが必須条件である。農村部居住者にとっては、公務員以外のプライベート・セクターでの就職は、まず念頭にない。

　ごく少数であるが、大卒の若者たちの中にも海外出稼ぎ労働者となる人はいる。彼らが中学卒や高校卒の仲間とともに単純労働に従事するのを厭わない理由に、就職難がある。また公務員志望の若者は公務員職への口利き料を最低1億ルピア（約90万円）は用意しておく必要があるため、親に資産がない場合、海外出稼ぎに出るか、ジャワ島外で職探しをする以外に方法がない。引退後も生涯にわたって年金が支給される公務員職の人気は衰えることがなく、常に高い競争率である。したがって、口利き料が用意できない家庭の出身で、経済的に無理をして大学を出た人々にとって、一時的に海外で住み込み家政婦、あるいは工場労働者か建設現場の労働者となって働くことが、公務員への近道なのである。

---

36) W村でのインタビュー（2012年9月8日）。

一見無関係のようであるが、人々の高等教育への関心の低さは、T村、W村で派手な家の造りが多い理由の1つであると考えられる。W村出身の出世頭の1人である研修医A氏（海外出稼ぎ斡旋業者W氏夫妻の次男）は、里帰りしたW村周辺の色とりどりの派手な装飾の家を見て「変だ（aneh）」と言う。それに対して、村内のプサントレン（イスラーム寄宿学校）で教育を受けたA氏の母親はごく自然な配色と見る[37]。自らのアイデンティティを「都会の人間（orang kota）」とするA氏にとって、都会的（西洋的）で落ち着いた配色の環境こそ居心地が良く、派手な色のタイルや極彩色で塗り分けられた家と門柱で満ちた故郷の村は、既に奇妙な空間と化している。都市の中間層以上の人々の好みを基準にして何が「良い趣味」であるかという感覚を、トゥルンアグンの町で過ごした高校時代、そして大都会の大学の医学部で受けたエリート教育の中で徐々に培っていったのである[38]。

第6節　おわりに

東ジャワ農村からの本格的な海外出稼ぎが始まって、すでに20年以上が経過した。この間、都市部の人々の目に映っていたのは、海外出稼ぎ労働者とその家族による、浪費とも取れる消費行動である。本章では、東ジャワでも最も海外出稼ぎが盛んな地域、トゥルンアグン県B郡T村、W村の「浴室タイルの家」という農村部ならではの現象を、海外出稼ぎ労働者による顕示的消費と社会的上昇の一手段という視点から考えてみた。海外で苦労して獲得した大金を、誰もが判で押したようにバイク購入や必要以上に派手な家に費やす、という出稼ぎ労働者独特の金銭感覚を批判する人は多い。つまり農民として生活の糧を生み出す田畑の購入や、新しい事業資金への投資などを後回しにして、むしろ支出ばかり増やす耐久消費財の購入や新たな住宅建設に稼ぎのすべてを使い果たすという「健全な」将来設計の欠如に対する批

---

[37]　W村出身の研修医A氏とA氏の母親W夫人へのインタビュー（2012年8月17日）。
[38]　ブルデュー・パスロン1997参照。フランスの著名な社会学者であるピエール・ブルデューは、立居振舞、趣味、教養といった個人が世代を超えて文化的に獲得・蓄積する非経済的な資産を「経済資本」との対比において「文化資本」であるとし、それが社会的な地位の再生産に重要な役割を果たすと提唱する（ブルデュー1990a; b）。

第5章　浴室タイルの家　185

判である。しかも子弟の教育、特に高等教育は依然として優先順位が低い。しかし、こうした一見不可解な消費（浪費）行動も、じつは海外出稼ぎ労働者にとっては、彼らの置かれた状況と農村社会の現状に則した合理的な判断によるものなのである。そして都市部の中間層とは異なる彼らなりの将来設計があるのである。

　本書第6章で倉沢が論じた都市の疑似中間層の主たる特徴は、収入こそ中間層のレベルには達しないが、中間層が普段享受する消費財を、懐具合に応じて合理的な価値判断に基づいて手に入れ、使用するところにある。路地裏(カンポン)に住む都市の疑似中間層の教育熱も、似た消費行動の1つである。都市部の疑似中間層と、農村版疑似中間層である海外出稼ぎ労働者とその家族の消費行動を比較してみると、両者の間にある決定的な社会環境の違いに行きつく。それは人々の上昇志向をかきたてる空間的広がりの差である。都市部の路地裏(カンポン)に住む人々は、余裕のない生活の中でも子弟の教育のためには多額の出費を厭わない（本書第6章を参照）。彼らは将来、路地裏(カンポン)という狭い世界を超えて、成長・発展する機会を比較的容易に思い描くことができるからである。まず都市部という立地条件がある。瀟洒な家が建ち並ぶ高級住宅街や町中を走る高級車の数々を日々目にすれば、高等教育と努力次第で、次の世代にはそのレベルに少しでも近づこう、という意欲をかきたてられるだろう。また将来の勝負の相手が、同じ路地裏(カンポン)の住人たちだけではないことにも気がつく。彼らにとっての路地裏(カンポン)は、愛着こそあれ永久に住み続ける場所ではなく、経済的成功の暁には飛び立っていく所である。すなわち路地裏(カンポン)の住民は、常に外の世界での活躍の可能性を夢見ているのである。

　その一方で、農村部の非エリート層住民にとっては、たとえ海外出稼ぎ経験があろうとも、村社会を超えた活動空間を視野に入れ、そこで自分や子どもにとっての明るい人生設計を創造するのはきわめて困難である。海外に出稼ぎに出る人々のほとんどは、村では農業、零細小売業、そして種々の肉体労働に従事した経験しかなく、低学歴の未熟練労働者であるがゆえに、村を一歩出れば社会の底辺に置かれることを、痛いほど感じる。外国帰りを気取り、どんなおしゃれをしても、広い社会での彼らの位置づけを覆すことはできない。それが通用するのは故郷の村だけである。そんな海外出稼ぎ労働者

にとっては、なじみ深い出身村に凱旋し、以前の貧困を脱し「成功した証し」となる家を持つことで、ささやかな社会的上昇を果たすことが、最も現実的で達成可能な夢なのである。

　そんな彼らも、教育の重要性は十分に理解している。しかし念願の持ち家をあきらめない限り、海外出稼ぎだけでは子どもに高等教育を受けさせたのち、さらなる費用が要求される（公務員）職を得るプロセスまで支えきることはできない。そこで限りある資金を最大限に生かし、顕示的消費をもって村内での社会的居場所作り、社会的上昇に専念するのである。かつての貧農・小作の扱いではなく、1人の立派な村民と家族として、村内で居心地良くすることは、農村住民にとって死活問題ともなりうる。その自然のなりゆきとして、少なくともジャワ社会においては、誰の目にも間違いなく「成功の証し」と映るバイクを購入し、レンガ造りの家を建てて見せびらかすという、海外出稼ぎ村ならではの顕示的消費行動がごく一般的な現象となったのである。

　東ジャワ農村が、海外出稼ぎによる外貨収入で沸き始めた1990年代には、床タイル、浴室タイルともに高価で贅沢な建材であっただけでなく、都市から離れた地方では手に入りにくい、貴重なものであった。その後、どのタイプのタイルも比較的安く手に入るようになり、豪華な建材であるという意味が薄れるとともに、すでに普及品として万人の手に届くようになった感がある。しかし情報の伝達、流行の受容と変化がきわめて緩慢な農村部においては、村社会における「成功の証し」を示す道具としての役割には変わりはない。現在でも、T村、W村の人々は海外出稼ぎの成功をバイク、レンガ造りの家と浴室タイルの飾りなどの物的証拠で計りながら、誰が成功者グループに仲間入りするかを決めていく。人々の目には、小さく質素なレンガ造りの家を建て、残りの資金で事業を始める元海外出稼ぎ労働者の生き方よりも、資金のすべてを注ぎ込んで立派な家を建てる方が魅力的に見えてしまいがちである。いかなる理由があろうとも、成功の証拠を見せられない人々（家族）の肩身は狭い。その結果、出稼ぎで得た限られた資金を最大限に生かし、精一杯背伸びして家を豪華に飾ろうとする姿勢が、最も安い浴室・台所用の内装タイルを家正面の外装に使うという現象として出現したのである。

海外出稼ぎ帰りの人々と「浴室タイルの家」は年々増え続けている。村の旧エリート層や村社会にいながら、村を超えた世界で活躍する公務員などの新プリヤイ層の人々も、かつて貧しかった「成金」たちのカネとモノの力に圧倒されつつある。そして海外出稼ぎの成功によって自信をつけた海外出稼ぎ労働者たちの存在と力を、彼らも認めざるを得なくなっている。海外出稼ぎ労働者が持ち込んだ流行を受け入れ、浴室タイルで家を飾る人々が少ないながらもエリート層の間で現れ始めているのは、無視できないことではないだろうか。

　Ｔ村とＷ村では、ようやく流行のタイル張りの家の夢を叶えた人々がいる一方で、2011年頃よりミニマリスト（ミニマリズム）建築と呼ばれる、建物の配色や装飾性を究極まで抑える建築様式を採用するきざしも徐々に現われ始めた。海外や大都会でのミニマリスト（Minimalis：ミニマリス）建築の流行を最近になって察知した人々が、家の新築や増改築を機にそれぞれの解釈に合わせて新たな家造りに取り入れる。なかには建築間近の「ミニマリス」の家を背に、「もはやタイルは時代遅れだ（Keramik sudah kuno!）。」と声高に宣言する帰国したばかりの出稼ぎ労働者。竹編みの家やジャワ伝統家屋を横目にタイル張りの家の優位性を自慢していた人々を、今度は「ミニマリス」の信奉者たちが追い越していく。「ミニマリス」建築と呼びながら従来の赤い粘土色の屋根瓦もそのまま取り入れ、直線的なデザインで形づくった家の正面は極彩色塗装、あるいは天然石モチーフのタイル張りと様々である。彼らもこれまでもっぱら「浴室タイルの家」の持ち主が示してきたモダンで成功した証しを今度は、「ミニマリス」というより新たな方法で築きあげていくのだろう。

【主要参考文献】
〈日本語文献〉
ヴェブレン、ソースティン 1998（高哲男訳）『有閑階級の理論——制度の進化に関する経
　済学的研究』筑摩書房。
中野麻衣子 2010「モノの消費のその向こうに——バリにおける顕示的消費競争と神秘主

義」花渕肇也・石井美穂・吉田匠興共編『宗教の人類学』春風社。
平井京之介 2011『村から工場へ――東南アジア女性の近代化経験』NTT 出版。
ブルデュー、ピエール 1990a『ディスタンクシオン I ――社会的判断力批判』石井洋二郎訳、藤原書店。
―――― 1990b『ディスタンクシオン II ――社会的判断力批判』石井洋二郎訳、藤原書店。
ブルデュー、ピエール／パスロン、ジャン＝クロード 1997『遺産相続者たち――学生と文化』石井洋二郎監訳、藤原書店。
村井吉敬 1987『スラウェシの海辺から―もうひとつのアジア・太平洋』同人舘出版。

〈外国語文献〉
Antov, H., 1999, "The New Rich and Cultural Tensions in Rural Indonesia," M. Pinches (ed.), *Cultural Privilege in Capitalist Asia,* London and New York: Routledge.
Brenner, S. A., 1998, *The Domestication of Desire: Women, Wealth, and Modernity in Java,* Princeton: Princeton University Press.
Davison, J. and L. I. Tettoni (Photography), 2010, *Singapore Shophouse,* Singapore: Talisman Publishing.
Djajadiningrat-Nieuwenhuis, M., 1987, "Ibuism and Priyayization: Path to Power?" E. Locher-Scholten and A. Niehof (eds.), *Indonesian Women in Focus: Past and Present Notions,* Dordrecht and Providence: Foris [KITLV, Verhandelingen 127].
Gerke, S. 2000, "Global Lifestyles under Local Conditions: The New Indonesian Middle Class," B. H. Chua (ed.), *Consumption in Asia: Lifestyles and Identities,* London and New York: Routledge.
Knapp, R. G. and A. C. Ong (Photography), 2010, *Chinese Houses of Southeast Asia: The Eclectic Architecture of Sojourners and Settlers,* Tokyo: Tuttle Publishing.
――――, 2012, *The Peranakan Chinese Home: Art and Culture in Daily Life,* Tokyo: Tuttle Publishing.
Newberry, J., 2006, *Back Door Java: State Formation and the Domestic in Working Class Java,* Peterborough, Ontario: Broadview Press.
Sato, S., 1994, *War, Nationalism, and Peasants: Java under the Japanese Occupation, 1942-1945,* New York: M. E. Sharpe.
Young, K. 1990, "Middle Bureaucrats, Middle Peasants, Middle Class?: The Extra-Urban Dimension," R. Tanter and K. Young (eds.), *The Politics of Middle Class Indonesia,* Monash Papers on Southeast Asia, No. 19, Clayton, Victoria: Centre of Southeast Asian Studies, Monash University.

〈新聞・雑誌〉
Kompas

Column　ジャカルタのコスと若者たちの生活

　コス（kos、kost）というのはいわゆる下宿のことで、インドネシアでは一般的に親元を離れた学生が住む場所である。インドネシア留学経験のある日本人にとっては、インドネシア大学のデポック・キャンパスに設置されているBIPA（外国人向けインドネシア語講座）に通う人が多いため、サウォ通り（Jl. Sawo）などデポック周辺にあるコスが知られている。しかし、このコラムでは郊外にあり比較的外国人も多いデポックのコスではなく、筆者の2006年10月から2009年3月までの留学経験から、中央ジャカルタにあるサレンバのコスを取り上げる。そこでの生活から見える現在のジャカルタ、特に若者たちのありようの一端を描いてみたい。

サレンバのコス
　筆者の住んでいたコスは、サレンバ・ラヤ通り（Jl. Salemba Raya）からサレンバ・ブルンタス通り（Jl. Salemba Bluntas）に入って少しのところにある。サレンバはマトラマンとクラマットにはさまれた地区で、近くをセンティオン川とチリウン川が流れている。サレンバ周辺をスラム街（daerah kumuh）などと揶揄する者もいた。たしかに、クバヨラン・バル、メンテン、クニンガンのような高級住宅地ではないが、それほど劣悪な環境というわけではない。ジャカルタは頻繁にバンジール（洪水）に悩まされるが、この地区はこれまでのところ大きな被害を受けていない。この地区には、インドネシア大学のサレンバ・キャンパス、チプト・マングンクスモ病院、セント・カロールス病院、そして刑務所といったいくつかの重要な施設がある。
　サレンバは学生や研究者にとって滞在するのに悪くない場所である。筆者がサレンバに住むことを選んだ主な理由は、国立図書館（Perpustakaan Nasional）があるということである。すぐ近くのマトラマンにはジャカルタで最大級の書店グラメディアがあり、書店街で知られるスネンやクウィタン

からも遠くない。

　さて、コスにもいろいろ種類があり、普通の民家が空き部屋を貸しているようなものもあれば、いわゆる下宿屋のところもある。筆者が住んでいたコスは3階建ての下宿屋で、部屋数は30あまりと規模は大きく、受付もある。入居した当時は、このコスがサレンバ周辺で最も高級だった。周辺のコスの1カ月の部屋代は、30万～70万ルピア（当時のレートで約3,800～8,900円）くらいのものが多かったが、このコスの部屋代は、できた当初は1カ月150万ルピア（約1万9,000円）と洗濯代が15万ルピア（約1,900円）であった[1]。部屋代はその後何度か値上げされ、現在は洗濯代込みで1カ月198万ルピア（約1万8,000円）である。

　比較的部屋代が高いこともあり、このコスの設備は十分である（ただし食事はつかない）。部屋の中には、机、ベッド、棚、テレビ、エアコン、カマル・マンディ（水浴び場・トイレ）があり、一応お湯も出る。お湯が出るコスはそれほど多くない。コス内の施設としては、台所が1階と3階の2カ所あり、冷蔵庫が各階に1台ずつ置いてあった。駐車スペースもあり、使用料1カ月10万ルピア（約910円）である。インターネットも、2008年になって設置された。ワイヤレスで、登録のために1度5万ルピア（約450円）を払えばずっと使うことができた。2012年5月に訪れたときには、支払いにクレジット・カードが使用できるようになっていた。ただし、ジャカルタにはさらに設備が充実したコスも存在する。欧米人も多い南ジャカルタのクマンなどにある最高級のコスには、プールがつくものさえある。そのような場所だと、1カ月の部屋代も300万（約2万7,300円）以上となり、500万ルピア（約4万5,500円）を超えるものもある[2]。

　筆者の住んでいたコスのオーナーは、中サレンバ通り（Jl. Salemba Tengah）にコスをもう1軒と、ジャカルタ郊外のチブブルに病院を経営している人物である。サレンバ・ブルンタス通りのコスは2004年から2005年

---

[1] 2006年当時の平均レート、1円＝79ルピアで算出。現在は1円＝110ルピア。詳しくは凡例を参照。
[2] 最近ではウェブサイトでコスを探すことができる。たとえば、http://www.infokost.net には最高級のコスの案内が多数掲載されている。

初めに建てられた。オーナーがサレンバにある2つのコスに来ることはめったになく、普段は彼の親戚が管理を任されている。コスの従業員は、受付や掃除などコス内の仕事をする者が3名から4名ほど、部屋の掃除と洗濯をするお手伝いが数名、警備員が2名であった。コス内の仕事を行う従業員はすべて男性でジャカルタ近郊に住んでいる若者が多い。一方、お手伝いはすべて女性でジャワ島の地方から出稼ぎに来ていた。警備員はいずれも近くに住んでおり、うち1人は近くで隣組（RT）[3]長をしている。

サレンバ・ブルンタス通り（筆者撮影）

ミドルクラスの若者たち

　インドネシアでコスと言えば一般的に学生の住むところであるが、このコスの住人の半分くらいは社会人であった。日割りでも部屋を貸していたため、地方から仕事でジャカルタに来た際に、ちょうどビジネス・ホテルのように、数日間もしくは数週間だけコスを利用するという人も多い。このコスの住人は、学生も社会人もほぼインドネシア人だけである。サウジアラビア人やオランダ人など外国人が住んでいたこともあったが、いずれもそれほど長い期間滞在することはなかった。そもそもサレンバ周辺で外国人に会うことはめったにない。このコスには、初めのうちは男性もしくは夫婦者が入居することができたが、数年前から未婚女性も住むことができるようになった。

　コスに住む学生は、これまで知っている限り、すべてインドネシア大学のサレンバ・キャンパスに通っていた。インドネシア大学のサレンバ・キャンパスは医学部が有名であるが、このコスの住人には、医学部の学生よりもサレンバ・キャンパスにあるマネージメント学部の修士の大学院生が多かった。

---

[3]　1つの隣組は40〜50戸で構成されている。

ジャカルタは地方からの移住者の割合が非常に高い都市である。コスに住む学生もみな地方出身者で、出身地や背景もさまざまである。筆者が特に仲のよかった友人は、パプア出身の華人、バリ出身者、パレンバン出身者、マラン出身者である。宗教的には、バリ出身の友人がヒンドゥー、華人の友人はカトリックで、残りの2人はムスリムである。

1カ月約200万ルピア（2006年当時約2万5,300円）の部屋代は、インドネシアでは決して安くはない。当然、これらの友人たちの家はそれなりに裕福である。彼らは誰もアルバイトなどせず、親からの仕送りだけで生活をしていた。さらに、彼らはほとんどみな自分の車を与えられていた。筆者は、電車、市バス、ミニバス、ベモ（ダイハツ三輪を土台にして定期ルートを走るもの）、トランスジャカルタを毎日のように利用していたが、友人たちは、パレンバン出身の者を除いて、それらの公共交通機関を使うことはまずなかった。コスから歩いて15分くらいのインドネシア大学に行くにも、彼らは車を使っていた。

このため、初めのうち彼らは金持ちの子どもなのかと思っていたが、よくよく付き合ってみるとそれほど浪費的な生活をしているわけではないことがわかった。普段の食事は、コスの近くにあるパダン料理や屋台のナシゴレン、せいぜい中華料理（シーフードレストラン）で、1回の食事が2万ルピアを超えることはあまりなかった。彼らに誘われてジャカルタにあるいろいろな料理屋やモール内のフードコートにも行ったが、1食で何十万ルピアもかかる高級レストランで食べたりはしない。身に着けているものも、ブランド品ばかりではなく、財布などは「KW1」[4]などと言われる品質のよい偽物もよく使っていた。また、彼らが乗っている自動車もベンツなどではなく、トヨタ、ホンダ、ダイハツといった日本車である。これらの点から、彼らには、ニューリッチではなくミドルクラスの若者というイメージが当てはまる[5]。

ただし、コスの学生は、サレンバに住むほかの人々と比べれば、消費の流行に敏感であった。バリ出身の友人は服装に気を遣う方で、モールに入って

---

4) KWはkwalitasのこと。偽物の品質のことで、数字が低い方が品質が高い。
5) 吉原直樹「ミドルクラスとゲーテッド・コミュニティ」『ジャカルタのいまを読む』（アジア遊学90）勉誠出版、141-144頁。

いる日本でも人気のある衣料品ブランドを好んでいた。また、健康ブームの影響も見られた。華人の友人は、あるときから非常に健康に気を遣うようになった。彼は、インドネシアの最も有名なボディー・ビルダー、アデライも来るというフィットネスクラブに熱心に通い始め、不健康だと言ってパダン料理やナシゴレンを食べるのをやめた。医学部に通っていた学生の1人は、自分の部屋にフィットネスバイクを持っており、筆者を含むコスの学生に喫煙の有害性を説いていた。

夜の屋台（筆者撮影）

筆者が入居当初からコスに住んでいた友人は、2008年頃にはみな大学なり大学院を卒業し

コスの内部（筆者撮影）

ていった。そのときわかったのは、インドネシア大学を卒業しても簡単には就職はできないということである。華人の友人とマラン出身の友人は、それぞれ韓国系企業と日系企業に就職したがどちらも短期間で辞めてしまった。華人の友人はしばらくしてから日系企業に再就職したが、それ以外の友人はなかなか就職先が決まらなかった。もちろん、そのような失業状態を「贅沢」と見なすこともできるだろうが、彼らの間には、学歴に見合った職に就かなければならないという認識がある。結局、筆者の友人の多くは故郷に帰っていった。日系企業で勤めていた華人の友人も、結婚を機に故郷に戻って家業を手伝うことになった。筆者の仲のよい友人でジャカルタに残ったのは、マラン出身の者だけである。彼はジャカルタで再就職し、コスのお手伝いをしていた女性と結婚した。

地域の変化

　2006年から2012年の間にサレンバ周辺もずいぶんと変化した。そもそも、人や店舗の入れ替わりがかなり速い。数軒あったワルテル（貸し電話業）は、おそらく携帯電話が普及したために姿を消した。筆者がよく使っていたコスの前のコピー屋や近くの雑貨屋は、流行っていたにもかかわらず店をやめてしまった。店主が別の場所に引っ越したためである。筆者の住んでいたコスの従業員で最初から残っているのも、もともと近所に住んでいる警備員の2人だけになってしまった。

　近年のインドネシアの発展は、サレンバ周辺にもよく現れている。最近特に目立つのが日系のコンビニエンスストアの進出である。筆者がサレンバに来たときには、コンビニエンスストアと言えば、中サレンバ通りにある地元系のアルファマートとインドレットだけであった。それが、数年前にインドネシア大学の向かいとマトラマンの交差点の2カ所にセブン–イレブンが現れ、つい最近は国立図書館の並びにローソンも出店した。セブン–イレブンやローソンは、店舗に飲食ができるスペースが備わっており、常に賑わっている。

　最後に、ここ数年のサレンバの変化として、「高級コス」が増加していることを挙げたい。ここで「高級コス」というのは、別に明確な定義があるわけではないが、1カ月の部屋代が150万～200万ルピア（約1万3,600～1万8,200円）くらいで、エアコン、インターネット、駐車場が備わったものを指している。そのうちの1つは、2007年に中サレンバ通りに建てられた。オーナーは、もとは筆者の住んでいたコスにいた学生の父親である。その後も、筆者が知る限り、中サレンバ通りに1軒、サレンバ・ブルンタス通りに2軒、さらに小道（gang）を少し入っていったところにも1軒、高級コスが建てられた。さらに、2012年5月にジャカルタを訪れたときには、筆者の使うコスの向かいにそれまであった民家が取り壊されて、コスが建築中だった。話を聞く限り、高級コスのようである。このように高級コスが増えたことは、筆者の使うコスにとっては競争相手が増えたことになる。新しいものと比べると、筆者の使うコスはずいぶんと古くなった印象が否めない。ところが、このコスはいつ訪れてもほぼ満室である。このことは、現在のジャ

カルタで、高級コスに対してニーズが高いことを示しているのであろう。
　　　　　　　　（山口元樹：慶應義塾大学大学院文学研究科後期博士課程）

Column　インドネシアにおけるフェイスブック現象

インドネシア社会とフェイスブックの関係

　「コメントや写真を投稿したり、友達のページをチェックしたり、フェイスブックばかりしないで、会議に集中してください。私の話を聞いてください」と、ジャワ島中部ジョグジャカルタ市のある住民コミュニティの青年グループのリーダーは、会議の参加者に対して腹を立てながら注意を促した。参加者たちは、携帯電話を操作してフェイスブックにアクセスするのに忙しく、会議にまったく集中していない。リーダーの話では、この青年グループが、インドネシアの下層社会に位置するグループであるにもかかわらず、参加者のほぼ全員がフェイスブックのアカウントを持っているという。フェイスブックは、年齢や社会階層に関係なく、インドネシアのあらゆる層に普及している。2012年現在、世界のフェイスブックの利用者総数は約10億人。フェイスブック利用データベースによると、インドネシアの利用者数は、2011年からの世界第2位から2つ順位を落としたものの、2012年現在、世界第4位である。

2012年10月現在のフェイスブック利用者に関するデータ

	国名	利用者数（人）
1	アメリカ合衆国	167,552,020
2	インド	60,279,340
3	ブラジル	60,251,160
4	インドネシア	50,148,660
5	メキシコ	39,116,500

出所：http://www.socialbakers.com/facebook-statistics/

　インドネシアにおけるフェイスブックの利用目的は、非常に幅広い。学術的な議論やビジネス、友人同士のコミュニケーションや趣味の情報共有、さらには、他愛もないつぶやきに至るまで、内容は多岐におよぶ。インドネシアのソーシャルメディア（SNS）専門家で、Q&AサイトQuoraの活動家であるダニー・ヘファーは、「インドネシアは現実世界におけるフェイスブッ

インドネシアにおけるフェイスブック現象　197

クである。われわれの文化は、共有、コミュニケーション、共同体的連帯に基づいているからだ」と述べている。

　インドネシアの有名な漫画家ミチェ・ミスラドは、ソーシャルメディアを利用し、情報や画像を投稿するインドネシア人の活動を風刺することに長けている。彼の漫画はインドネシアで最も著名な日刊紙『コンパス（*Kompas*）』の日曜版に毎週掲載されている。2012年、彼はフェイスブックをテーマにした6つの作品を描いた。まず、インドネシア人のフェイスブックのプロフィール画像について（4回シリーズ）、それから、食べ物関連のアップデートが多いことについて。そして、フェイスブックの操作に集中しすぎて、子どもが机から落下しても気がつかない家族のようすについてである。ミチェの漫画が風刺するのは、主に新興の中間層や成金たちであり、iPad、iPhone、ブラックベリーなどを介してソーシャルメディアに夢中になっている彼らの滑稽な姿である。

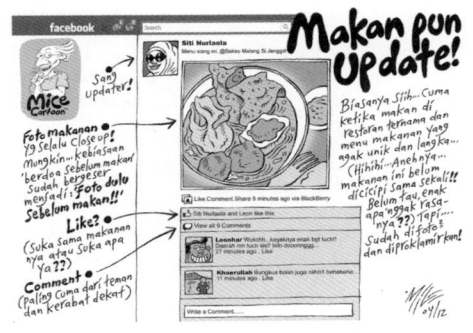

図　ミチェ・ミスラドのフェイスブックに関する漫画（*Kompas*, 1 April, 2012）

　たとえば図のように、人々がその日に食べた料理の画像をフェイスブックに投稿することについて、ミチェの観察は鋭い。彼は、フェイスブックが、人々にとって1日の初めの儀礼的な日課になっていると描写している。たしかに、人々の起き抜けの儀式は、もはや礼拝ではなく、食べ物の画像を撮ってフェイスブックに投稿することなのである。また、すてきなカフェやちょっと高くて珍しい食べ物の画像も、頻繁に投稿される。それについて「いいね」をつけたり、「それが好き」「美味しそう」などとコメントを寄せたりするのも日常のことだ。また、「画像の料理の作り方を教えてください」などというコメントも、頻繁に見かける。

　一方フェイスブックは、重要なことや緊急なことにも役に立つときがある。大事な緊急のメッセージを送って、問題解決の方法を見つけた人もいれば、久しぶりの友人との再会を果たした人もいる。それどころか、医学的な問題

解決に至ったケースさえもある。フェイスブックのこうした効用は、その多くの利用者が認めている。

　マーク・エリオット・ザッカーバーグによって開発されたこのフェイスブックによって、インドネシア人のコミュニケーションの仕方や気持ちや意見の伝え方は明らかに変化した。フェイスブックというメディアは、1990年代の携帯電話による革命以来、インドネシアで最近5年の間に起こった重要な社会現象だと言えよう。また、個人のプロフィールや画像を公開できるフェイスブックは、セルフ・ブランディングの手段であり、インドネシア人の新しい名刺だと言ってもいい。プライバシーの侵害が問題視されているものの、今やフェイスブックは確実に、インドネシア人の日常生活や社会生活の一部になっている。

ジョグジャカルタのマリオボロ通りとフェイスブック
　次に、フェイスブックがインドネシアの伝統的社会に影響を与えた事例を紹介しよう。ジョグジャカルタのマリオボロ通りは、ショッピングと観光の中心であると同時に、伝統社会の文化的中心であり町のシンボルであるジョグジャカルタ王宮につながる主要な道路である。このマリオボロ通りの道路標示の看板は、数十年の間、緑色の背景に、シンプルな白色の字体でアルファベットとジャワ文字が書かれた簡素なデザインのものだった。ジョグジャカルタ住民はみな、この道路標示にすっかり慣れきっていた。ところが2012年8月12日、この看板は新しい別のデザインのものに取り換えられた。白色の背景にカラフルな文字の書かれた、よりポップで若者好みのものに変わったのである。初めの数週間は、このような変化を、住民の大半は気にもとめていなかった。

　しかしこの新しい看板の画像が、「Yogyakarta」というフェイスブックのファン・ページに投稿されるや否や、事態は急展開した。その後2時間の間に、約3,000件のコメントが寄せられたのである（2012年9月上旬テンポ・オンラインとトリビューン・オンライン）。さらにその後数日にわたり、画像を見た人たちから数多くの反応があり、話題をさらったばかりか、ジョグジャカルタ元市長ヘリ・ズディアントからもコメントが寄せられた。「以前

マリオボロ通りの旧看板（左）と新看板（右）

の看板の方がエレガントで、ジョグジャカルタの雰囲気に合っている」という反応が圧倒的に多かった。その結果、2012年9月5日に、看板は今までのデザインのものに再び掛け替えられた。一般の人々から地元政治家までを巻き込んで、それぞれが町のデザインに物申し、実際の変革を実現したという意味で、この事例は非常に興味深い。「看板をめぐる結果についてとても満足している」というコメントも多く寄せられた。

　このマリオボロ通りの事例は、インドネシアの社会や公共の変化にフェイスブックが影響を与えうることを示す一例である。この事例から言える重要なことの1つは、公的な政策に一般の人々の意見が直接的に反映されるようになったことであり、これは今までなかった現象である。これまでにも、人々は、新聞のコラムに意見を投書したり、友人同士でさまざまな議論を行ったりしていたが、そうしたことからの変化は、たとえあったとしても、たいてい数カ月の時間が必要だった。しかし、マリオボロ通りの看板掛け替えは、フェイスブックへの新看板の写真の投稿から看板を元通りにするまでの時間がたった5日間と、非常に短い時間で成果を挙げた。政治家も住民も、多くの人が直接関与しながら、しかも短時間で問題解決に成功したのは、フェイスブックの役割のおかげと言うことができよう。

ジャカルタ首都特別州知事選挙とフェイスブック

　2012年のジャカルタ特別州知事選は話題性のある選挙だった。当選したジョコウィ（本名ジョコ・ウィドド）は、中間層以下の貧困層に多くの支持者を有した元ソロ市長であり、また彼の相棒で副知事になったアホック（本名バスキ・チャハヤ・プルナマ）は中国系で、キリスト教プロテスタント信者である。現職であり、強力なライバルであったファウジ・ボウォ（別称フォケ）を破ったジョコウィの決定打の1つは、中間層に照準を当てたフェイスブックとツイッターの利用であったと評価されている。フェイスブックは、2008年のアメリカ大統領選において、オバマを勝利に導く大きな役割を担ったとされるが、インドネシアの政治活動においても、有効な装置であることが証明されたのである。

　今回の州知事選は、7月に実施された第1回投票で、立候補した6組のうち過半数を獲得した組がなかったことから、9月に上位2組による決選投票が行われた。そして、この決選投票で、ジョコウィとアホックという話題性にあふれるペアが当選するに至った。これまで、インドネシアの首長選では、大政党の支持を受けたムスリムが選ばれることが大半だった。今回のように、ジョコウィ・アホック組のような候補者が選出されることはとても珍しく、それゆえ、全国的に大いに注目を集めた。

　ジョコウィは飾らない、あるいは垢抜けないとも言えるような人物である。演説の中で彼は、「見た目が質素なので、よくアシスタントと間違えられる」ことを認めている。ジョコウィは、権威を振りかざすインドネシアの一般的な指導者像からはかけ離れている。ソロ市長時代には、新しい数々の政策を導入し、成功を収めた。ジャカルタ市民は、信望厚いソロ市長だったジョコウィに「新しいジャカルタ」の創設を期待した。決選投票でジョコウィ＆アホック組を支持した政党は、野党の闘争民主党とゲリンドラ党だけであり、一方、大政党連合（民主党、ゴルカル党、福祉正義党、国民信託党）は、フォケ＆ナラ（本名ナハロウィ・ラムリ）組の支持に回った。ジャカルタ市民たちは、ジョコウィ＆アホック組を支持し投票することで、既存の権力との戦いも意識していた。だから今回の選挙は、数カ月間、インネシア国民の、とりわけジャカルタ市民の関心を集め続けた。ジョコウィは、独立で自由な精神

を持ち、新しい歴史をつくることを望んでいる「反体制的な」若者層からの共感を得て、支持された。ジョコウィ＆アホック組の選挙運動チーム代表のボイ・サディキン（1960年代後半から1970年代にかけ10年以上にわたりジャカルタ州知事を務めた故アリ・サディキンの息子）も、ジョコウィ＆アホック組の原動力となったのは、特定派に属さない、徒党を組まない、独立的な青年たちであったと述べている。

　第1回投票でも決選投票でも、ジョコウィ＆アホック組の選挙運動は、これまで他の候補者が行ってきたものとは異なっていた。普通、候補者は巨大な立て看板や横断幕やテレビコマーシャルを利用するが、彼は「もっと安上がりで、もっと人間的な選挙運動をしたい」と繰り返し言った。ジョコウィは、より簡素で、安価な選挙運動を望み、フェイスブックなどのソーシャルメディアを積極的に用いたのである。

　ジョコウィの支持者たちは、ボランティアで同ペア支持のビデオメッセージを作り、ユーチューブに投稿した。同ペアを謳ったパロディソングや、「ジャカルタを救おう」というオンラインゲームも作られ、ツイッターやフェイスブックに投稿され、拡散した。また、ジョコウィをこれまでの元知事たちと比較し、自分のフェイスブックやブログに投稿したり、コメントを交換したりする支持者も多くいた。ジャカルタ以外に住む人たち（多くは海外にいる人たち）も、コメントやブログを投稿し、ニュースのリンクやビデオなどを共有したりして、ジョコウィ支持を示した。若者たちが、ジョコウィ＆アホック組のトレードマークである格子縞シャツを着て、ジャカルタ中心地のインドネシア・ホテル前のロータリーに集合して、踊ったり歌ったりする姿も、ビデオに撮影されて、投稿された。この赤、白、黒の組み合わせの格子縞シャツは、ジャカルタ市内のショッピングセンターで「ジョコウィ・シャツ」の名で販売された。投票の前日には、多くの支持者がこの「ジョコウィ・シャツ」を着て、家族で写真を撮り、画像をフェイスブックにアップした。決選投票の当日には、より多くの支持者が、「ジョコウィ・シャツ」を着て投票に行き、ジョコウィへの支持をより直接的に示したのである。

　ジョコウィとアホックのフェイスブックのアカウントは、彼らの選挙運動チームによって管理され、常に情報が更新され、ジョコウィ＆アホック組の

支持拡大に大きな役割を果たした。もちろん、フォケ＆ナラ組もフェイスブックを使わなかったわけではない。しかしながら、第1回投票の2カ月半前、コンパス・オンライン2012年4月24日の情報によれば、ジョコウィ＆アホック組のファン・ページは18,721人の支持者を集めていた一方、フォケ＆ナラ組は、2,862人の支持者しか集められていなかった。そしてその後も、ジョコウィ＆アホック組のファン・ページには、より多くの支持者が集まっていった。ジョコウィ＆アホック組は、フェイスブックを使った選挙運動で、フォケ＆ナラ組に圧倒的に勝っていたのである。

決選投票の結果、得票率は54%対46%（ジャカルタ選挙委員会発表）でジョコウィ＆アホック組が当選し、ジョコウィはジャカルタ特別州の新しい知事になった。ジョコウィ＆アホック組の当選は、インドネシア政界における新しい政治現象である。おそらく、こうした現象が将来にわたって展開していくことだろう。

フェイスブックとインターネットビジネス

今度は、東ジャワの地方都市ジョンバンでドーナツ屋「ロシュベリー・カフェ」を経営するロシダの話をしよう。「わたしのドーナツのレシピは田舎風だけど、マレーシアのような海外でも売れているわよ」と、ロシダは言う。彼女が自分のフェイスブックに投稿したドーナツの画像は、とても美しくて、美味しそうだ。彼女はジョンバンでドーナツカフェを経営しながら、自分のフェイスブックのページでパンやビスケットやインスタントドーナツミックスなどドーナツ関連の商品を紹介し、ネット販売も行っている。フェイスブックを閲覧した人は、フェイスブックを通じて彼女にメッセージを送るだけで、商品を注文できる。ロシダは、フェイスブックを利用したビジネスに成功した起業家である。当初ブロガーとして活躍していた彼女は、その後、フェイスブックを利用することで事業を展開した。彼女はまた、自分のサクセスストーリーの写真や、自分に関する新聞記事や各種受賞の報告も、フェイスブックに掲載し、ビジネスの拡大に生かしている。

ロシダのように、フェイスブックをビジネスのために利用している人は、たくさんいる。フェイスブックを通して頻繁に取引されるのは、携帯電話や

洋服、靴、ムスリム女性のヴェール（ジルバブ）、鞄またはアクセサリーなど、主にライフスタイルに関連する商品である。フェイスブックを介した商売や広告には詐欺的なものがあると言う人も多い。しかし、ロシダのように、フェイスブックを通じたビジネスを成功させ、財を築いた人も存在するのである。

プロバイダーテルコムセルのフェイスブック専用接続カード

　日本と違い、インドネシアでは、人々の間の経済格差が大きいが、フェイスブックの利用は現在、あらゆる階層に広まっている。それは、携帯電話を介したフェイスブックへの接続費用が、安く抑えられていることに起因する。インドネシアでは、携帯電話にフェイスブックやツイッターのアプリが統合されており、格安なプリペイドシステム（月額約2万5,000ルピア：約227円）でネットへの接続が可能なことから、携帯電話経由のSNS利用者が大幅に増えている。スマートフォンやパソコンを持てない中間層よりも下の階層の人々でも、フェイスブックへのアクセスが可能なのである

フェイスブックの将来

　フェイスブックは現在、インドネシア人のライフスタイルの一部を占める。人々の生活領域へのフェイスブックの導入は、よくも悪くも社会的な影響が大きかった。かつて人気を博したFriendsterやMultiplyなどのソーシャルメディア・アプリが、すでに姿を消したように、フェイスブックの人気もいつまで続くかはわからない。しかし少なくとも今後数年間は、人々はフェイスブックを利用しつづけるであろう。

　フェイスブックの否定的側面として、そのオープンシステムによる、利用者のプライバシーの侵害の危険があり、それがときに大きな問題や犯罪を生み出すこともある。フェイスブックで知り合ったことをきっかけにレイプ事件のような極端な事件に発展したり、また、不倫や引責解雇などをフェイス

プロバイダーXLのフェイスブックへの無料接続広告

ブックが誘発するケースもある。

　フェイスブックには、明らかにコインの表裏のような善悪両方の側面がある。現在のところ、インドネシアでは中国でのように、フェイスブックが禁止されているわけではない。しかし、ウラマー（イスラーム知識人）の中にはフェイスブックをハラーム（禁忌）とする見解を述べる者もいる（コンパス・オンライン、2009年5月22日）。その一方で、フェイスブックを利用して説教を行うウラマーも多い。著名なウラマーの1人、ユスフ・マンスルは、自分のフェイスブックのページに写真やコメント、ビデオを投稿し、オンライン上の宣教（ダアワ）を実施している。

　フェイスブックが、「人の繋がり」を作るのに有効なツールであることは間違いがない。しかし、インドネシアのフェイスブック利用者たちは、はたしてそれを「将来に繋がる」ものとして使っているだろうか。それが検証されるには、もう少し時間が必要なのである。

（メタ・アストゥティ：ハサヌディン大学文学部講師）

Column　都市カンポンの携帯電話事情

　南ジャカルタ市の都市カンポンでは現在、多くの住民が自分専用の携帯電話を所持している。高校生や中学生の多くが携帯電話を手にして、友達同士でおしゃべりをしている姿も目に入る。インドネシア全体での携帯電話の普及率が80％を超えていることを考えれば、このような光景が見られることは決して不思議ではないだろう。では、中低所得者が住むとされているこの都市カンポンで住民たちはどのように携帯電話を利用しているのだろうか。

　まずは彼らが使っている携帯電話端末とSIMカード（特定の電話番号が登録されているICチップ。これを差してはじめて携帯電話の通信機能を使うことができる）の種類について紹介したい。インドネシアでは他の多くの国々と同様に、通信事業者に関係なく携帯電話端末は自由に選べるようになっている。インドネシア全土で見てみるとiPhoneやブラックベリー（BlackBerry）が人気であるが、前者が600万〜700万ルピア（約6万6,000〜7万7,000円）後者が300万〜400万ルピア（約3万3,000〜4万4,000円）という良いお値段である（以下日本円は2011年当時のレート換算）。インフォーマル・セクターで働く人がまだまだ多いこの都市カンポンでそれらは高嶺の花であり、持っている人はごく少数だ。

　ここで人気なのは、ノキア（NOKIA）やサムスン（SAMSUNG）の中でも高速通信3Gに対応していない旧式の機種である。また、CDMAと呼ばれる通信方式専用にサービスを展開する通信事業者エシア（esia）の専用端末の利用者も多い。インドネシアのほぼ全土で採用されている通信方式はGSM（ほとんどの端末はGSMのSIMカードに対応している）であるが、ジャカルタなど一部ではCDMA方式も使われている。GSM方式に比べ、通信料が安いため、ジャカルタ市内通信専用にエシアを持っている人は少なくない（エシアの端末は、エシアのSIMカードしか対応していない）。住民の多くが使用している端末の値段は、それぞれ異なるが、100万ルピア（約1万

1,000円）を出せば買えるものがほとんどだ。サムスンの中でもSMS（Short Message Service）と通話だけができる一番安い端末であれば、だいたい20万ルピア（約2,200円）くらい出せば買うことができる。また上述のとおり、インドネシアでは端末とSIMカードはそれぞれ独立しているので、古くなった型番の端末を他人に売ったり譲渡したりすることが可能だ。家族や友人から譲り受けた端末を使っている住民も少なくない。

　次に通信事業者についてだが、現在登録されている通信事業者は10弱ある。その中でも筆者の調査地（南ジャカルタの都市カンポン）で一番人気を誇っているのは、GSMの中ではシンパティ（Simpati）だ。これは、国内最大手の移動体通信事業者であるテレコムセル（Telkomsel）社が提供するサービスである。シンパティを選ぶ理由を住民に聞いてみたところ、他の事業者と比べて電波状態が良い、安心感がある、家族がシンパティを使っている（同じ通信事業者間の通信は異なる事業者間のそれよりも安い）という答えが返ってきた。難点は、通信料が他と比べてすこし高いことだそうだ。たしかに、筆者もいろいろなSIMカードを手持ちの携帯電話に入れて試してみたが、シンパティが一番、通話相手の声が聞きやすかった。といっても、差は微々たるものだと感じたが……。テレコムセル社のシンパティの次に抜きん出て人気のあるSIMカードブランドはなかった。列挙しておくと、インドサット（Indosat）社が提供するムンタリ（mentari）やIM3、XL、などが有名どころである。各社さまざまにパケット（定額制の割安プログラム）を作り出して利用者を取り込もうとしている。インドネシアではほとんどの携帯電話がプリペイド式であり、プルサ（Plusa、いわゆる度数のこと）を入れた金額の分だけ、携帯電話を使うことができる。1度に入れる金額は5,000ルピア（約55円）から5万ルピア（約550円）まで選ぶことができるが、多くの住民が5,000ルピアや1万ルピアという少額をこまめに入れていた。1カ月にプルサに使う料金は数万ルピアの人が最も多く、10万ルピア（約1,100円）を超える人は稀であった。

　このように端末とSIMカードを手に入れたら、さっそく携帯電話を使い始める。まず、彼らが一番使っている機能はSMSである。至るところで皆カチカチと携帯電話のキーを打っている。相手は家族や友達、遠くに住む親

戚が多いという。中高生の中には学校の先生と SMS を送り合っている人もいるとか。SMS が使用される頻度と比べると通話する機会は少ない。何といっても通話料は SMS の通信料よりもはるかに高い。緊急の場合にしか通話しないという声も聞かれた。使用する相手は主に家族が多いそうだ。ほかに使われている機能はゲームのアプリやフェイスブックだ。携帯電話でインターネットを使うとしても、フェイスブックしか見ないという声は多かった。都市カンポンの中では少数派ではあるが、携帯電話を使ってイーバンキング (e-banking) を利用しているという住民もいた。といっても、それで振り込みをするというよりは、給料がきちんと入っているかの確認程度にしかまだ使っていないという。

　今まで見てきたように、都市カンポンの住民たちの中では、使用する端末機種、SIM カード、機能のどれをとっても多様化している。パーソナルメディアとして個人がそれぞれの経済状況や嗜好に合わせて携帯電話を使いこなしている状況が見えてくる。しかし見栄を張りたがるところも少しある彼ら……。もうしばらくしたら、iPhone やブラックベリーをみんなで競って買い、インターネット三昧になるかもしれない……。

　　　　（井桁美智子：東京外国語大学大学院総合国際学研究科博士前期課程）

第3部
教育・文化の変容

第6章

消費行為としての教育
―― 次世代に託す希望

倉沢愛子

第1節　はじめに

　一般に流動性のある社会においては、教育が社会階層上昇のための最も顕著なツールであると見なされている。インドネシアではオランダ植民地下においては、一定の社会階層（たとえばジャワではプリヤイ）の者しか役人やオランダ企業の事務職員など、ホワイトカラー的な仕事に就く機会が与えられていなかったため、農民の子はいくら教育を受けても農民で、身分上昇の可能性はほとんど閉ざされていた。徳川時代の日本も同様で、科挙試験などを通じて立身出世の機会があった中国社会とは対照的であった。

　インドネシアは独立以後封建的特権階級が徐々に消滅し、能力に基づいた登用形態が一般的になってきた。特に国づくりに総力を投入していた独立直後の時代には、能力のある人間を新たに大量に必要としていたため、身分上昇の機会は多かった。しかしそれも一段落したのち、あまり民間セクターの産業化が進まなくなると、いくら能力があろうともまた高い教育を受けようともチャンスが少ない時代がやってきた。

　スハルトの開発優先政策が始まり、高度成長の時代になると、再び状況は変わってきた。ホワイトカラー的な就業機会が増えただけでなく、その中でより高度な能力や技術を必要とする専門職的なものと、単なる給与所得者と

に分化していった。厳しい競争社会が出現し、単に高等教育を受けさえすればよいという状況から、少しでも高い社会的地位を求めてより有名な、より偏差値の高い大学を模索するようになる。

おそらく今インドネシアはそのような、ただ高等教育さえ受ければそれでよいという時代ではなくなってきている。大学の数は 2010 年現在で 3,011（4 年制 513、短大 2,498）校にも及び、また国民の 17.5% が高等教育を受ける時代である。単に就学率を高めるだけの時代は終わった。教育の質が問題になってきているのである。少なくとも上昇志向の高い人々の間ではそうである。もちろんその一方で、依然としてそのような競争の外に置かれたままの子どもたちもおり、社会は二極分解しつつある。ただ上昇に向けて激しい競争にさらされるというのは、決して経済的に上層階級の子どもたちだけに限らないというところに興味深い現象が見られる。競争の世界に身を置くか否かは、経済力よりも（絶対的貧困層を除けば）むしろ多分に親の「意識のありよう」や、世相に対する敏感な反応などによる。

本章においては、経済力という点では決して大きくない都市の路地裏(カンポン)住民の間に見られる異様なまでの教育熱を、さまざまな現象として捉えて紹介する。そしてさらに、今回取り上げる路地裏(カンポン)で筆者が最初に調査を始めたとき（1998 年）にまだ小中学生だった何人かの子どもたちが、教育を受けて成長し、現在をどう生きているかを 5 人の例を取り上げて紹介する。彼らは、筆者が『ジャカルタ路地裏(カンポン)フィールドノート』（中央公論新社、2001 年）と題する著作ならびに 2006 年の論考において「上昇志向の強い疑似中間層——カンポンの中間層"志願者"たち」として紹介した家庭およびその周辺から育ってきた若者たちで、その 10 年の歳月を経て成長した現在の姿を報告したい。

本章においては、2001 年ならびに 2006 年の著作の調査地と同じ居住空間を取り上げて、同じ住民たちを対象として、この 10 年間に起こった消費をめぐる諸変化の調査結果を報告する。今回の調査は、毎年の定点観測の中で更新し続けていた住民の悉皆調査のデータをもとに、相対的に経済的余裕があると判断した、子育て中の若い夫婦たちとの対話と、住民の生活観察を

第 6 章 消費行為としての教育　213

中心にしている。また関連教育機関の関係者からの聞き取りも交えている。

第 2 節　調査地の概要

　本論に入る前に調査地とその住民の概要について、その変化を視野に入れながら紹介しよう。調査地はジャカルタ市の南郊、レンテンアグン町（Kelurahan Lenteng Agung）にある世帯数 200 戸ほどの隣組(エル・テー)である。開発政策が始まるまでは、都心部に供給する果物などを栽培していた近郊農業地域で、緑豊かな土地に数家族がゆったりと生計を立てているのどかな地域であった。

　ジャカルタ都心部からの距離は約 25 km。渋滞に悩み、通勤に 2 時間近くかかることも不思議でないジャカルタにあって、この地域の利点は、市内に 2 線しかない通勤電車の線路沿いにあり、それに乗れば都心部まで 30 分程度で行かれるということである。そしてこの隣組(エル・テー)は、レンテンアグン駅から徒歩十数分のところにある。

　レンテンアグン町周辺は、1987 年に国立インドネシア大学が、都心部からこの町に隣接するデポック市（西ジャワ州）に移転してきて以来、その影響を受けて大きく変化した。閑散とした田舎町であったデポック市は、トップクラスの学者・政治家を輩出してきたこの国の頭脳の中心とも言えるこの大学機構を受け入れて以来、ちょうど筑波学園都市のようにすっかり知的な空間へと様変わりした。都心を離れて大学の周辺に居住するようになった教員、職員、学生そして彼らを対象として住宅やモノやサービスを供給する人たちでふくれあがり、新興住宅地、ショッピング・モール、レストラン、大型書店、旅行社、銀行などが数多く出現した。

　経済発展に伴う通常の人口増加に加えて、この学園都市デポック市の繁栄に牽引された形で、レンテンアグン町の人口も増加した。開発政策下、都心部の路地裏(カンポン)が取り壊しになり、そこの住民や、従来そのような地域が吸収していた地方からの移住者が雪崩のようにこの地域に入り込み、急激に人口が増えていったのである。今では、法令が規定する都心部の隣組(エル・テー)の標準的な世帯数（約 50 戸）を大幅に超過した約 200 世帯が居住している。

この隣組の住環境や生活インフラの状況を見ると、これは10年前とほとんど変わりがない。今も昔もごく一部（数軒）の道路に面した住宅を除いてあとは、四輪車が進入できないような幅1m程度の路地に面している。電気は1974年以来レンテンアグン町全域で通っているが、水道はどの家にもなく、井戸を掘って地下水をくみ上げている。一部の比較的裕福な家ではポンプで地下水をくみ上げ、家の中に通したパイプに蛇口をつけて使っており、「流れる」水にアクセスできるが、それ以外の家では、つるべで井戸水をくみ上げ、それを家に運んでカメなどに蓄えている。トイレは、一応「水洗」ではあるが、傍らに溜めた水を手桶で汲んで便器を洗う手動式である。流れていった汚水は浄化処理されず、家の近くに土を掘って設置したタンクに溜めておく。そして満タンになると市の清掃局の委託業者がバキュームカーでくみ取りに来るのである。水浴びはやはり溜めておいた水をすくって身体にかける。その汚水も台所用の汚水も、下水道がないので、家の脇に作った側溝に垂れ流しである。このような住環境、とりわけ水回りのインフラは10年前も今もほとんど変わっていない。それに加え、住宅そのものもまったく建て替えられておらず、一部リノベーションされた家はあるものの、隣組の中心部の景観はほとんど変わっていない。ただ、人口増に対処するために、川沿いの急な傾斜地まで整地して小さな家が新たに建てられるようになり、住宅軒数はさらに増え過密化が進んでいる。

　住民は相対的に豊かな持ち家所有者と、小規模な長屋に住む賃貸者に分けられ、2001年の著作調査のときには、前者が59世帯、後者が106世帯であった。

　持ち家に居住している世帯は、給与所得者や自営業者など相対的に経済力のある世帯が多いが、一方地元の住民で先祖伝来の土地を相続して所有しているにすぎない者もいる。後者は必ずしも、フォーマル・セクターで働き安定した収入を得ている者ばかりではない。

　一方賃貸している者は、相対的に貧困家庭が多い。フォーマル・セクターで良い収入を得ているにもかかわらず、一時的な居住であるため住宅を借りているという者もいないわけではないが、数はきわめて少ない。多くの賃貸用長屋は、ひと間だけで水周り（台所、トイレ、水浴びならびに洗濯場）が共

同というようなきわめて劣悪な住環境である。

　10年前と比べて今回目についた大きなデモグラフィックな変化の1つは、「地の人」と「外来者」の境目があまり明白ではなくなってきたということである。開発が始まる以前から居住していた、本来の意味の「地の人」（世帯主の夫婦のいずれかがそれに相当する世帯）は、2001年の著作執筆の段階ではわずか12%（倉沢2001：101）であった。しかも彼らと「外来者」の社会的・文化的相違はかなり明確であった。ところが、現在では、この隣組(エル・テー)内で生まれ育った者が世帯主となっているケースが非常に多くなっていて、その中には「外来者」の子どもたちあるいは孫たちと「地の人」の子ども・孫たちの双方がいる。彼らの二代目、三代目は結婚後も引き続き同じ隣組内に居を構える傾向があり、親の家を半分に仕切ったり、増築したり、あるいは近くの賃貸住宅を借りて住む場合もある。先祖をたどれば「地の人」ではないものの、出生地はこの隣組(エル・テー)であり、この地に帰属意識を持っている者の割合がかなり多くなってきているのである。以下、この隣組(エル・テー)周辺で見出された子育てや教育にまつわる住民の対応を見ていきたい。

第3節　教育は2歳児から——幼児教育にかける熱

1　華やかな誕生会

　この調査地を歩きまわっていたある日、同じ一角にあるビンタン・プレイ・グループ（本節2項、3項で詳述）で園児のリスキー君の誕生会があった。この幼稚園兼プレイ・グループはバイクがやっと通れる程度の細い路地に面した民家の、10 m²ほどの表玄関のテラスと、入口を入ってすぐの小さな応接間を使って開設されているものだが、調査対象の隣組(エル・テー)の子どもたちがたくさん通っている。その日は通常の活動は全部中止してお誕生会に振り替えられ、リスキー君の両親がケーキを持ってやってきて、すべての子どもたちが分けて食べ、帰りには、一人一人にきれいに包装したお土産を持たせていた。インドネシアでは、誕生日は、学校などで皆が祝ってくれる場合でも本人の方がケーキやごちそうを持って行って振る舞うのが常である。また参加する方の幼児も、多くは着飾った母親が同伴で同じように綺麗に包装されたプレ

ゼントを持って来ていた。リスキー君の父親が終始ビデオカメラをまわし、また会が終わったときには、全員で記念撮影をしたが、何台ものデジカメがフラッシュをたいていた。

　それから間もないある日、同じ隣組の昔からの住人である、ヤシン夫人（1950年生まれ、未亡人）の妹（すぐ隣接地に最近引っ越してきて家を建てて住んでいる）の2歳のお孫さんの誕生会が彼女の自宅で行われているところに出会わした。それは近隣や親戚の子どもたちをなんと85人も招待（市販の誕生会招待用のカードを使って招待状を発送）した大規模なものだった。招待した子どもの数が85人ということは同伴の親も入れると大変な数になる。日本でも高度成長期の頃から、親しい友人たち数人を招いて母親の手作りのケーキで誕生会をということが中産階級の間で始まってはいたが、85人も招くなどということはありえない。ヤシン夫人は、30年ほど前に都心の住居が再開発のために立ち退きになり補償金をもらって移ってきて、隣組内では比較的大きな家を建てて住んでいたが、それでも、日本的な感覚から言うと、85人もの人を収容できるようなサイズではない。しかしたとえすし詰めでも隣組内全部の人に等しく声をかけないと何かと面倒なことになるのかもしれない。このときは、ヤシン夫人が焼いたバースデーケーキとロントン・サユルという料理、それにいろいろな果物のエッセンスを混ぜて作ったシロップを出し、隣組所有のサウンドシステムを借りて歌などを歌い、帰りには、出席者一人一人に持ち帰ってもらう記念品を配っていた。ビンタン・プレイ・グループで見かけた光景と同じである。

　これらは豊かな中間層の住む住宅街の出来事ではない。低所得者たちが住む集住地区での話である。誕生日を祝うという習慣は昔からこの国にあったとは思えない。村の古老たちから聞き取りをしていた頃、彼らが生まれた年号すら覚えていなくて、欧米のカレンダーによる月日も承知していなかったことを思い出す。この国では出生証明書をきちんと取得するようになったのはつい先頃のことである。そういう文化の中で、誕生日を祝うという発想は、おそらく欧米の習慣を導入したものとしか考えられない。人生の節目節目で共に集って共に食する宴を開催し安全や繁栄を祈願するという慣行（スラマタン）はあったが、それとこの近代版誕生会とは筆者の目にはまったくイメ

ージの異なるものとして映った。毎年誕生日に当人の方がケーキや記念品を用意しなければならないとすれば、このような低所得の人たちにとってはその負担も馬鹿にならないのではないかと思う。

　欧米化した文化をまねることによって、知識人階層に近づいたという幻想をいだいているのかもしれない。お金もかかるし、心のどこかで面倒くさい（repot）と感じながらも、そうすることによって近代的生活スタイルを取り込んでいるという満足感があるのかもしれない。そして、こういう交流の中で小さいときから社会性を身に着けさせるのだという親たちの説明には説得力もあった。

　スハルトによる開発体制時、インドネシアでは、国家主導で家族計画が推進され、「子どもは2人で充分」というコンセプトがかなり定着してきた。一方、予防接種の普及や、幼児の健康管理などのおかげで乳幼児の死亡率は減少しており、出産した子どもの大部分は無事学齢に達している。つまり「少なく産んで大事に育てる」というコンセプトが強く出てくるとともに、子どもたちには「自分たちのような苦労はさせたくない」という気持ちから、可能な限りのお金を注ぎ込むようになった。誕生会などは副次的なものであり、じつはもっと大きなお金が「教育」に対して惜しげもなく支出されるようになった。子どもの教育は、最も確実な投資であり、自分たちの世代の社会階層から彼らをさらに一歩前進させるための手段である。学校教育だけでなく、社会的交わりにおいてスムーズな人間関係を構築できるように、また信仰豊かでクルアーンの理解を深く身に着けた人間に育つように、知育・徳育ともに立派な人間に育て上げることが大切だと考えられるようになった。子どもは労働力と見られていた時代から、大事な次世代の希望へと変わっていったのである。この家族計画世代として1980年代、90年代に生まれた子どもたちが今や親になり、子育てを始めている。以下に述べるようなこの新しい世代の教育に対する視座はどのように変化してきているのであろうか？　どのような現象が見出され、人々はそれにどう対応しているのであろうか？

2 PAUDという概念

　子に対する親たちの夢を実現するためのファシリティーやプログラム――すなわち教育産業――があちこちに誕生しているが、今回新しい現象として筆者を驚かせたのは、政府の提唱によって進められている「2歳児からの教育」である。つまり幼稚園児よりもさらに年齢の低い幼児を対象とするPAUD（Pendidikan Anak Usia Dini：幼児教育）と総称されているものである。乳幼児期の成長がその後の生活に与える影響は大きいため、早い段階から何らかの教育を開始すべきである、という考え方から、2003年の教育文化大臣令でその実施を定めたもので、教育文化省においては、学校外教育を扱う総局の下にPAUD（幼児教育）局が置かれ、これを統括した。同局の説明によれば、認識力、言語力、体育、社会性、情緒などのあらゆる分野において子どもの発育を高めることをめざしており、2～4歳の幼児の35％、0～6歳の乳幼児の53.9％が教育を受けることができるようにすることを目標としているという（同省刊行の冊子による）。

　教育文化省の組織の中では、PAUD局の下にプレイ・グループ（インドネシア語で正式にはクロンポック・ブルマイン Kelompok Bermain、略してKBと呼ばれる）、託児所（Taman Penitipan Anak: TPA）、そして踊りや武道など各種の「習い事」のための塾（学校）をそれぞれ統率する課が置かれている。いずれの教育施設も現在のところほとんどが民営で、政府はその開設を背後から奨励しているにすぎない。

3　プレイ・グループ

　その中で最近至るところで目につくのはプレイ・グループで、上述のとおりインドネシア語で正式にはクロンポック・ブルマインというのであるが、住民たちは通常英語の呼称を使っている。前述のリスキー君の誕生会が開催されていたのも、近所のプレイ・グループだった。プレイ・グループは、場所や設備に関する条件、指導教員の資格、教育内容などについて特に規定がないので、自宅の一角に多少のスペースを持っていれば誰でも開設できる。そのために雨後のタケノコのようにここ数年拡大している。「1つの町内会（いくつかの隣組をまとめて作った上位組織。インドネシア語ではRukun Warga

といい通常 RW と訳す）に 1 つの PAUD」を目標にしているということで、現在筆者の調査地の町内会内には 10 ある隣組(エル・テー)中、7 つにプレイ・グループが開設されている。そして、それに対する関心が経済的に余裕のある中間層だけでなく、路地裏(カンポン)の人たちの間にも広まっているのである。

ビンタン・プレイ・グループの授業風景
（筆者撮影）

　筆者の調査地から最も近いプレイ・グループは、この隣組(エル・テー)が属する町内会の会長夫人が開設した上述のビンタン・プレイ・グループである。この夫人は、教育文化省幼児教育局の元職員だったことから、退職後の 2003 年に、近隣に先駆けて幼稚園兼プレイ・グループとして自宅で創設したものである。たまたま長女が幼稚園教師としての資格を持っていたので、別の幼稚園で教えるあい間に母を手伝い、母子の手作りでスタートした。

　当初はまだこのあたりにはほかにプレイ・グループが少なかったこともあって、40～50 人ほどの子どもたちがコンスタントに集まった。その後あちこちに同様のものができてきたために、現在では人数は幼稚園とプレイ・グループ合わせても 20 名程度に減ってしまった。そして親たちはより高額でも、あるいはより遠くてももっと良いカリキュラムを提供するところを求めて散っていった。

　ビンタン・プレイ・グループは、入学金 70 万ルピア（約 6,300 円）、月々の支払いは、「豊かな家庭」の場合は月額 5 万ルピア（約 450 円）、母子家庭その他園長が貧困家庭と認定した家庭の子どもは 1 万 5,000 ルピア（約 135 円）という安い料金で開設しているため、経済力のない家庭にとっては重要な場所となっている[1]。

　現在園長の娘は本業の幼稚園教師に専念し、このプレイ・グループの教員としては、近くに住む大卒のパダン人女性[2]と、学歴のない補助教員 1 名が雇われている。開園時間は、4 歳以上の幼稚園（TK）年齢の子どもたちは 7

時30分から9時30分の2時間、それより小さい子どもつまりプレイ・グループの年齢の者は月水金の9時30分から11時の1時間半である。

　統計的な数字はないが、現在筆者の調査地ではほぼすべての5～6歳児が幼稚園に通い、さらに、3～4歳児の多くがプレイ・グループに通う傾向が見られる。それらのプレイ・グループでは、ちょうどわれわれがABCDの歌でローマ字を覚えたように、インドネシア語の歌を歌いながら、文や単語を覚えていくという教育が行われている。ビンタン・プレイ・グループでは英語の単語を覚えるための歌も教えていた。イスラーム系のアル・カリファ・プレイ・グループ（後述）では、イクロと呼ばれる教授方法でアラビア語の学習も取り入れられている。

　このビンタン・プレイ・グループと並んでもう1つこの隣組の子どもたちが大勢通っているのは、タマン・バチャ・アナック・サヤンという読み書きの速習に重点を置く幼児対象の教育施設である。これはプレイ・グループとは呼ばずに、「タマン・バチャ」、すなわち「読み方の園」という用語を使い、子どもたちは毎日好きな時間に10～15分程度やってきて、先生と一緒にインドネシア語のテキストを音読して帰るというものである。イスラーム系の組織の運営になるもので、ポノロゴのイスラーム塾ゴントル出身の創設者が、マレーシアで速読法を学んできてそれを導入したのだという。ここで開発されたペンマンシップを使って、幼児でも4ヶ月で読み方を一通りマスターし、その後は書き取り（ディクテーション）の授業に入る。新しいメソッドの導入というと、なにやら日本の公文を想起させる。1人にかける時間も短いので入学金7万ルピア（約630円）、月額3万ルピア（約270円）、

---

1) 当初は政府から教員1人当たり月額10万ルピア（当時のレートで約1,350円）の補助金があったが、その後PAUDの数が多くなり賄いきれなくなったため廃止された。現在月謝による収入は教師と事務職員の給与を払うだけでせいいっぱいだと言う。2003-2004年には、申請書を書いて受理され世界銀行から設備充実のために350万ルピア（約4万7,300円）の補助金を支給された。
2) この教師のユスナリさんは、パレンバンのイスラーム大学を卒業し私立学校の教員をしていたが結婚を機にジャカルタへ移り、9年前にレンテンアグンのこの町内会内に居を構えた。4人の子どもを育てながら、育児と両立する仕事を、ということで、近隣で働けるこの仕事を選んだ、このPAUDで教えるのは午前中の2時間ないし3時間半であるが、そのほかに自宅で計60人ほどの子どもたちにクルアーンの読み方を教えている。

第 6 章　消費行為としての教育　221

と費用も安い。したがってほかの幼児教育施設と掛け持ちする子どもたちも多い。

　上に紹介した 2 つの教育施設は授業料が非常に安く、低所得者の子どもたちでも入れるようなものであるが、もう少し余裕のある者、あるいは、野心的な親は、大きな資本力と施設、そして魅力的なカリキュラムを持った、より充実した施設を選ぶ傾向にある。中にはフランチャイズのものも登場してきた。これらは、本格的な建物と広いスペースを確保し、多くの有能な教師を集め、事業展開している。

　調査地の隣組の近くではそのような 1 つとして、レンテンアグン駅（徒歩で約 10～15 分）前の銀行のビルの地下に、タレンタ・キッズという施設がある。ここは、申込金 17 万 5,000 万ルピア（約 1,590 円）のほかに、施設費や活動費等さまざまな名目で年間 470 万ルピア（約 4 万 2,700 円）も必要で、これは調査地の隣組の多くの世帯の 2～3 カ月分程度の収入に相当する。

　さらにもう 1 つ、イスラーム系フランチャイズで全国に 85 校を持つアル・カリファ学園がある。これは、調査地の隣組から徒歩で 30 分ほどのレンテンアグン町役場近くの大通りに、2011 年に開園した。このプレイ・グループは、入園金が 150 万ルピア（約 1 万 3,500 円）、年間教育費が 350 万ルピア（約 3 万 1,500 円）、それに加えて月額授業料が 30 万ルピア（約 2,700 円。ビンタンの 6 倍、タマン・バチャの 10 倍）と、かなり高額であるが、住宅の一角ではなく、専用の大きな敷地に建物を建て、良い環境を整えている。現在 7 名の児童に対して教師は 5 名いる。創立者は企業家精神についての著名な本を出版した人物で、企業家精神を持った有能な人間を育てるというコンセプトのもとに幼児教育も行っているという（園長ブンダ・マミーさんとのインタビューならびに同園のパンフレットより）。

　小さいときからプレイ・グループなどの幼児教育施設に通わせる理由を親に尋ねると、小学校入学までに読み書き・計算などの基礎学習の力をつけさせる必要があるので少しでも早くできるようにさせ、小学校へ上がったときには優位な立場に立たせたいということと、小さいときから周辺の多くの子どもたちと交わり、社会性を身に着けさせたいという回答が多かった。このように単に幼児期に頭脳の啓発を図るというだけでなく、その中で社会性を

身に着けていくのだということをインドネシア人はよく口にするが、前述した欧米式の誕生会などもその1つとして捉えられているようである。

4 デイ・ケア・センター

このアル・カリファ・プレイ・グループを訪れて驚いたのは、2012年初めから、働く母親のための託児施設を併設していたことである。じつはこの国では、働く親を対象とした保育所制度はほとんど整っていない。働く母親は祖母など近くに住む親族に子どもを預けていくのがほぼ常であるが、そのような親族がいない場合は、近隣の主婦にお金を払ってベビーシッターをしてもらう。たとえば、あとで紹介するPKK（地域の婦人会）会長スマジ夫人は、もう10年も前から何人かの子どもを個人的に預かり（謝礼は1カ月30万～50万ルピア：約2,700～4,500円）、家事をこなしながら面倒を見てきた。また製薬会社に勤め、安定した収入のある夫を持ったイラワティさんは、朝の2時間だけすぐ近所の鶏粥売りの夫妻の子どもを月額15万ルピア（約1,350円）という少額の報酬で預かっている。

インドネシアでは、託児施設のことを一般に英語表記のまま「デイ・ケア（Day Care）」と呼ぶ。その名称からも連想できるように、外国語を使うことによって高級感を付加したもので、一部の官庁にその職員向けのものが作られている以外は、民営でしかも非常に高額な費用を必要とするものである。インドネシアにおける託児施設の起源は、職場ごとにその職員のために開設されたものである。たとえば、早くは社会省、教育文化省などの官庁の建物の中に、それぞれの省のダルマ・ワニタ[3]が運営する保育施設が開設されている。教育文化省の場合、現在収容人数いっぱいの26人の子どもが預けられている。定員の25％は外部の人たちに開放されているが、常に多くの幼児が順番待ちで待機中である。それらのデイ・ケアは、おおむね費用が非常に高く、かなり高収入のキャリアウーマン対象のものである。ダルマ・ワニタにより非営利で経営している教育文化省内の施設の場合でも入園料が100万ルピア（約9,000円）、月額保育料が80万ルピア（約7,200円）かかる（教

---

3) 公務員の妻たちから成る親睦ならびに社会活動のための組織。各役所単位で結成されている。

育文化省のデイ・ケアにおけるインタビュー)。となるとこの国では、家事手伝いやベビーシッターが比較的安価な賃金で雇えるため、実際には需要が小さい。本当に保育所を必要としているのは、経済的必要性から妻も働かざるを得ないような低所得者階層なのであるが、彼らを対象とした施設は存在しない。プレイ・グループは開園時間が2時間程度であるから託児所代わりに活用するには不十分である。

　官庁や大企業内に設けられたもの以外に託児施設はきわめて少なく、レンテンアグン町はおろか近隣の町を含めても、筆者の知る限り、上述のアル・カリファ・プレイ・グループに併設されたものだけである。ここは働く母親のために朝7時から夕方4時30分まで幼児を預かる。まだ利用者は少なく現在プロモーション段階である。利用しやすいように、登録料10万ルピア（約900円）を払っていったん登録すると月決め（60万ルピア：約5,400円）だけでなく、単発的に1日払い（4万ルピア：約360円）でも利用できるよう料金設定をしている。この近くには同じような施設がないため、遠くインドネシア大学のあるデポック市からも預けに来ている人がいる。

　調査地の隣組内で働く母親に尋ねると、「あれは高いからとても無理」と答えてほとんど利用する可能性は考えていないようであったが、ただ1人、外資系製薬会社に勤務する女性（後述するラフマワティさん）が2歳半の娘をここに預けることを最近検討し始めていた。彼女の場合、住込みのお手伝いを雇っているが、アル・カリファのイスラーム的教育方針に賛同しているので、それとは別にデイ・ケアに預けることを検討し始めているということであった（ラフマワティさんへのインタビュー）。

　開発途上国の多くでは義務教育の充実に力を入れ、その就学率を高めることにまず最大の力をそそいでいるという印象を持ちがちであるが、今やインドネシアに関する限りは、そのような段階を通り越しているように思える。少なくとも都会では教育への自覚は非常に高く、このような幼稚園以前の幼児に対する教育という、いわば最低限の生活必需品以外の「消費」に対して政府も親たちも大きな関心を払っているのである。

第4節　学習塾とエリート校の出現

1　12年間の義務教育と全国一斉卒業試験——政府の教育政策

　今回の調査の中で筆者を驚かせたのは幼児教育だけではない。正規の学校教育に関しても驚くような現象が見られた。1つは2011年に高校までの12年間を義務教育にするという決定を政府が行ったことである。そして第2に、そのような中で、すでに全国一斉卒業試験（ujian nasional）の導入などによって有名校への進学に躍起になっていた教育ママたちの姿がいっそう浮き彫りにされてきたということである。スハルト時代、経済開発に重点を置き、教育や公衆衛生などの社会開発が遅れていたと言われるインドネシアであるが、1998年以降の民主化と地方分権化の中で、教育政策に急激に力がそそがれており、教育分野の支出は1990年代には国家予算の5～8％を推移していたが、2012年には22.2％にもなった。遠隔地においては崩壊寸前の校舎で学ぶ小学生の映像などがTVニュースでしばしば報じられる中で、1990年代初めに中学までの9年間の義務教育化を決定してからまだ日も浅いこの国で、先進諸国でも実施していないほど長期の義務教育制度が導入されたのである。

2　学習塾の出現

　そのような学校教育のさらなる充実の中で、調査地をぶらぶら歩いていてやたら目につくようになったのが、小学校以上の生徒の学力向上のためのビンベル（学習指導という意味のBimbingan Belajarを略してBimbel）と呼ばれる学習塾の看板であった。ビンベルという言葉自体つい近年のもので、2001年から小中高で始まった全国一斉卒業試験と関連して急遽需要が高まってきた。以前はほとんどの学校でも教員による補習授業が行われ、それに多少の参加費を払って参加する程度であったが、近ごろは路地裏(カンポン)でもそれに加えて高い授業料を出して、外のレベルの高い学習塾(ビンベル)に多くの子が通うようになったのである。塾通いには、何とかして試験に合格するための学力をつけるためのものと、単に合格できるだけではあきたらず、その成績に基づいて選抜が行われる中学進学に際して、少しでも偏差値の高いエリート中学

や高校への入学を可能にするためと二段階の目的がある。

　筆者の調査地の子どもたちが通う学習塾（ビンベル）としては、レンテンアグン駅前の銀行のビルの一室に前述のタレンタ・キッズ・プレイ・グループと並んで開設された、ビンベル・アルムニがある。これは、20年の歴史を持つフランチャイズで、レンテンアグン校は2007年に開設された。授業料はプログラムによって異なり、かなり高額であるため分割払いが認められているが、一括払いよりもかなり金額が高くなる。たとえば小学6年生が、国家試験合格だけをめざす週3回の授業のコースは、一括払いで145万ルピア（約1万3,000円）から3回分割払いで235万ルピア（約2万1,000円）、それに加えて有名中学への入学をめざす年間コースは、一括払いで225万ルピア（約2万円）から分割払いで315万ルピア（約2万8,000円）である（同塾でのインタビューならびにパンフレット）。

　これだけまとまったお金を支出するのは路地裏（カンポン）の人々にとってはかなり難しいことで、筆者の調査地の隣組（エル・テー）では、礼拝所前の一等地で比較的大きなワルン・クロントン（日用品雑貨や食品の店）を経営しているカンティさんの息子と、人手を使ってアパレルの縫製業と印刷業を運営しているロムリさんの子ども以外はまだあまり通っていない。それでもむしろこれだけのお金を出して通っている子がこの路地裏（カンポン）にいるという事実の方が興味深い。

　このほかにこの近くでは、高校や大手の学習塾（ビンベル）の教師をしていた地元の男性が、2012年1月に開設したジニウスという学習塾（ビンベル）もある。ここは月払いで、小学生の場合1カ月20万ルピア（約1,800円）である。月払いであるため負担は少ないかもしれないが、フランチャイズのアルムニ塾と変わらない金額である。

　有名校への進学を念頭に置いた塾であるから、パンフレットには、それぞれの中学校進学のために必要な国家試験の点数（最低、最高、平均）が掲載され、公立中学の序列化が明確になされている。まさしく日本で指標として使われている偏差値と同じである。学習塾（ビンベル）によっては、希望する名門中学や高校に入学できなかった場合には、授業料の大半を返還するという保証制度をとっているところもあり、アルムニ塾もその1つである。

全寮制イスラーム系エリート校の登校風景
（筆者撮影）

3　エリート校の出現

　名門校の1つとして最近よく耳にするのは、スコラ・トゥルパドゥ（Sekolah Terpadu）あるいはイスラーム・トゥルパドゥ（Islam Terpadu）として分類されて、超過密なカリキュラムと知育・徳育ともにバランスのとれた教育を提唱する小学校・中学校や、さらにインターナショナル級学校[4]と分類されて、外国のカリキュラムを導入し、バイリンガル教育を目玉にするものである。高校までの就学が当たり前となると、次は少しでも有名校に入学することによって他の子どもたちと差別化するということが重要になってくる。そこで、一部の学校の「ブランド化」が進んできたのだ。

　学習塾やエリート校の多くは、イスラーム系の財団（ヤヤサン）の経営になるものが多い。以前は宗教系というと福祉の匂いが強く、エリート養成というイメージからはほど遠かったが、ヌルル・フィクリ財団などを走りとして近頃は様変わりしている。イスラームというコンセプトを前面に出すことによって親たちは安心するようだ。「イスラーム・トゥルパドゥ」という言葉には、バランスのとれた総合的宗教教育を重視するというニュアンスが含まれている。

　現在インドネシアでは全体的なイスラームの興隆現象の中でイスラーム学習熱は高く、それを満たしてくれるような学校教育に対する評価は高いので

---

[4]　2003年の法令20号に基づいて導入され、さらに2009年教育文化大臣規定78号（tentang Sekolah Berstandar Internasional）で詳細が定められた。ところが2013年1月に、憲法裁判所が、インドネシア人子弟のためのインターナショナル級学校は憲法違反であるとして解散命令を出し、教育文化省を戸惑わせている。生徒の20％を貧困層の子弟に割り振るなどの措置が取られていたが守られず教育における格差を生んでいること、また英語を教授用語とすることによって民族の言語文化に対する正しい理解を妨げていることなどがその理由であった（*Kompas*, 20 Januari 2013）。

第 6 章 消費行為としての教育　227

ある。そしてもちろん正規の学校や学習塾(ビンベル)とは別に、「ガジ（ngaji）」つまりクルアーン（コーラン）の読み方を学ぶ従来からのクルアーン学習塾もまた依然としてにぎわっている。子どもたちは学校から帰り、塾へ行って、その合間には「ガジ」に行く。まったく忙しい毎日である。もう1つ驚いたのは、ディジタル化された学習用クルアーンの文字に、読み取り機械に接続されたペン先（e-pen）を当てると、アラビア語の音声が出てきて読み方を学ぶことができるという装置（Al-Qur'an e-pen）が調査地の近くのモールで販売されていたことである。

　ところで、ビンタン・プレイ・グループで誕生会を行ったリスキー君の兄は、現在小学2年生だが、レンテンアグン町内にたまたま創設されたアル・ビルニ（Al Biruni）というフランチャイズのイスラーム・トゥルパドゥに通っている。彼らの父親は、そごうデパートに勤務、母親もそごうのテナントであったシュウウエムラという日系の化粧品店の店員をしており、そのときに知り合って結婚した。両親とも高卒で就職していたがその後父親は、陸軍が運営する大学で学士号をとった。上昇志向の強さがうかがわれる。そして、その後スナヤン・スクウェアという都心の最高級ショッピング・モールを運営する会社に勤務したのち、高速道路の運営を行う国営会社に転職し今日に至っている。妻は、結婚後退職し、自宅でワルテル（貸し電話業）を開業したが、携帯電話の普及により、利用者が激減したため閉鎖し、現在は、ドライ・クリーニングの取次店を経営している。いずれも、その時々の社会のトレンドをうまく見極め、巧みに社会的地位上昇の波に乗って来た人物と言えよう。

　さて、リスキー君の兄が通っているアル・ビルニ校での授業は、通常の小学校のように午前中だけで終わらず、午後3時頃までかけて、通常のカリキュラム以上の内容を教える。学内にはこぎれいなカフェテリアがあり、子どもたちはそこで食事を買うことができるが、一般の国立小学校のように休み時間に、学外の行商の食べ物売りから買うことは禁止されている。現在ジャカルタ市で登録されているこの種の学校は20校あるが（wikipedia）、大変な人気である。

　これらのエリート校は、スコラ・プラスと総称される。メッカ巡礼に際し

228　第3部　教育・文化の変容

て、宗教省が組織する普通の標準的な旅行とは別に、特定の旅行社によって組織される高額の巡礼を「ONH（Ongkos Naik Haji）プラス」と呼ぶのと同じような発想である。これまでにも普通の国立小中高等学校で名門校というのはあったが、その既存の序列とは別にまったく異なるカリキュラムでつくられた特殊エリート校である。そして人生の早い段階からありとあらゆる手段で「エリート」への階段をのぼるための努力が繰り広げられるのである。そのエリートをめざした進学熱が路地裏(カンポン)住民の間でも目につき、一見それは彼らの経済力には不釣り合いなほどでさえある。

第5節　教育という梯子をのぼった若者たち

　以上、ここ数年顕著になってきた教育分野での新しい現象と、それに伴う「消費」について論じてきたが、以下においては実際に厳しい教育を経て社会階層の上昇を実現しつつある路地裏(カンポン)の5人の若者のケースを取り上げる。いずれも、筆者の2001年の著作（181-191頁）や2006年の論稿の中（242-248頁）で紹介した一族のメンバーで、当時はまだ小中学生であったが、意識の高い教育熱心な両親（特に母親）に育てられ、その行く末に筆者は深い関心を抱いていた。彼らはどのようなコースを歩んで、今どのような生活を送っているのであろうか。そのパーソナル・ヒストリーを記述するとともに、現在のライフスタイルや子育てに直面して彼らが考えていることや自分自身の現在の消費行動などを紹介しよう。

ウィシュヌ（男性、1984年ジャカルタ生まれ）

　最初に取り上げるウィシュヌ君は、倉沢（2001）の186-188頁に、「上層志向の強い中間層志願者」の1人として紹介したスパルノ夫妻の息子である。父（高卒、1955年生まれ）は税務署役人（退職時 golongan III）で、1992年にこの隣組(エル・テー)内に家を購入して住みつき、この隣組で隣組長(エル・テー・エル・テー)を務めたこともあった。そして母親（中卒、1963年生まれ）はPKK会長として活発な地域活動を続けていた。その後転勤で夫妻は各地を転々としたが、息子のウィシュヌ君は教育のためにここにとどまった。

第 6 章　消費行為としての教育　229

　筆者がこの地で調査を始めた 1998 年当時 14 歳だったウィシュヌ君は、家庭教師から週に 1 度英語を習い、またスイミングスクールに行っているということで、非常に珍しい存在であった。彼はその後インドネシア大学のポリテクニック部門（3 年制の短大）に進学し、卒業前に、2009 年に同学で知り合った女性、ユニタさんと結婚した。やがてマイホームを手に入れることをめざしているが、結婚後も今はとりあえず両親と同居している。

　ウィシュヌ君はプルマタ銀行という民間の大手銀行に勤務している。残念ながらいわゆる契約職員で待遇はまだそれほど良くない5)。

　妻ユニタさんは同じ専攻科を卒業後、ジャカルタ有数の高級住宅街ポンドック・インダ・モール内に開設されたアメリカのフランチャイズであるジンボリー（Gymboree）制のプレイ・グループの教師として生後 6 カ月から幼稚園入園までの子どもたちを対象に英語で幼児教育を行っている。ちなみにこのプレイ・グループは、毎日午前 9 時 30 分から午後 1 時までで、入学金 100 万ルピア（約 9,000 円）、年会費は 25 万ルピア（約 2,500 円）、授業料は週 1 回の場合月額 40 万ルピア（約 3,600 円）、2 回の場合 50 万ルピア（約 4,500 円）、3 回の場合 60 万ルピア（約 5,400 円）というふうに、その時間に比してかなり高い。ユニタ自身現在 2 歳の子どもがいるが、そこへは預けず、ウィシュヌ君の母が面倒を見てくれている。

　彼女の職場のプレイ・グループはポンドック・インダ・モールという超高級なショッピング・モール内にあるが、地下にカンティン（社内食堂）があり、昼食は飲み物を含めて 1 万から高くて 1 万 5,000 ルピア（約 90〜135 円）くらいで食べられる。

　ウィシュヌ君とユニタさんの休日のレクリエーションとしては、子どもも連れてバイクでデポックのプール（入場料 5,000 ルピア：約 45 円）6)やラグナンの動物園へ行くことが多い。

---

5)　インドネシアでは、2003 年のメガワティ大統領時代に労働者に非常に有利な労働法が作られたため、雇用者の負担が大きくなり、それをのがれるために多くの職員を福利厚生や退職金などの義務のない契約職員に切り替えるという現象が見られた。そのために正社員として採用される機会はきわめて限られてしまっている。

ティノ（男性、ジャカルタ生まれ）

次に紹介するティノ君は、このあたりの出世頭と誰もが認める存在で、ブルーカラー（フランス大使公邸の使用人）の父親を持ちながら、奨学金を得て国立インドネシア大学の法学部を卒業した。すぐ近くに住む伯父のエリック・サントソさん（母の兄、1961年生まれ、高卒でチリ大使公邸の使用人頭）一家は、倉沢（2001：183-186）で中間層志願者として紹介した家族である。伯父の妻のヤンティさん（1966年ソロ生まれ、中卒）はPKKで活躍する利発な女性で、これまた教育熱心だった。筆者が調査地に行くたびにおしゃべりに興じる楽しい話し相手の1人だったが、残念なことにその一家は数年前に夫が体調を崩して早期退職し、この隣組（エル・テー）の家を売ったお金と退職金をあわせて別の町に家を建てて引っ越してしまった。彼らの娘のアストリッドさん（1982年生まれ）は大学を終えて旅行会社に勤めていると聞いている。

さて、このティノ君は大学時代に筆者の調査の手伝いをしてくれ、本当に有能な青年であったが、卒業後、何十倍という厳しい競争を経て汚職撲滅委員会（KPK）に staf funksioner としての職（本採用）を得、他の官庁との調整を行う部門で活躍している。パダン人の女性と結婚したのち、職場からの派遣でオーストラリアへ1年間留学して、2012年初頭に戻ってきたばかりだ。留学中に子どもが生まれ、当面親の家のすぐ近くに月額50万ルピア（約4,500円）で小さな家を借りて住んでいるが、近いうちにこのあたりからそう遠くないクラパドゥアに、新井が本書第4章で紹介しているようなクラスター住宅（いわゆるゲーティッドコミュニティ）を購入しようかと考えている。土地が80 m²、建物が48 m² で購入価格は4億ルピア。これを15年ローンで購入する。

昼食は職場の外の道端にテントを張った屋台（ワルン）で食べる。KPKには社内食堂（カンティン）がないので、隣の建物の社内食堂へ行くことも

---

6) 常夏で海に囲まれたインドネシアではあるが、一般に水泳は決して盛んではなかった。それはほとんどの小中学校にプールがないためであるが、最近では比較的安い民営のプールを借りて学校の授業をやっているところも出てきた。しかしながら、まだプールへ行くということはそれほど一般的なレクリエーションではなく、かなり中間層的な発想である。ちなみに、倉沢（2001：186）でも記したが、ウィシュヌ君は子どもの頃から親の教育の一環として水泳教室に通っていた。

ある。場所は清潔で価格も高くないが、味は道端の方がおいしい。だからほとんど道端の屋台で食べる。ガドガド（各種の野菜の混ぜ合せにピーナッツ・ソースをかけたもの）1万ルピア（約90円）、サテ（焼き鳥）1万5,000ルピア（約135円）、プチュル・アヤム（鳥の唐揚げ、チリー・ペースト、生野菜、ご飯のセットメニュー）が2万5,000ルピア（約225円）。ご飯をお替わりしてさらにテ・ボトル（ボトル入りの甘いジャスミン茶）2本でようやく3万ルピア（約270円）というところだ。

　彼は毎朝レンテンアグン駅から電車で通勤している。超満員だが、大学時代から乗り慣れているのでまったく抵抗はない。朝7時に家を出発。バイクをレンテンアグン駅に駐車して、電車に乗る。待ち時間が不確実だが、乗ってしまえば中央ジャカルタ市のマンガライ駅まで25-30分。マンガライから職場までまたバイク・タクシー（オジェック）に乗ると早いが、1万2,000ルピア（約108円）かかるので、途中まで歩いてそこから職場まで乗合小型バスに乗る。スムーズにいくと全行程で50分ぐらいで行く。クラパドゥアに家を購入しようと思っているのは、そこからも電車通勤ができるからだという。

　ティノ君の妹もインドネシア大学を卒業し、現在同大学の正規の事務職員として働いている。また彼女のアチェ出身の夫は、韓国系企業に勤務しており、2人そろって「中間層」への道を歩んでいる。当面は、両親の家のすぐ目と鼻の先に賃貸住宅を借りて住んでいる。ティノ君兄妹は2人とも、最高学府を卒業という経歴を持って、労働者の父親の経済力や社会的地位をはるかに乗り越えてしまい、絵に描いたような、下層から中間層への上昇を体験している。

シティ（女性（姉）、1986年ジャカルタ生まれ）
アストゥティ（女性（妹）、1992年ジャカルタ生まれ）
　次はこの隣組の婦人会（PKK）でスタルノ夫人やエリック・サントソ夫人とともにずっとリーダー的な役割を果たしてきたスマジ夫人（1962年生まれ、ソロ出身、倉沢2006：247参照）の2人の娘、シティさんとアストゥティさんである。スマジ夫人は良妻賢母の典型のような人で、自身は中卒であるが、

子どもの教育には非常な関心を払ってきた。夫（1957年生まれ、ジョクジャカルタ出身、高卒）はバスの車掌であったが、1998年の経済危機のときに失職したため、料理の上手な彼女が、注文があるとケイタリングの食事を作ったり、ベビーシッターをしたりしながら家計をやりくりしてきた。夫が在職中にこの隣組(エル・テー)内に小さな家を建てており、その半分を賃貸に出して家賃をとっているのでそれが多少の助けにはなった。

前回の著作のための調査（1998～2000年頃）のとき、当時中学生だった上の娘シティさんは、スタルノ夫妻の息子ウィシュヌ君や、エリック・サントソ夫妻の娘でティノ君のいとこにあたるアストゥリさんなどといっしょに、英語を習ったり水泳教室に通っていて、この隣組(エル・テー)ではとても異色な中間層予備軍であった。

その後、彼女は奨学金を得て、隣のブカシ県につくられたプレジデント大学という、英語で教育を行い留学生も多く受け入れている国際大学で学んだ。4年間寮生活を続けて卒業後、メディア産業の大手コンパス・グループに就職し、2012年に高校・大学の同級生と7年越しの交際を実らせて結婚した。近く、デポック市サワガンに、バリ島のコンセプトで建てられたクラスター住宅を購入する予定である。110㎡の土地付きで購入価格は3億7,000万ルピア（約330万円）。ティノ君の予定しているものとほぼ同じような価格帯である。自己資金が20％で、残りは、年利9.75％のローンで支払う。購入者の大部分が若い共稼ぎの夫婦だという。

彼女たちは今まだ子どもがいないが、生まれても仕事はやめないで、子育ては、ベビーシッターを雇ったうえで、これまで何人もの子どものベビーシッターをしてきた母にそばにいてそれを監督してもらうということだ。彼女の知っているデイ・ケアは月額200万ルピア（約1万8,000円）もするのでとても高嶺の花だということだった。

スマジ夫妻の下の娘アストゥティさんは、ジャカルタのイスラーム大学に入り、インドネシアでは初めてというイスラーム金融学科で学んでいて、もうすぐ卒業だ。授業料は1学期当たり180万ルピア（約1万6,200円）と非常に高額だが、成績優秀のためBazis（Badan Amil Zakat Infaq dan Saudako）という奨学金をもらっている。高校時代成績が良かったので彼女の通ってい

第6章　消費行為としての教育　233

た国立第49高校から3人だけ選ばれ、PMDK（Penerusan Minat dan Kemampuan）制度の対象となった。これは入試を受けなくても大学への進学が認められる制度である。現在どんどん伸びている銀行のイスラーム金融部門は、その専門家を必要としているので、彼女の就職はほぼまちがいないだろう。

　大学へは毎日母の作ったお弁当と飲み物を持って行く。ほかの友達はバナナの皮に包んだ弁当（nasi bungkus、8,000～10,000ルピア：約70～90円）等を買って来て一緒に食べる。無駄遣いはしない。外食はめったにしないが、たまに奮発して友達とピザハットへ行くと1人当たり3万ルピア（約270円）くらい使う。

　このスマジ夫妻の2人の子どもの場合、貧しいがつましくそして大変良い育て方をしてきた家庭教育と、優秀な成績で奨学金を得て2人とも大学教育を受けることができたことにより、親たちの世代とは違って大きく社会階層上の飛躍を遂げることになった。「教育」が梯子になっている典型的なケースである。雑談をしていると2人とも、もう思考形態においては「真正の」中間層の仲間入りをしている。計画性に富んだ人生設計、しかし、不合理に高いものに対しては無駄遣いはしないという合理主義的な発想が見られ、筆者は日本で自分のゼミ生と話しているような感覚を覚えた。

ラフマワティ（女性、1981年、ジャカルタ生まれ）
　10人兄弟の9番目として生まれ、両親を小学校のときに亡くしたが、両親は生前1986年にこの隣組（エル・テー）内に家を建て、一家で引っ越してきた。彼女は物心ついてからずっとこの隣組（エル・テー）で暮らしている。路地裏の家（カンポン）とは異なって、自動車が通れるハラパン通りに面した隣組（エル・テー）内の一等地の380 m²ほどある土地にゆったり母屋を建て、その傍らに3軒の賃貸用家屋を建てて子どもたちはその収入から学業を続けることができた。6歳年上の兄ルスタム君（倉沢2006：248参照）はこの隣組（エル・テー）の青年会（Karang Taruna）の会長として活躍していたことがある。

　兄弟はいずれも大学あるいは短大を卒業しており、彼女も兄や姉たちの援助そして奨学金を得てバリの国立ウダヤナ大学で栄養学を勉強した。卒業後

ジャカルタへもどって武田薬品に就職。その後アメリカ系の製薬会社 Pfizer に転職した。会社は両方とも都心の一等地スディルマン通りにあり、バイクで通勤している。

　夫（1978年、マラン生まれ）もマランの大学を出てジャカルタのフォーマルセクターで働き、夫婦の合算月収は1,000万ルピア（約9万円）ほどと推定される。子どもは1歳8カ月で、勤務している間住み込みのお手伝いを雇っているが、前述のように町役場の近くのアル・カリファ幼稚園が開設したデイ・ケアを利用しようと思っている。そこの教育費は高い（1カ月80万ルピア：約7,200円）が、イスラーム的な教育内容がとても良いと聞いている。子どもの教育のためならいくらでも出すつもりだ。それは家に置き去りにしているおわび（konpensasi）だと思っている。

　兄弟たちは次々に家を出て独立し、ここには独身の兄と弟が一緒に住んでいるだけだ。ラフマワティさんもいずれはクラスター住宅に家を持ちたいと考えている。ただこの近くが好きなので、このあたりで探したいと思っている。

第6節　おわりに——疑似中間層の消費スタイル

　以上、低所得者が密集して居住し、一見非常に劣悪な住環境であるこの路地裏の隣組（カンポン　エル・テー）において、じつは、外見からは想像しがたいようなさまざまな消費行動が見られるということを、教育という形の消費を例にとって紹介してきた。そののちに、そのような「下町の」エリート教育はどのような人間を作り出し、どのように親の世代を乗り越えていくのかを具体的に見るためにここ十数年にわたって筆者が観察し続けてきた何人かの若者たちのうち、階層上昇という点で「成功例」とも言えるような5人を取り上げてそのライフ・スタイルを紹介した。

　今回の観察によって見えてきたのは、経済的先進国日本でもまだ一般的ではないような2歳からの幼児教育、12年間の義務教育、より高度で過密なカリキュラムを適用するエリート校の繁栄など、驚くような現象が出現しているということである。以前から一部の相対的に経済力のある住民の間に高

第6章 消費行為としての教育 235

い教育熱は見られたが、現在ではそれが幅広い層にまで広がっている。教育のようなサービス部門における「発展」は必ずしも経済力に比例して進むわけではないということであろうか？

　その中から見えてきた興味深いことは、それらの支出が彼らの生存維持のための基本的な衣食住にあてられるものではなく、それを超えたところで行われている、「ゆとり」「余裕」とも見えるような支出だということである。筆者の個人的な価値観から言えば、最も必要に迫られているのではないかと思われる住環境の改善への欲求はあまり見受けられず、また日常の食事も、経済開発の進展とは無関係に旧態依然としていてかなり質素なものである。都市路地裏(カンポン)では住居改善に無関心という点では、本書第5章にみられるような農村社会の状況とはかなり異なっている。彼らの食住にあてる支出はかなり低く、また衣服は特にブランドにこだわらない限りかなり安いとなると、所得の絶対額は低くてもかなり可処分所得が高いことになる。そして支出に占めるエンゲル係数は意外と低いのかもしれない。

　しかしそれにしても教育はお金のかかることである。調査地の住民に、近年の人生において最も大きな出費が必要だったのはどういうときかと質問したところ、回答が多かったのは、病気・帝王切開による出産と並んで子どもの学校入学であった。インドネシアでは国立の小中高であっても入学に際してはかなりまとまった額の入学金を払わねばならない。一般に名門校ほどその額は大きい。学習塾(ビンベル)の授業料もさることながら、正規の学校への入学金や授業料をどこから捻出するかということが常に問題になる。病気や事故による出費と違って、子どもの年齢に応じてあらかじめ予定された時期に必要になる資金であるから、当然貯蓄しているのかというとこれが意外とされていない場合が多い。アリサン[7]が当たったときに、そのまとまったお金を子どもの教育資金に使うと回答した住民もいたが、あとは親や親戚に一部を借りるという者が多かった。

---

7) アリサンとは同じ集団に属するメンバーが、毎月一定金額の掛け金を拠出し、籤を引いて当たった者が全額を持ち帰るという制度である。1回当たった者は次回から掛け金は出すが籤には当たらないしくみで、早晩すべてのメンバーが当たることになっているため、一種のマイクロファイナンスの役割を果たしている。

そのような中で近年、民間の保険会社によって教育資金のための積立保険が熱心に宣伝されており、隣組(エル・テー)の中にこれに加入している世帯がいくつかあった。つまり、毎月子どもの名前で一定金額の積立貯金をし、小学校や中学校入学時に満期になって引き出せるというものである。満額になったときの受取額は多少減額されるものの、その間に子どもが病気になった場合には全額給付される医療保険がついている。

インドネシアは長い間、国家による年金・健康保険などの社会保障が整備されておらず、そのために国民は非常に計画性のない不安定な人生を余儀なくされてきていた。最貧困者（gakin）と認定された世帯に対しては、近年医療費無料・学費無料などのプログラムが作られているが、その認定を受けることができなかった層は、自ら対策を練らねばならない。それでも、「転ばぬ先の杖」的な発想はその日暮らしの人々にはなかなか徹底せず、健康保険でも自らお金を拠出するということは定着しなかった。そのような中で、民間の保険会社による、貯蓄性のある保険に加入して自ら防御するという姿勢が見られるようになったのは非常な驚きであるが、それはほとんどが教育資金と連動したものだった。もちろん、今のところはまだ相対的に余裕のある世帯で、まさしく筆者が疑似中間層と呼んでいる人たちの間にほぼ限定される現象であるが、保険の概念が理解されるようになったということは価値観の大きな変化である。

ところで、この路地裏(カンポン)から出現してきた若い中間層予備軍たちのライフスタイルを見ると、彼らは一様に「合理主義的」である。一般に急激に社会的地位の上昇を経験すると一種の反動もあって浪費傾向が強くなる。いわゆる「成金」である。しかし、少なくともここに紹介した5人のケースで見る限り――そしてここに紹介しきれなかったがある程度の地位上昇を体験しているその他の若者たちを見ても――、いかにかっこよくても実態のないもの、価値のないものにお金を出すことには警戒的である。親の代からの中間層たちにはどちらかというと、かなり贅沢で、恰好を気にし「権威(ゲンシ)を保とうとする」傾向が目についたが、筆者が「疑似中間層」と呼ぶ、路地裏(カンポン)住民の中の上層の人たちは、それまでのライフスタイルの中で良いと思っていることには固執し続けていた。

たとえば、都心のオフィス街にある職場に勤めていても昼ごはんは安い（そしておいしい）屋台で食べる。冷房付きのレストランで食べたり、ましてやスターバックスのコーヒーなどは日常的には飲まない。さらに、通勤は効率の良い電車を使う。どうにもならないほどの渋滞で麻痺に陥っているジャカルタ市に通うには電車が便利であることは多くの人が承知している。しかしジャカルタの電車は車両も古く、汚なく、しかも通勤時間帯には超満員で、開け放たれたドアにぶら下がっている乗客や、屋根の上に乗っている無賃乗車者があふれている。したがって真正の中間層の人たちは電車には決して乗るまい。いや乗れないであろう。電車通勤などということは、路地裏育ちの疑似中間層にしかできないことである。しかし、近頃はこの電車が、乗用車やバスに代わる有効な交通手段だと見なされ、中間層的なホワイトカラー給与所得者の都心への通勤の足として注目を集めている[8]。

前述したティノ君は、「何とか車も買えないことはない給料」をもらいながらあえて、駅にバイクをとめて電車通勤をしている。それは彼にとってはこれまでのライフスタイルの続きであり、何の抵抗もないが、中間層の両親から生まれ育った若者たちには真似のできないことである。その意味で、屋台で食事をし、電車通勤のできるこの疑似中間層の人たちは、中間層と同じライフスタイルを求めながらも、重要な節々で自分たちのライフスタイルも維持し、それが強い競争力となっていると思われる。

彼らは、その一方で親たちの代が「外の世界」とみなしていた真正の中間層へ違和感なく同化しており、それは極めて強い上昇志向に支えられている。彼らのライフスタイルや価値観は今なお変容の途上にあり、これからどんどん姿を変えていくものと思う。10年後にもう一度調査したら彼らはまったく別人になってしまっているかもしれない。そこで最後に未来への変容という観点から、路地裏（カンポン）の現存のコミュニティの存続につながるような2つの問いを考察してみよう。

1つは、このように教育レベルが高くなって社会的ステータスが上昇し外

---

[8] 中間層による電車の活用に関しては *Kompas* "Kelas menengah mengejar Kereta"（8 April, 2012）参照。電車の利用者は毎月5万人ずつ増加しており、線路沿いの地域に新たな住宅地が増えつつあるという。

の世界の新たな文化に露出された彼らは、やがてこの路地裏(カンポン)を出て行くようになるのであろうか、という問いである。何度も言うように、路地裏(カンポン)の住環境や生活インフラは極めて劣悪である。立派な薄型テレビを備えていてもトイレや台所の水回りは不衛生なままである。住環境を整えようということに対する意欲がないのか、あるいは、かつて世界銀行の援助で1970年代に実施された路地裏(カンポン)改良プログラム的なものはもはや手遅れで、路地裏(カンポン)を全否定しかないと考えているのであろうか？　今は親世代の住居の近くで、親世代に依存しながら生活力を蓄えているが、やがて年齢とともに資金のメドがつきさえすれば、人間関係が複雑でプライバシーのないこの路地裏(カンポン)を出て外の世界に移っていこうと考えているのであろうか？

　今回インタビューした疑似中間層の人たちの中にも本書第4章に紹介されたようなコンドミニアムやクラスター住宅へ移っていった、あるいは移っていこうとしている人たちがいた。たとえば、スマジ夫妻の長女やティノ君は具体的に物件まで見つけている。外観的にはすっかり異なるこぎれいな世界へ転出していこうとしているのである。そして非常に驚いたことには、庶民的な町であったレンテンアグン町にも、じつは現在、駅前の一角に、デベロッパーによって新興中間層向けのコンドミニアム（ワンルーム型で2億ルピア：約180万円、1LKで3億ルピア：約270万円程度）やクラスター住宅（たとえば敷地面積227 m²、床面積192 m²で18億5,900万ルピア：約1,600万円）の建設が始まっている。生まれ育った町や実家から離れなくても、近代的、衛生的な環境での生活が可能なのである。前述のラフマワティさんが描いているのはこのような生活なのかもしれない。

　さらに驚いたのは、レンテンアグンにおいては、デベロッパーたちは日本のように「駅から○分」といううたい文句で、これまで思いもよらなかった電車通勤というコンセプトを正面に出して中間層向け住宅を売り出していることである。上述したように、新しい中間層予備軍たちは電車通勤をいとわない。このライフスタイルを巧みに取り込んで販売しているのである。上昇志向の強い疑似中間層はやがて路地裏(カンポン)を出ていくか、という問いに正面から答えることはできないが、1つ言えることは、出ていったとしても、真正の中間層とは別の、従来の路地裏(カンポン)生活とかなり折衷的なライフスタイルを維持

第6章 消費行為としての教育　239

するであろうということである。

　もう1つは、相互依存的な路地裏(カンポン)内の小規模な経済行為や、それらの集合体として成り立っている自律的な経済関係はやがて崩壊し、もっと大きな経済の中に飲み込まれてしまうのであろうか、という問いである。路地裏(カンポン)では、住民相互の間で経済関係が成り立っている場合が多い。たとえば、非常に多くの数を占めるワルン・クロントン（日用品雑貨を販売するキオスク）や行商人や露天商にとってその最大のお得意さんは同じ路地裏(カンポン)内部の住民である。その最たるものが伝統的市場(パサール)で日用品を大量に買ってきて近隣の人々に販売する巡回八百屋（tukang sayur）たちである。バイク・タクシー（オジェック）も路地裏(カンポン)内の子どもの通学や主婦の市場での買い物などに際していつも同じ相手に依頼するというランガナン（定まったお得意さん）関係で成り立っている部分が多い。さまざまなちょいの間仕事や簡単な建設作業で日銭を稼ぐ場合も、その依頼主は路地裏(カンポン)内部の住民であることが多い。また外で働く忙しい主婦のために洗濯や子守りを引き受ける人も路地裏(カンポン)内にいる。さらには習い事でさえこれまでは路地裏(カンポン)内のウスターズ（イスラーム教師）からクルアーン読誦を習ったりするのも常であった。

　このように路地裏(カンポン)の世界でそれなりに完結していた取引関係は、近代的ミニマーケットの普及や、外国系のファーストフードの登場など、より大きな経済のメカニズムに組み込まれるようになった結果、変容しつつあるのだろうか。今回の調査では、近くに大型コンビニができても、依然として生鮮食品は、毎朝伝統的市場で仕入れてきて道端で販売する巡回八百屋から買う人が圧倒的に多かった。それは生鮮さを基準に見直したとき、やはりスーパーやコンビニのものよりはるかに良いからである。他人の洗濯物を手洗いする従来の洗濯婦（tukang cuci）が減って、電気洗濯機を持っている者が、持たない者の洗濯物を1kgいくらで引き受ける「ランドリー・キロアン」が登場するなど多少の変容はあるものの、現在の段階では、コミュニティ内部の相互依存経済関係はさほど崩れているようには思えない。デイ・ケアがぽつぽつ出始めても、当分は子どもの守りを路地裏(カンポン)の隣人に金銭で委託するという形態は続くだろう。

　中間層の増加と教育レベルの上昇、そして消費の拡大の中で、路地裏(カンポン)の世

界はおそらくそれなりの対応を余儀なくされて外の世界を受容しなくてはならなくなるだろうが、そこにある従来からの人間関係や経済関係がそう簡単に崩壊することは考えにくいように思われる。

【参考文献】
〈日本語文献〉
新井健一郎 2012『首都をつくる――ジャカルタ創造の 50 年』東海大学出版会。
倉沢愛子 1996「開発体制下のインドネシアにおける新中間層の台頭と国民統合」『東南アジア研究』34 巻 1 号。
倉沢愛子 2001『ジャカルタ路地裏(カンポン)フィールドノート』中央公論新社。
倉沢愛子 2006「ポスト開発と国民統合・民主化」新津晃一・吉原直樹編『グローバル化とアジア社会』東信堂。
倉沢愛子編 2007『都市下層の生活構造と移動ネットワーク』明石書店。

〈外国語文献〉
Robbison, Richard and David Goodman, 1996, *The New Richi in Asia*, Routledge.
Gerke Solvay, 2000, "Global Lifestyles under Local Conditions: The New Indonesian Middle Class," Chus Beng-Huat (ed.), *Consumption in Asia: Lifestyles and Identities*, London: Rourledge.
Tanter, Richard and Kenneth Young (eds.), 1990, *Politics of Middle Class Indonesia*, Monash Papers on Southeast Asia, No.19, Center for Southeast Asian Studies.

〈新聞・雑誌〉
Kompas

　インドネシア政府教育文化省のデータ入手等に際し、アドバイザーとして同省に派遣されていた JICA 専門家高澤直美さんにご教示いただいた。ご協力に御礼を申し上げたい。

第7章

商品化するイスラーム
──雑誌『アル゠キッサ』と預言者一族

新井和広

第1節　はじめに

　本章は、雑誌『アル゠キッサ (alKisah)』に注目しながら、インドネシアにおけるイスラームの商品化とサイイド（預言者一族）の関係を論じる。現在、インドネシアではイスラームの商品化が盛んである。聖典の章句を含むステッカー、イスラームの服装規定の範囲内でファッション性を追求した衣服、人気がある説教師のCD、イスラームに関する知識を提供したり、ムスリムとしての生活スタイルを提案したりする雑誌、イスラーム的な価値観を織り込んだ小説や映画が盛んに生産され、市場に流通している。これらの商品の隆盛は、消費の拡大と並行して宗教的なものに価値を見出す人々が増加していることを示している。
　一方、イスラーム世界各地にはイスラームの預言者ムハンマドの一族（サイイド）が多数暮らしており[1]、インドネシアもその例外ではない。彼らは社会のさまざまな分野に進出し、その職業もさまざま──実業家、政治家、官僚、技術者、芸術家、研究者など──である。しかし、サイイドであるこ

---

1) 預言者一族の呼称は「サイイド」のほかに「シャリーフ」などもあるが、インドネシアでは一般的に「サイイド」という呼称が使用されている。預言者一族については森本（2010）参照。

とが最も意味を持つのは宗教の分野においてであろう。預言者につながる血統を持つウラマー（イスラーム知識人）は、東南アジア各地で学校を設立し、モスクを建て、ダアワ（イスラームへの呼びかけ）を行ってきた。その中には死後に聖者として知られるようになる者もおり、その墓で毎年行われるハウルという行事は東南アジア、特にジャワで盛んである。これらの宗教活動・行事はサイイドに独占されていたわけではないが、サイイドはその数と比較して宗教者が輩出する割合が高かったと言える。

　サイイドも、近年における商品化の流れをうまくつかむ形で社会の中で知名度を上げている。その流れの中核の1つとなっているのがイスラーム雑誌『アル＝キッサ』である。この雑誌はどのような目的を持って、誰によって運営されているのだろうか。雑誌の中でサイイドはどのように紹介されているのだろうか。そして、読者にはどのように受け入れられているのだろうか。本章では、まずインドネシアにおけるイスラームの商品化とサイイドの概要を述べ、次に『アル＝キッサ』の内容をサイイドの扱いに注目しながら論ずる。最後に、現在のインドネシア社会におけるサイイドの位置について私論を述べたい。

第2節　イスラームの商品化

　イスラームの商品化とは具体的に何を意味するのだろうか。広辞苑によれば、商品とは「売買の目的物となる財貨」[2]だと定義されており、そこから考えるとイスラーム（または宗教）の商品化とは、「聖なるもの」が、金銭を通じた交換の対象になるということである。当然のことながら、宗教に関連したものは、近年のように消費が盛んになる以前から売買されてきた。たとえば聖者廟の周りや宗教用品の店（日本で言えば仏壇・仏具店にあたるだろうか）で売られている聖者の肖像（写真）、お守り、数珠（じゅず）などは金銭で取引されることから商品であると言える。本章で議論の対象とする現象は、それら従来の売買と比べて、少なくとも2つの点において異なっている。1つは、

---

2)　「商品」『広辞苑』第4版、岩波書店、1991年。

第 7 章　商品化するイスラーム　243

その規模である。後述するように、聖者の肖像（写真）にしても、その他の商品にしても、今までの流通経路をはるかに越えた規模で取引されるようになっている。もう 1 つは、今まで宗教的だとは見なされていなかったものに宗教的な要素を付加することで商品として成立させているという点である。そのような商品として代表的なものは、ファッション性に富んだ衣服、金融商品、大衆向けの雑誌、ビジネス書、ステッカー、アクセサリー、自己啓発セミナー、説教のビデオや CD、携帯電話の着信メロディ、クルアーンやハディース（預言者の言行録）の携帯への配信サービス、巡礼・参詣ツアー、シャリーア・ホテルなどである。これらは、イスラーム法に沿った形で提供されていたり（衣服、金融商品、ホテル）、啓典の章句が使用されていたり（ステッカー、アクセサリー）、イスラームの理念を伝えたり（出版物、説教）することで、商品としての価値を獲得したり、「非イスラーム的」な商品との差別化を図ったりしている。本章では、「世俗的」な商品のイスラーム化と、それらの商品が従来の宗教用品の流通経路をはるかに越える規模で取引されるようになっている現象を「商品化」と大まかに定義する。

　インドネシアにおけるイスラームの商品化についての研究は、まだ始まったばかりであると言ってよい。日本においては見市建の先駆的な研究（見市 2004；2006）のほか、小杉麻李亜による、インドネシアも含めたイスラーム世界全般におけるクルアーンの商品化についてのコラムや研究発表（小杉 2006；2009）がある程度である。国外における研究としては、2007 年にオーストラリア国立大学で開催された学会、「第 25 回インドネシア・アップデート会議（25th Annual Indonesia Update Conference）」の成果が、インドネシアにおけるイスラームの商品化についてのまとまった論考である（Fealy and White 2008）。インドネシア以外の地域における、イスラームの商品化と関連する研究としては、エジプトにおけるイスラームの説教師について論じた八木久美子の論考（八木 2011）や、小牧幸代による、南アジアにおけるイスラームの聖遺物の商品化についてのコラムがある（小牧 2010）。また、巡礼・参詣とツーリズムの関係については、安田慎による研究がある（安田 2012）。

　これらの研究は、少なくとも 2 つの方向性を持っている。1 つはグローバ

ル化や近代化との関連でイスラームの商品化を論じるものであり、もう1つは、商品化を例に、ムスリムの急進化やテロといった安全保障の問題に偏りがちなイスラーム研究の方向性に一石を投じるものである。1970年代以降顕著になったイスラーム復興の特徴の1つは、社会の再イスラーム化が国家やイスラーム主義者の主導によるものではなく、普通の人々の中から自然発生的に出てきたという点である。イスラームの商品化は、人々の日常生活に浸透している宗教のあり方に光を当てるには格好のテーマである。しかし、物に宗教的な要素を付加して商品としての価値を高めるとは言っても、人々がどこに価値を見出しているのかは地域によっても個人によっても千差万別であろう。また、ムスリムとは言っても社会階層、特に経済状態や教育水準によって消費する商品は大きく異なっている。本章ではサイイドという、預言者ムハンマドの一族がどのように商品としての地位を獲得していったのかを論ずる。つまり、漠然とした「イスラーム的」なものではなく、特定の集団に特化することで消費者を惹きつけている商品化の例を示したい。

第3節　インドネシアのサイイド

　上述のとおり、サイイドはイスラーム世界のほぼ全域に住んでいる。しかし、彼らの文化的、社会的、歴史的な背景は地域によって違いが見られる。現在インドネシアに住んでいるサイイドの圧倒的多数は南アラビアのハドラマウト地方（現イエメン共和国）からの移民の子孫である。ハドラマウトから東南アジア島嶼部への大規模な移民は19世紀に始まり、第二次世界大戦勃発によって両地域間の移動が困難になるまで続いた。現在東南アジアに住んでいるサイイドは、ハドラマウト起源ではあるがほぼ全員が現地生まれであり、それぞれの居住地の国籍を持っている。しかし同時に、若者を含む多くのサイイドがハドラマウトに対して強い愛着を持っているのも確かである。東南アジアでハドラマウト出身サイイド（以下ハドラミー・サイイド）が住んでいるのは、インドネシアのほかはマレーシア、シンガポール、ブルネイ、フィリピン南部などである。ハドラマウト起源でないサイイドも東南アジアに住んでいるが、彼らの割合はハドラミーに比べると小さい——東南アジア

第 7 章　商品化するイスラーム　245

在住アラブの 9 割以上がハドラマウトからの移民の子孫だと言われている[3]。このため、本章ではハドラミー以外のサイイドは議論の対象から外す。

　東南アジア在住サイイドのすべてがハドラマウト起源でないのと同様、ハドラマウト起源の住民すべてがサイイドというわけでもない。実際のところ、ハドラマウトからやってきた移民の子孫の中でサイイドは少数者である。インドネシアにいるハドラマウト起源の住民は、アラブ人（orang Arab）や、アラブ系（orang keturunan Arab）とまとめて呼ばれることも多いが、実際にはサイイドと非サイイドの間には心理的な境界があったり、ときには緊張関係が生まれたりする。サイイドたちは預言者につながる血統を現在まで記録し続けており、ジャカルタにはその記録を管理する団体が 2 つある。このため、ある人物がサイイドかどうかは、そのような記録と付き合わせることで容易に判定できる。サイイドとそうでないアラブの区別が現れるのは、血統以外ではサイイドの婚姻パターンである。サイイドたちはしばしば彼らの娘、または氏族の中の女性メンバー（シャリーファ sharīfa と呼ばれる）を非サイイドの男性と結婚させることを嫌う。その一方、男性のサイイドは、結婚相手を選ぶ際に血統の制限はない。このような婚姻パターンがサイイドのアイデンティティを維持することに役立ってきたのは確かであるが、サイイドに対する批判を呼ぶ原因にもなっている。もっとも現在このような一方的な婚姻の規則はかつてほど厳格に適用されていない。サイイドと非サイイドの間の緊張が特に高まったのは、1900 年代から 1930 年代までである。この時期、非サイイドはサイイドの婚姻規則、「サイイド」という呼称の独占的な使用、その他「サイイドの特権」と考えられる慣行を批判した[4]。この対立は現在では過去のものとなっているが、現在でも 2 つの集団は婚姻パターン、個人的関係、所属する団体などに違いが見られる。

　サイイドのアイデンティティは、彼らの宗教活動と密接に結びついている。彼らのほとんどがスンナ派のムスリムで、法学派で言うとシャーフィイー派

　3）　インド洋におけるハドラマウト出身移民の歴史と、ハドラマウトの歴史は、Serjeant（1957）、Freitag（2003）、Ho（2006）参照のこと。
　4）　20 世紀前半におけるサイイドと非サイイドの対立については、Mobini-Kesheh（1999）参照のこと。

である。この点では非サイイドのハドラミーや非アラブのインドネシア人ムスリムと同じである。サイイドたちは、ハドラマウトにシャーフィイー派法学をもたらしたのは彼らの祖先だと信じているし、東南アジアにおけるイスラームの発展に対するサイイドの貢献というものもことさら強調している。多くのサイイドが、東南アジア島嶼部にイスラームをもたらしたのも、ハドラミー・サイイドだと考えている。この歴史観が正しいか正しくないかは別として、サイイドの宗教者や慈善家はインドネシア各地で宗教活動に情熱を注いできた。彼らの活動は、モスクの建設、ムスリム墓地となる土地の寄付、学校の開設、ダアワ、地域の精神的な指導者として人々を導く、等々である。これらサイイドの宗教者の伝記も、アラビア語、インドネシア語、マレー語で出版されている。一方、サイイドには宗教者以外の有力者、たとえば政治家、統治者、学者なども多いが、これらの人々の人生についてはほとんど書かれることがない。

　サイイドを含むアラブ人と、他のインドネシア人との関係は複雑である。アラブ人はイスラームの中心から来た敬虔なムスリムだと考える人々もいれば、地元の人々に傲慢な態度をとったり経済的な搾取を行ったりする者として批判する人々もいる。尊敬されるにせよ、批判されるにせよ、サイイドを含むアラブ人は現在まで外来の人々と見なされる傾向がある。現在ではほとんどのアラブ人がインドネシア生まれで、インドネシア国籍を持っているとしてもである。しかし、他の「外来者」、たとえば華人と比べると、アラブ人は現地社会への同化の程度が高い。アラブ人はインドネシア人の大多数と同じくムスリムであるし、ほぼ全員がジャワ人、マレー人など、現地の人々との混血である[5]。アラブ人は私生活ではアラブ同士で（さらにサイイドはサイイド同士、非サイイドは非サイイド同士で）付き合いをする傾向があるが、社会生活上ではインドネシア人に同化していて、彼らの「アラブ性」が公的な場面で強調されることはない。

---

5)　ハドラマウトからの移民第一世代はほぼ全員が男性で、ホスト社会の女性と結婚した。このため第二世代は移住先の言語（マレー語、ジャワ語など）や慣習を母親から、アラビア語とアラブの慣習を父親から学ぶことで、アラブとしてのアイデンティティ維持と現地社会への同化を同時に果たすことができた。しかし、第二世代以降のアラブ人は、アラブの混血者同士で結婚する傾向があった。

いずれにせよ、ハドラマウト出身サイイドたちは、社会、文化、政治状況の変化に対して高い順応性を示してきた。1990年代以降、インド洋におけるハドラミー移民の歴史研究が盛んになった。特にフライターク（Freitag 2003）とホー（Ho 2006）の研究が重要であるが、両者とも、そうとは断っていないにしろサイイドを主に扱っており、変わりゆく状況に対してサイイドが見せる柔軟性が論じられている[6]。最近では、アラタスがインドネシアにおけるバー・アラウィー・タリーカ（ハドラミー・サイイドが創設したイスラーム神秘主義教団）の発展について論じ、サイイド、特に若者が、新たな政治・文化状況にいかに適応していったのかを明らかにしている（Alatas 2008）。高い適応力の原因は、サイイドたちが同じ祖先（つまり預言者ムハンマド）で結ばれているものの、多様性を持った人々だからである。彼らは文化的背景も、受けた教育も、職業もさまざまである。そして、その多くが「伝統的な」宗教教育にせよ、近代的な教育にせよ、自分たちの子弟に教育を受けさせることを重視してきた。

サイイドの宗教活動は近年新たな展開を見せている。多数の若いサイイドがアラビア半島で宗教教育を受けることを希望し、勉強を終えてインドネシアに帰ってきた者の一部はマジュリス・タアリーム（Majelis Ta'lim イスラーム勉強会）やプサントレン（Pesantren イスラーム寄宿学校）を開設し、彼らが受けた教育を社会に還元することに熱心である。彼ら若い世代の宗教者はさまざまなメディアを利用して、彼らのメッセージや活動の情報をほかの人々と共有したり、生徒や支持者からの反応を受け取ったりしている。ほかのメディア、たとえばテレビや出版物に比べて安価に情報発信ができるウェブサイトは、プサントレンのような小規模な団体や、将来性があるにせよ現在はまだよく知られていない若い宗教者にとっては最も好まれる情報発信手段である。しかし、彼らの活動をより多くの人々に知らしめる手段は活字媒体であろう。そして、サイイドの活動を集中的に取り上げることで読者を獲得しているのがイスラーム雑誌『アル゠キッサ』である。

---

6) ハドラマウトやハドラミーに関する研究でサイイドを扱うことが多いのは、史料の多くがサイイドによって書かれているという事情もある。

第4節　イスラーム雑誌『アル゠キッサ』

1　概要

　『アル゠キッサ』は2003年7月に隔週刊の雑誌としてスタートした。創刊号の副題は、「物語と叡智に関する雑誌（Majalah Kisah & Hikmah）」と「ムスリム家族の読み物（Bacaan Keluarga Islam）」である。第4年1号（2006年1月2〜15日）からは、副題が「イスラーム的な物語の雑誌（Majalah Kisah Islami）」に変更されている。雑誌のサイズは横15.5センチ、縦21センチ程度で、ほぼA5サイズである。これは、『サビリ（Sabili）』や『ヒダヤ（Hidayah）』など、競合するほかのイスラーム雑誌と同じ大きさである。『アル゠キッサ』と上記2つの雑誌は書店では隣同士に並べられていることが多く、同じ読者層をターゲットにしていることが見て取れる。各号はだいたい150ページ程度で、すべてカラーである。創刊号の価格は6,000ルピアで、日本円だと85円程度だったが、2010年8月の時点では1万5,000ルピア（約145円）に値上げされている（日本円の価格はいずれも当時のレート）。特別号の値段は通常の号の2倍弱といったところである。この価格は、屋台で食べる食事の2食分程度で、ほとんどのインドネシア人にとって手が届く値段設定がされていると言える。

　この雑誌のオーナー・編集長であるハールーン・ムサーワー（Harun Musawa）は自らもハドラミー・サイイドであり、長年出版業界に身を置いてきた人物である。『アル゠キッサ』以前の彼のキャリアで特筆すべきなのは、スハルト時代に政府批判を行ったことで発刊停止処分になったこともある『テンポ（Tempo）』の編集をしていたということである。『テンポ』の編集部を辞めてからは、妻と一緒にいくつかの雑誌を創刊したが、それらは若者向けの雑誌だった。その中でも特に知られているのが、『アネカ・イェス（Aneka Yess!）』である。『アル゠キッサ』は、ハールーン・ムサーワーが初めて出版したイスラーム雑誌である[7]。これらの雑誌の出版には、ムサーワーとその妻のほか、夫妻の子どもたちも関わっており、ハールーン・ムサー

7）　ハールーン・ムサーワーへのインタビュー（2009年8月18日、ジャカルタ）。

ワーにとって、出版はファミリー・ビジネスだとも言える。

　インドネシアにおいて雑誌の発行部数を確定するのは容易ではない。編集部から得た情報によると、2009年8月時点での『アル＝キッサ』の部数は6万で、マウリド（預言者ムハンマドの聖誕祭）の時期には部数が2割ほど増加するという。最盛期には部数が10万（マウリドの時期は12万）に達したこともあったが、その後は経済状況の変化によって部数が下落とのことである[8]。また、編集部は販売業者や業界関係者の情報をもとに、『アル＝キッサ』の発行部数はライバル誌である『ヒダヤ』や『サビリ』を上回っていると言っている[9]。当然のことながら、このような当事者からの情報の扱いには注意が必要である。フィーリーは、ジャカルタのACニールセンの情報をもとに、『ヒダヤ』や『サビリ』の読者数や発行部数について報告しているが、それによると、『ヒダヤ』はインドネシアで最も売れているイスラーム雑誌で、210万人の読者がいるという[10]。もう1つの『サビリ』は、2002〜2003年に発行部数のピークを迎え、そのときは14万部発行されていた（読者数は100万人を超えていた）という。しかしその後、部数は4万まで減っている[11]。雑誌が商業的に生き残るには最低でも3万部の発行部数が必要だと言われている（Syamsul Rijal 2005: 444）が、『アル＝キッサ』が創刊から現在まで発行され続けているという事実から、少なくともこのハードルはクリ

『アル＝キッサ』第6年2号（2008年）。大きな写真はハビーブ・ウマル

8）　2012年に筆者がインタビューをしたときにも、発行部数は2009年と変わらず6万とのことであった。ハールーン・ムサーワーへのインタビュー（2012年9月4日、ジャカルタ）。
9）　ハールーン・ムサーワーへのインタビュー（2009年8月18日、ジャカルタ）。
10）　Fealy 2008: 21-22. しかしここには読者数は書かれていても、発行部数に関する情報はない。
11）　同書。2007年における『サビリ』の読者数は32万4,000人である。

アできていると考えられる。ほかのイスラーム雑誌以上に売れているかどうかはともかく、『アル゠キッサ』には固定した読者層がいると考えていいだろう。それでは読者層には何か特徴があるだろうか。アラタスの研究によると、『アル゠キッサ』を購読しているのは多くがジャワ島在住の若者で、高校や大学で教育を受けているか、それらの卒業生で、宗教教育機関（たとえばプサントレン）で教育を受けているわけではない人々である[12]。編集長であるハールーン・ムサーワーやその家族が若者向けの雑誌を発行してきたことから考えて、『アル゠キッサ』にも若者を引きつけるためのノウハウが活かされているのだろう。

2　内容

　『アル゠キッサ』の各号はさまざまな記事で構成されている。しかし、雑誌のタイトルにもなっている物語（インドネシア語でkisah）が主要な位置を占めている。物語の主題はクルアーン、人生、信仰、護教の戦士、預言者の教友、サントリ（宗教学校の生徒）、ウラマー、スーフィー、聖者などである。それぞれの号には「メインの物語（kisah utama）」が掲載され、イスラーム関連の事柄（結婚、聖書中のムハンマドに関する記述、謙虚であることの大切さ、クルアーンにおける奇蹟など）が取り上げられている。「心に触れる（Sentuhan Kalbu）」と題されたセクションでは、ムスリムの勧善懲悪的な物語が、鮮烈な挿絵入りで掲載されている。これらの記事の中で、聖者や偉大な宗教者に関する物語はよく取り上げられる。たとえば、雑誌の中には「マナーキブ（Manaqib）」と呼ばれるセクションがあるが、マナーキブとは聖者の人生を、奇蹟と徳のある行動に重点を置く形で記したものである。聖者に関するもう1つのセクションは「ハウル（Haul）」で、これは聖者とその偉業をしのぶために毎年行われる行事（ハウル）の報告である。有名な聖者のハウルの数は限られているが、編集部は各地の、特にジャワにおけるハウルを、小規模なものも含めてなるべく多く取り上げている。これら、過去の宗教者に関連

12）　Alatas 2008: 103-104, 169-172. アラタス自身は読者層の調査に使用したデータは網羅的ではないと断っているが、筆者が『アル゠キッサ』を読む限り、ある程度読者層の特徴を捉えていると考えている。

する記事に加えて、現在の人物や団体に関する記事も、「人物（Figur）」、「マジュリス・タアリーム（Majelis Ta'lim イスラーム勉強会）」、「プサントレン（Pesantren イスラーム寄宿塾）」などのセクションで掲載している。

　読者が参加するコーナーもある。「読者からの手紙（Surat Pembaca）」セクションでは、読者からの意見や要望と、編集部からの回答が掲載されている。「『アル＝キッサ』の友達（Sahabat alKisah）」セクションでは、友人を募集する読者のプロフィールと写真が掲載されている。このセクションに出てくるのは多くが若者である。これらに加えて、宗教、夢、精神的な事柄についての相談セクションもあり、ここでは読者からの相談に宗教者が回答している[13]。回答者はプカロンガン在住のサイイド、ルトゥフィー・ビン・ヤフヤー（後述）である。

付録の小冊子「ガヤ・ムスリマ」（ムスリム女性のスタイル）

　『アル＝キッサ』は女性の読者も意識しており、過去にはムスリム女性のファッションや、インドネシアや他のムスリム諸国の料理を紹介する記事が毎号掲載されていた。これらのコーナーは現在なくなっているが、女性のファッションについては、「ガヤ・ムスリマ（Gaya Muslimah）」（ムスリム女性のスタイル）という付録の小冊子という形で復活している。これらのセクションに加えて、ムスリム女性に関する記事や物語が頻繁に掲載されている。

3　付録の重視

　『アル＝キッサ』の最も大きな特徴の1つは、豪華な付録である。典型的な付録のセットは、祈禱文（ウィリド、ドアー、ラーティブ）が書かれている小冊子、宗教者の肖像や祈禱文が印刷されているポスター、ステッカーであ

---

13)　相談するためには、質問を紙に書き、雑誌についているクーポンを貼って編集部に送る。

る。これに加えて祈禱などのビデオ（DVDやVCD）が付録に含まれることもある。各年の最終号にはカレンダーがついてくる。これらの付録は年々豪華になっていくようである。当初の付録は小冊子だけであった。しかし、第2年19号（2004年9月13〜26日）からは宗教者のポスター（とは言っても雑誌と同じA5サイズだが）が、ミシン目で切り取るページの形で付録に加わった。第3年8号（2005年4月11〜24日）は、マウリド（預言者生誕祭）の特別号で、祈禱が収録されたCDが付けられた。さらに、第4年15号（2006年7月17〜30日）には祈禱文が書かれたポスター（A5サイズ）が付録に加わった。第4年17号（2006年8月14〜27日）からは、宗教者の肖像のポスターがページをミシン目から切り取る形ではなく、独立した1枚の紙になった。DVDやVCDが不定期で付録に加わるようになったのは、第2年8号からである。それだけですでに豪華な付録のセットに、さらにステッカーが加わったのは第7年1号（2009年1月12〜25日）である。第7年25号（2009年12月14〜27日）からは、肖像のポスターが雑誌の大きさをはるかに超えるサイズ（21×27.5 cm）になり、さらにムスリム女性のファッションに関する小冊子（上述の『ガヤ・ムスリマ』）も加わった。このような豪華な付録をつけるのは、この雑誌を買う大きな理由の1つは付録にあると編集部が考えているためである。

　全体として見ると、『アル゠キッサ』は宗教に関する知識があまりない人も含め、なるべく広い読者層を獲得するために軽い読み物の形で出版されている。その内容のほとんどは、読者に特定の思想を伝えたり、議論に参加させたりするというよりは、情報を提供することに主眼が置かれている。フィーリーは『ヒダヤ』と『サビリ』をイスラーム出版市場の最下層に位置する雑誌で、「扇情的」「大衆的」と特徴づけた（Fealy 2008: 21-22）。『アル゠キッサ』はその市場に加わった新たな雑誌と見ることができる。

第5節　サイイドと『アル゠キッサ』

1　サイイド重視の編集方針

　『アル゠キッサ』は成長が見込まれる市場、つまりイスラーム的な大衆出

第 7 章　商品化するイスラーム　253

版物のマーケットを狙う形で創刊されたが、単に先行誌を真似たわけではない。むしろ、サイド関係の記事を掲載することで、新たな市場を開拓したとも言える。実際、サイドは、『アル゠キッサ』の中では際立った存在感を示している。しかし、誌面から非サイドを排除しているというわけでもなく、どの号にもインドネシアの（つまりアラブでもサイドでもない）ウラマーの人生、偉業、思想などに関する記事がある。ページ数で見る限り、サイドを扱う量は、非サイドを扱う量をそんなに上回っているわけではないだろう。この雑誌におけるサイドの存在感の大きさは、彼らについての記事の量ではなく、彼らの扱われ方に表れている。

　『アル゠キッサ』の中でサイドが特別扱いされているのは、誌面のさまざまな場所で確認することができる。たとえば各号の表紙は大小 2 つの顔写真で構成されることが多いが、大きい方の写真（10×15 cm 程度）はほとんどの場合サイドである。そして小さい方の写真（3×4 cm 程度）は非サイドであることが多い。サイドとは言っても、表紙を飾る人物は、これからの活躍が期待される若い宗教者から、すでに評価が確立したシニアまでさまざまである。しかし、表紙に顔が載る非サイドが、同じ号の表紙に載るサイドの若者よりもどんなに宗教活動の経験が豊かだろうが、写真の大きさが逆転することはない。非サイドの大きな写真が出るとすれば、裏表紙である[14]。また、雑誌で取り上げられる聖者の多くもサイドである。ハウルに関する記事も、サイドの聖者のためのものが多い。その他のセクションでも、サイドは特別な扱いを受けている。たとえば「人物」セクションで取り上げられるのもサイドが多いし、マジュリス・タアリームでも、サイドによって運営されているものや、サイド以外によって運営されているが、サイドが何らかの形で関わっているものが多い。精神や宗教的な事柄の相談コーナーでも、相談役になっているのは中部ジャワのプカロンガンに住んでいるサイド、ルトゥフィー・ビン・ヤフヤーである。この人物は、インドネシアにおけるタリーカ協会（Jam'iyyah Ahlith Thoriqoh Al-Mu'tabarah An-Nahdliyyah）の代表も務めている。

---

14)　裏表紙のモチーフは、宗教者の顔写真、物語の挿絵、広告などさまざまである。

サイドは、付録においても目立っている。たとえば、雑誌の表紙同様、付録のポスターにはウマル・ビン・ハフィーズ、ザイン・ビン・スマイト、アリー・ハブシー、ムンズィル・ムサーワーなど、サイドのウラマーや説教師の写真が使用されている。2009年に付録としてつけられたDVDの内容は祈禱の朗唱や説教だが、出演しているのはシャイフ・サッカーフ、アブドゥルラフマーン・バー・スッラ、ジンダーン・ビン・ジンダーン、ムハンマド・アッタース、アフマド・カーフ、サイフッディン・アムスィルで、最後の1人を除いてすべてサイドである。ただ1人の非サイドであるサイフッディン・アムスィルは、サイドと密接なつながりを持ち、彼がDVDで朗唱しているのは、ハドラミー・サイドが作ったラーティブ（祈禱の一種）である。小冊子の内容も、サイドが作った祈禱文であることが多い。年末に付録としてついてくるカレンダーには、サイドの写真が使用されている。

ほかのイスラーム雑誌、たとえば前述の『ヒダヤ』や『サビリ』と比較すると、『アル゠キッサ』のサイド重視の姿勢がより明確になる。まず、『アル゠キッサ』以外のどちらの雑誌も、サイドの写真を定期的に表紙に使うことはないという点を指摘することができる。3誌の中で、『サビリ』だけはイスラーム主義者、インドネシアの政治、その他の深刻な話題を取り上げるという点が特徴である。一方、『アル゠キッサ』や『ヒダヤ』はインドネシアの政治問題について意見を表明したり、政府の批判を行ったりすることはない[15]。それでは、『アル゠キッサ』と『ヒダヤ』はどこに違いがあるのだろうか。じつは、2つの雑誌の内容はよく似ている――双方とも物語を掲載することを重視しているし、それらにはしばしば鮮烈な挿絵が入っている点も同じである[16]。最も重要な点は、「イスラーム・ダイジェスト（Sebuah Intisari Islam）」という副題を使用している『ヒダヤ』も、『アル゠キッサ』同様、軽い読み物としての雑誌をめざしているという点である。そうすると、

---

[15] ハールーン・ムサーワーは、『アル゠キッサ』がスハルト時代に発行されても何の問題もなかっただろうと考えている。ハールーン・ムサーワーへのインタビュー（2009年8月18日、ジャカルタ）。

[16] 『ヒダヤ』で使用されている挿絵の例は、Fealy and White (2008), color plate 1 で見ることができる。

2誌の最も大きな違いはサイイドに関する内容を重視しているかどうかという点になる。双方とも宗教的な事柄に関する相談コーナーを設けているが、相談役は、『ヒダヤ』では非サイイド（非アラブ）であり、『アル゠キッサ』ではサイイドである。上述のとおり、『ヒダヤ』は『アル゠キッサ』よりも先に創刊されており、後者が前者の内容の一部を取り入れ、さらにサイイド色を加えることで読者の獲得を図ったと言える。

2 『アル゠キッサ』に登場するサイイド

『アル゠キッサ』にはさまざまなサイイドが登場するが、その中でも特に何度も取り上げられる人々がいる。比較的頻繁に登場するのは、ダールル・ムスタファー（Dār al-Muṣṭafā 預言者の家）という、ハドラマウトの町タリームにある宗教学校の関係者である。この学校は1993年に、ウマル・ビン・ハフィーズ（以下ハビーブ・ウマル）という、ハドラマウトでは有名な宗教者によって設立された。ハビーブ・ウマルは東南アジアからの留学生を呼び込むことに並々ならぬ熱意を注いだ。最近では毎年30〜40名程度の学生がインドネシアからダールル・ムスタファーに留学している[17]。この学校は、サイイドだけのためのものではなく、非サイイドのアラブや、非アラブの学生もここでイスラーム諸学を学んでいる。教員もサイイドだけではなく、血統も、文化的・民族的背景もさまざまである。しかし、この学校は以下の理由から「サイイド教育機関」だと考えることができる。

まず、ダールル・ムスタファーの2人の指導者、上述のハビーブ・ウマルと、アリー・ジュフリー（ハビーブ・ウマルの一番弟子で、学校に対して多額の経済援助を行っている）は両方ともサイイドである。また、ハドラミー・サイイドたちの多くは、これら2人を自分たちの氏族から輩出した宗教的英雄だと考えている。さらに、学校の教育方針、たとえば墓参を重視するなどの特徴は、ハドラミー・サイイドの伝統に沿ったものである。『アル゠キ

---

[17] ハサン・ハリドへのインタビュー（2008年8月20日）。この数は非常に少なく思えるかもしれないが、学校でイスラーム諸学を学ぶ課程は5年間で、常時150〜200名のインドネシア出身者がこの学校で学んでいることになる。学校の規模を考えると、この数は無視できない大きさである。ダールル・ムスタファーについては新井（2011）参照のこと。

ッサ』がダールル・ムスタファー関係の記事をよく掲載する理由は、この文脈から理解することができる。ハビーブ・ウマルは毎年東南アジアを訪れ、ジャカルタのチドドル地区で開催される、アブー・バクル・ビン・サーリムという聖者のハウルの導師の役割を務めている[18]。同時に彼は、ジャワ、カリマンタン、スマトラ、マレー半島など東南アジア島嶼部各地で講演を行ったり、在地のウラマーと意見交換をしたりしている。

　このようなハドラミー・サイドによる活動は、『アル＝キッサ』の格好の取材対象であり、毎年ハビーブ・ウマルの訪問についての記事が掲載されている[19]。ダールル・ムスタファーの卒業生もインドネシアで活発に宗教活動を行っており、それが『アル＝キッサ』にも頻繁に取り上げられる。卒業生の中には自分で宗教学校や団体を創設する者もいる。その中の1人が、ジャカルタでマジュリス・ラスールッラー（神の使徒のマジュリス）というマジュリス・タアリームを運営しているムンズィル・アルムサーワー（Munzir Almusawa）である。彼が開く宗教行事は数千人の参加者を集めることもあり、メディアやインターネットを利用しながら宗教活動を行う「新世代」のサイイド宗教者として注目を集めている。おそらく彼や彼の活動が人々に知られ、多くの追随者を得るようになった理由の1つは、『アル＝キッサ』が彼を定期的に記事にしたり、写真をポスターに使用したりしているからであろう[20]。反対に、『アル＝キッサ』も、前途有望な若いサイイドを記事にすることで、読者を獲得していると考えることもできる。

　『アル＝キッサ』の編集部を訪れれば、雑誌のサイイド重視の姿勢をより明確に知ることができる[21]。編集部の建物に入ったところにあるホールには、サイイドの宗教者――若者から老人、故人まで――の肖像写真が20枚以上

---

18) アブー・バクル・ビン・サーリム自身は16世紀にハドラマウトで活躍した聖者で、東南アジアに来たことは1度もない。しかし、彼の子孫が東南アジア各地におり、最近彼のハウルがジャカルタで行われるようになった。
19) たとえば、"Rihlah Habib Umar di Indonesia（ハビーブ・ウマルのインドネシア紀行）," alKisah 6/2 (14-27 January 2008), 38-42 などの記事には、ハビーブ・ウマルがインドネシアを訪問したときの活動が報告されている。
20) ムンズィル・アルムサーワーについては、Alatas (2008)、特に彼と『アル＝キッサ』の関係を議論している（pp. 102-105 参照）。マジュリス・ラスールッラーについては、http://majelisrasulullah.org 参照。

壁に掛けられている。その隣の部屋ではイスラーム関係の書籍が売られているが、その多くはサイイドについて書かれているか、サイイドによって書かれた本である。編集部の壁には、サイイドやサイイド関係の宗教行事に関する情報が書かれた紙が貼られている。『アル゠キッサ』にはサイイド以外の主題を扱った記事も多く掲載されているが、雑誌がどこに重点を置いているのかは、編集部を見れば明らかである。

『アル゠キッサ』編集部。サイイドの肖像が並んでいる（筆者撮影）

3　サイイドの歴史を統合する

『アル゠キッサ』で取り上げられるサイイドは、おおまかに３つのグループに分けることができる。最初のグループは、すでに故人となっている有名な宗教者である。雑誌の「マナーキブ」コーナーでは、これら過去の宗教者の人生や奇蹟に関する話が頻繁に紹介されている。彼らはハドラミー・サイイドのコミュニティの中ではよく知られた存在であるが、１度も東南アジアに来たことがない者、たとえば上述のアブー・バクル・ビン・サーリムや、アブー・バクル・アダニー・アイダルース（アデン）などはインドネシアのほとんどのムスリムが知らないのではないかと思われる。このような人物を取り上げることで、雑誌の読者はインドネシア在住サイイドの祖先に関する情報に親しむことができる。

第２のグループは、現在宗教活動を行っている人々である。彼らは、すでに宗教者としての評価が定まっており、インドネシア内外で教育を受けた

21）　編集部の住所は、Jl. Pramuka Raya No.410, Jakarta 13120, Indonesiaである。編集部は以前、サレンバにあった『アネカ・イェス』編集部と同じビルにあったが、『アル゠キッサ』編集部を訪れた宗教者が、『アネカ・イェス』編集部を訪れたショートパンツの女性とすれ違うことがあるなど、望ましい環境というわけではなかったため、現在の場所に移動したということである。

のち、自分でプサントレンやマジュリス・タアリームなど宗教教育関連の学校や団体を設立している。ダールル・ムスタファー関係の人々、たとえばハビーブ・ウマルやムンズィル・アルムサーワーはこのグループに含まれる。これらの「フルタイム」で活動する宗教者に加え、『アル゠キッサ』は宗教的な活動を行ってはいるが、技術者、実業家、公務員、会社員など本業を持っている人々の活動も紹介している。アブドゥルラフマーン・ビン・シャイフ・アッタースはジャカルタで人材派遣会社を経営しながらスカブミ（ジャワ）でプサントレンを、ジャカルタでマジュリス・タアリームを運営している。またアリー・アブー・バクル・シハーブは元技術者で、引退後はダールル・アイタムという、サイイドが運営している孤児院の責任者になっている。これらの人物は、いわゆる「パートタイム」のサイイド宗教者と考えていいだろう。

　第3のグループは、『アル゠キッサ』の役割を考えるうえで最も興味深い事例である。このグループに含まれるのは若いサイイドで、まだウラマーや宗教者としての評価は確定していないが、将来そうなる可能性がある人々である。彼らは多くの場合、年齢は30代で、国外でイスラーム諸学を学び、インドネシアで宗教教育やダアワに情熱を傾けている。このような人々にとって『アル゠キッサ』で紹介されることは特別な意味を持っている。彼らに関する記事やインタビューが掲載されると、編集部には彼らの連絡先を尋ねる電話がかかってくるという。その目的は、彼らを宗教行事に招待したり、講演を頼んだりすることである。つまり、『アル゠キッサ』はまだ知られていない若いサイイド宗教者の掘り起こしをしているのである。これらの点を考慮すると、『アル゠キッサ』は、過去、現在、そして未来のサイイド宗教者を網羅しようとしていることがわかる。雑誌がいつまで生き残ることができるのかはわからないが、『アル゠キッサ』は21世紀初頭のインドネシアにおけるハドラミー・サイイドの活動を記録する貴重な史料となることは確かだろう。

　このように、『アル゠キッサ』はサイイドを取り上げることで読者を獲得しているが、サイイドの肖像（写真）を商品にしたのは、この雑誌が最初ではない。たとえば、聖者廟のまわりの露店や宗教用品を扱う店でサイイドの

第7章　商品化するイスラーム　259

ポスターが売られているのは『アル＝キッサ』創刊前からよく見られる光景であった。『アル＝キッサ』が特徴的なのは、サイイドの肖像を今までにない規模で使用しているという点である。この雑誌の定期購読者は、2週間ごとに表紙や付録のポスターとして、新たなサイイドの肖像を入手している。そして、この雑誌は一般の流通経路に乗せて販売されるため、ジャカルタをはじめとするインドネシア各地のニューススタンドには2週間ごとにサイイドの顔写真が並び、通行人の目に触れることになる。

　『アル＝キッサ』のもう1つの特徴は、若いサイイドを取り上げていることである。『アル＝キッサ』創刊前に売られていたサイイドのポスターは、すでに宗教者としての地位が確立している人物のものであった。そこには若い、つまり将来性はあるがまだ評価が確立していない人物が入り込む隙はなかった。しかし、『アル＝キッサ』の誌面では、若いサイイドとシニア層のサイイドや故人が記事、表紙、付録などの中に等しく場所をあてがわれている。これら、教育、経験、成熟度においてさまざまな段階にあるサイイドたちが同じ扱いを受けることで、読者には彼らが等しい存在に見えてくるかもしれない。それを象徴的によく表しているのが毎年最後の号に付録としてついてくるカレンダーである。そこではサイイドの肖像写真、または肖像画が各月に1枚ずつ掲載されているが、12人のサイイドは若者、シニア、故人の「混成グループ」である。カレンダーや誌面で上の世代のサイイドと同等に扱われることによって、読者の方も若いサイイドを上の世代と同等か、少なくとも将来同等になるであろう存在だという印象を持つだろう。さまざまなサイイドを同じ場所で取り上げるという一種の戦略は、サイイド全体のイメージを向上させることにもつながる。一方、この戦略は、まだ評価が確定していないサイイドを必要以上に宣伝することにもつながる。この点が、のちに触れるようにこの雑誌が批判されている理由の1つである。

第6節　『アル＝キッサ』発行の意図

1　サイイドの歴史観と『アル＝キッサ』

　なぜ『アル＝キッサ』はサイイドに重点を置いているのだろうか。それは

サイド・コミュニティ全体の意志なのだろうか。また、この雑誌の創刊はサイド・コミュニティにどのような影響を与えたのだろうか。雑誌が長く続いていることと一定の発行部数を保っていることから考えると、サイドにとって『アル＝キッサ』は理想的な宣伝媒体だと言える。上述のとおり、サイドはインドネシアにおけるイスラームの発展に一定の貢献をしており、サイドの宗教者（または聖者）の近所に住んでいる人々にはそういった貢献はよく知られている。しかし、個々のサイドの評判はローカルな範囲にとどまっている。インドネシア国内では広い範囲に流通しており、サイドを取り上げている『アル＝キッサ』は、ローカル・コミュニティのレベルを超えたところでサイドの宗教者の活動を人々に知らせる媒体になりうる。

　また、『アル＝キッサ』を利用することで、サイドたちは自らの歴史観を宣伝することも可能である。上述のとおり、サイドはインドネシアにおけるイスラームの発展に対する貢献を誇りに思っている。しかし、彼らの自己評価は、必ずしもほかの人々に共有されているわけではない。その一例が、東南アジアがどのようにイスラーム化されたのかについての見解の相違である。東南アジアのイスラーム化は、地域の歴史で重要な出来事であるにもかかわらず、詳しいことはよくわかっていない。イスラームがどこから来たのかという点についても、アラビア半島、イラン、イラク、インドのグジャラートやベンガル、中国など諸説ある。また、地域の人々を改宗させたのも、インド洋の長距離交易に携わっていた商人と言われていたり、布教するためにやってきたスーフィーやウラマーだと言われていたりする。問題なのは、確固たる証拠が少ないため、どの説も完全に裏付けることも否定することもできないという点である。研究者たちは、東南アジアのイスラームが特定の地域から、特定の人々によってもたらされたという前提で議論を行うのは無意味であると考えるようになっている。東南アジアは広大な地域であり、その中の各地域は、それぞれ違った歴史的文脈を持っている。つまり、域内各地のイスラーム化は、それぞれ独自の歴史やパターンで進行してきたと考える方が妥当である。

　研究者の世界ではそのような形でおおよその合意が得られているとしても、東南アジアのイスラーム化は依然として注目されている話題である。さまざ

まなグループが、東南アジアにイスラームをもたらしたのは、彼らの祖先や、彼らと同じ宗派に属する人々だったと主張している。たとえば、シーア派の中には、東南アジアはまずシーア派によってイスラーム化されたと考える人もいる。サイイドたちも、東南アジアに最初にイスラームをもたらしたのはサイイドだと主張している。彼らによると、15～16世紀のジャワで、地域のイスラーム化に貢献したと言われている9人の聖人、ワリ・ソンゴも、ハドラマウトからやってきたサイイドであったことになる。この認識は多くのサイイドに共有されているが、サイイド・コミュニティの外では数ある説の1つとして扱われているにすぎない。イスラーム化の問題以外でも、サイイドの中には、彼らのインドネシアに対する貢献が十分認められていないと考えている人も多い。『アル＝キッサ』の記事の中には、東南アジア島嶼部にイスラームをもたらしたのはサイイドだという意見を紹介する記事や、インドネシアを祖国として独立運動を展開したアラブ（サイイド、非サイイド）についての記事が掲載されている。これらの記事の中には、インドネシアの歴史の中でサイイド、またはアラブが行った貢献を認めてほしいという主張を見て取ることができる。もしそうだとすれば、『アル＝キッサ』は、学術的な議論や確固たる証拠を提示することなしに、軽い読み物の形で、インドネシアにおけるイスラームの歴史をサイイドの歴史観に合う形に読み替えようとしているのではないかという仮説を立てることも可能である。問題なのは、それがサイイド・コミュニティ全体の意志を反映する形で行われているかどうかという点である。

2　雑誌に対するサイイドからの批判

　結論から言えば、『アル＝キッサ』の発行はサイイド・コミュニティ全体が取り組んでいる事業でもないし、その内容がコミュニティ全体から支持されているわけでもない。宗教意識の高いサイイドの中には、この雑誌を批判する人が少なからずいるし、実際のところ雑誌に対する批判の多くはサイイドたち自身から寄せられている[22]。そのような批判の中身は、許可なく自分の写真を使用されたことや、事実誤認が目につくこと、過度な商業主義などである。たとえば、サイイドは『アル＝キッサ』でされているような形で

宣伝されるべきではないと考えている人々がいる。その意見を要約すると以下のようになる。サイイドの美徳の1つは謙虚な態度であり、メディアに宗教指導者として掲載されることは、そのような美徳を損なうことになる。たとえ若いサイイドが雑誌に取り上げられて有名になったとしても、それが彼にとって最終的に良い結果をもたらすかどうかはわからない。それらの若者は、社会に認知されるまでにまだまだしなければならないことがたくさんあるが、メディアによって実力以上に評価されるようになった結果、慢心して勉強をやめてしまうかもしれない。われわれの祖先は、皆並々ならぬ努力をして宗教者としての地位を築いたということを忘れてはならない……。このような意見は、一昔前の世代を知っている年配者に多い。

　雑誌がサイイドの一面のみしか注目していないという点にも批判が向けられている。たとえば『アル゠キッサ』での記事は、スンナ派・シャーフィイー法学派のイスラームに沿った形で書かれており、他の要素は軽視されていると考えている人々がいる。インドネシア在住サイイドで、有名なクルアーン解釈学者でもあるクライシュ・シハーブは、『アル゠キッサ』がイスラーム雑誌を標榜するのであれば、さまざまな形のイスラーム、たとえばシーア派やワッハーブ主義なども取り上げるべきであるという意見を持っている[23]。このような批判をするのは、シーア派に改宗したり、シーア派に理解を示したりしているサイイドや、ハドラミーが伝統的に取り入れてきたスンナ派・シャーフィイー法学派にこだわっていない人々である[24]。また、サイイドの活動は多岐にわたっており、単に聖者や奇蹟だけでサイイドを語

---

[22] ハールーン・ムサーワーへのインタビュー（2009年8月18日、ジャカルタ）。『アル゠キッサ』を批判する人たちの中には、雑誌に複数回取材されている人物も含まれている。非アラブ、または非サイイドのインドネシア人が『アル゠キッサ』をどのように評価しているのかについて、筆者はまだ調査を行っていない。しかし、サイイドを重視するという編集方針が問題になることはないのではないかと筆者は考えている。イスラーム史を専門にしているインドネシア人研究者は、一般の人々はこの雑誌に掲載されているサイイド、聖者、奇蹟などの話を好むだろうとの見解を持っている。オマン・ファトフルラフマンへのインタビュー（2009年8月19日、ジャカルタ）。

[23] クライシュ・シハーブへのインタビュー（2009年8月25日、ジャカルタ）。

[24] ウマル・ビン・ムハンマド・シハーブへのインタビュー（2009年8月17日、ジャカルタ）。ウマル・イブラーヒーム・サッカーフへのインタビュー（2009年8月17日、ジャカルタ）。

るべきではないという意見もある。しかし、これらの問題は編集者の思想信条というよりは、雑誌がターゲットにしている読者の特徴に原因があると考えられる。ハドラマウト同様、東南アジアのムスリムの大部分はサイイド・非サイイドにかかわらずスンナ派で、法学派はシャーフィイー派に属している。インドネシアで発行しているイスラーム雑誌がより多くの読者を獲得しようとするなら、多数派の宗派・法学派に合わせた記事を書くのは自然であろう。また、読者の多くが専門的な宗教教育を受けたわけではないので、読者を惹きつけるために聖者や奇蹟についての記事を掲載するというのも理解できる。

　興味深いのは、このように「偏った」編集方針を批判してはいても、サイイドの多くは『アル゠キッサ』の存在価値を認めているという点である。理想的な方法かどうかはともかく、この雑誌はサイイドの活動を社会の中に広く知らしめている。多くの批判がサイイドから寄せられているという事実は、裏を返せばサイイドたちがこの雑誌の影響力を認め、内容を向上させようとしていることを意味している。また、『アル゠キッサ』を批判している人々でも、雑誌にインタビューされることを拒んだり、雑誌との関係を断ち切ったりはしていない。サイイドの美徳の1つは寛大さであり、誰であろうが知識を求めて来る人間を拒むべきではないというのがその理由の1つである。また、『アル゠キッサ』の編集部のメンバーと他のサイイドは、遠いか近いかはともかく同じ氏族（ハドラミー・サイイド）なので、商業誌の編集方針が原因で人間関係を絶つわけにはいかないという事情もあるだろう。

　もし『アル゠キッサ』の編集方針がサイイド・コミュニティ全体の意志を反映したものではないとしたら、なぜサイイドを重視しているのだろうか。1つの理由として考えられるのは、オーナー・編集長であるハールーン・ムサーワーの血統である。彼はサイイドとして、イスラーム雑誌を通じて自分の氏族の宣伝をしたいのだろうか。または、親族関係を利用する方が雑誌の記事を集めるのが容易なのだろうか。これらはもっともな理由に思えるが、『アル゠キッサ』の初期の変遷を調べると、より大きな理由が浮かび上がってくる。

264　第3部　教育・文化の変容

3　「サイイド雑誌」誕生の経緯

　じつは、『アル゠キッサ』は最初からサイイドに重点を置いていたわけではなかった。たとえば創刊号を見ると、表紙を飾っているのはサイイドではなく、ダンドゥット（インドネシアにおけるポピュラー音楽の1ジャンル）歌手のイヌルという女性である[25]。それ以降の号も、女性の有名人や芸術家の写真を表紙に使用している。宗教者の写真も表紙に掲載されていたが、小さなサイズのものである。この時点における雑誌の「売り」はムスリム女性の有名人だったことは明白である。もっとも記事の内容は、彼女たちのキャリアや活動そのものではなく、宗教生活に関わるものではあった。この時期の雑誌の姿勢を象徴的に表しているのは、第2年7号（2004年3月29日～4月11日）だろう。この号の表紙を飾ったのは、作家・ソープオペラの女優・政治家のリーケ・ディア・ピタロカ（Rieke Diah Pitaloka）であった。もう1つの小さい写真は、ハビーブ・ウマル、つまり上述のダールル・ムスタファーの創設者・学長であった。ハビーブ・ウマルはのちにこの雑誌が最も力を入れて取材する人物の1人になるが、この時期には脇役としての役割しか与えられていなかったことになる。実際、雑誌の最初期からルトゥフィー・ビン・ヤフヤーやアニース・ハブシーなど、サイイドの宗教者の写真が表紙を飾っていたが、いずれも掲載された写真のサイズは小さかった。

　雑誌に転機が訪れたのは、第2年19号（2004年9月13～26日）である。この号で表紙を飾ったのは、ハドラミー・サイイドの宗教者であるザイン・ビン・スマイトと映画監督のデウィ・ユリア・ラズィフ（Dewi Yulia Razif）である。女性ムスリムの有名人と宗教者という組み合わせはそれ以前の号と同じであったが、それぞれの役割は逆転した。ザイン・ビン・スマイト、つまり宗教者の方が大きく扱われ、デウィ・ユリア・ラズィフの顔写真は、それまでの号の宗教者と同じ、小さなサイズであった。また上述のとおり、この号からサイイドの顔写真が付録に加わった。この号以降、表紙を飾る大きな写真はほぼすべてがサイイドになった。第3年10号（2005年5月9～22日）以降は、女性の写真が表紙から消え、その代わりに非サイイドの宗教者

---

[25]　この歌手は、踊りのスタイルがインドネシアで議論を巻き起こしたことでも知られている（*alkisah*, 1/1, Juli, 2003）。

第 7 章　商品化するイスラーム　265

『アル゠キッサ』創刊号（2003年7月）（左）と第2年19号（2004年9月）（右）

の小さな写真が表紙に載るようになった。

　このことからわかるように、『アル゠キッサ』は創刊以降、主な取材対象をムスリム女性の有名人からサイイドの宗教者へと大きく変更した。逆に言えば、この雑誌は最初からサイイドを宣伝する目的で発行されたわけではない。どちらかと言えば、プロの編集者であるハールーン・ムサーワーが、2003年当時成長が見込まれたイスラーム出版という市場に参入したという方が正しい。そのようにしてスタートした『アル゠キッサ』であるが、最初の13カ月は雑誌の重点をどこに置けばいいのかがわからなかった。そのため、ハールーン・ムサーワーは知り合いの何人かのアラブ人に助言を求めた。何度にもわたる話し合いの中で現れたキーワードは、「アフル・アル゠スンナ・ワ・ジャマーア（スンナと共同体の民）」[26] と「サイイド」であった。第2年19号にサイイド宗教者の写真を表紙の中心に据えたのは、このような試行錯誤の結果である。雑誌の「方針転換」（少なくとも表紙の写真における）は読者や販売業者から好評を得た。この時点でも、編集部はサイイドだけで

26）　いわゆるスンナ派（スンニー派）のことで、全ムスリムの9割を占める。インドネシアではムスリムのほぼすべてがスンナ派であると言ってもいいほど同派が圧倒的多数を占めている。

なく、非サイドの宗教者やムスリム女性の有名人の写真を順番で表紙や付録のポスターに使用しようとした（*alKisah* 2/20, 27 September-10 Oktober 2004: 3）。しかし、市場の要望により、最終的には上記のキーワードに沿う形で、サイイドを雑誌の中心に据えることになった[27]。つまり、ハールーン・ムサーワーの親族関係が雑誌の内容に何らかの影響を与えたとしても、最終的には市場の反応をもとに編集方針が決定されたのである。

『アル゠キッサ』におけるサイイドの扱いが、特定の個人や集団の意志ではなく読者のニーズを反映しているとしたら、そこにサイイドの重要な側面を見ることができる。ここで思い出してほしいのは、預言者一族に重点を置いているとは言っても、雑誌の内容は決してサイイド一色というわけではないという事実である。量から見ると、サイイド関係の記事は決してその他の記事を大きく上回っているわけではない。サイイドがほぼ独占しているのは表紙と付録の部分である。それらは雑誌の「顔」であり、売り上げを決める重要な要素である。つまり、サイイドの画像は読者や市場に訴える力を持っているということになる。サイイドに重点を置くことで、『アル゠キッサ』は『ヒダヤ』との差別化を図り、市場において独自の位置を獲得することに成功した。おそらくハールーン・ムサーワー自身も、雑誌の顔としてサイイドがどの程度の潜在力を持っているのか気づかなかったであろう。雑誌の創刊当時の試行錯誤によって、編集部はサイイドの商品力に気づいたのである。

第7節　おわりに

以上の議論から、インドネシアにおけるイスラームの商品化とサイイドについて、以下の点を指摘することができる。まず、サイイドの宗教者は商品として大きな可能性を持っているという点である。『アル゠キッサ』の商業的な成功は、インドネシアのイスラーム市場においてサイイドのニッチが存在することを意味している。サイイドについての雑誌を購入する人々は、イ

---

[27] 『アル゠キッサ』創刊当時の状況についてはハールーン・ムサーワーへのインタビュー（2009年8月18日、2012年9月4日）に基づいている。同じ人物からの情報をもとに、Alatas (2008: 102-103) も似た記述をしている。

スラームの預言者につながる血統、聖者の存在、現在における宗教活動などを通して、サイイドたちの中に「正しいムスリム」のあり方を見出しているのではないだろうか。

　第2の点は、サイイドの高い順応性である。イスラームの商品化の流れはインドネシア・ムスリムの宗教生活のさまざまな場面で見ることができるが、サイイドたちは批判されながらもこのトレンドに乗り、自分たちの認知度を上げることに成功している。雑誌の成功がサイイドの宗教者によるものではなく、プロの編集者によるものであるという事実は、サイイドの順応性が、サイイド・コミュニティのメンバーの多様性によっていることも意味している。

　第3に、イスラームの商品化とは言っても、ただ漠然とイスラーム的なものに価値が見出されているというわけではなく、特定の集団が商品として認知される場合もあるという点を指摘することができる。イスラームの商品化についての研究は、今後全体を見渡すことができる理論を構築するのと同時に、個別具体的な事例を掘り下げていく必要があるだろう。

【参考文献】
〈日本語文献〉
新井和広 2011「東南アジアから南アラビア、ハドラマウト地方への留学――ダール・アル＝ムスタファー（預言者の家）の活動から」床呂郁哉・福島康博編『東南アジアのイスラーム――東南アジアのイスラーム（ISEA）プロジェクト成果論文集』東京外国語大学アジア・アフリカ言語文化研究所、21-37頁。
小杉麻李亜 2006「コラム、クルアーン・グッズ」小杉泰・江川ひかり編著『イスラーム――社会生活・思想・歴史』新曜社、93-96頁。
小杉麻李亜 2009「現代イスラーム社会における聖典グッズ――モノの種類と使用例（第四部会、〈特集〉第六十七回学術大会紀要）」『宗教研究』82(4)、1116-1117頁。
小牧幸代 2010「複製化／商品化されるイスラームの聖遺物――南アジア的宗教実践のポストモダン状況？」『Field+: フィールドプラス』no. 3、8頁。
見市建 2004『インドネシア――イスラーム主義のゆくえ』平凡社。
見市建 2006「イスラームの商品化とメディア」『アジア遊学』第90号、117-127頁。
森本一夫 2010『聖なる家族――ムハンマド一族』山川出版社。
八木久美子 2011『グローバル化とイスラム――エジプトの「俗人」説教師たち』世界思想社。
安田慎 2012「産業化するシリア・シーア派参詣――イスラーム旅行会社が創り上げる秩

序」『イスラーム世界研究』5巻1-2号、147-160頁。

〈英語文献〉
Alatas, Ismail Fajrie, 2008, "Securing Their Place: The Bā 'Alawī, Prophetic Piety and Islamic Resurgence in Indonesia," unpublished MA thesis, Department of History, National University of Singapore.
Fealy, Greg and Sally White (eds.), 2008, *Expressing Islam: Religious Life and Politics in Indonesia*, Singapore: Institute of Southeast Asian Studies.
Fealy, Greg, 2008, "Consuming Islam: Commodified Religion and Aspirational Pietism in Contemporary Indonesia," Fealy and White (eds.), *Expressing Islam*, pp. 15-39.
Freitag, Ulrike, 2003, *Indian Ocean Migrants and State Formation in Hadhramaut: Reforming the Homeland*, Leiden: Brill.
Ho, Engseng, 2006, *The Graves of Tarim: Genealogy and Mobility across the Indian Ocean*, Berkeley: University of California Press.
Mobini-Kesheh, Natalie, 1999, *The Hadrami Awakening: Community and Identity in the Netherlands East Indies, 1900-1942*, Ithaca: Cornell University Southeast Asia Program Publications.
Serjeant, R. B., 1957, *The Saiyids of Ḥaṭramawt*, London: School of Oriental and African Studies, University of London.
Syamsul Rijal, 2005, "Media and Islamism in Post-New Order Indonesia: The Case of Sabili," *Studia Islamika*, 12/3, pp. 421-474.

第8章

イスラーム的価値の大衆化
―― 書籍と映画に見るイスラーム的小説の台頭

野中　葉

第1節　はじめに

　ポスト・スハルト期、インドネシア社会は、かつてない速度でイスラーム化を経験している。これは、イスラーム教徒に改宗する人が増加したという意味のイスラーム化ではない。建国以来、インドネシアはイスラーム教徒が大多数を占める国であった。しかしながら、彼らの多くは、かつて著名な文化人類学者クリフォード・ギアーツがジャワ社会について指摘したように、イスラーム教徒を名乗ってはいるものの、その生活スタイルや価値観は必ずしもイスラームの教えに沿うものではない、アバンガンと呼ばれる人たちであった（Geertz 1960）。スハルト体制崩壊後、社会の民主化と同時に、こうした人々の生活スタイルや行動様式が、目に見えてイスラーム化してきているのである。

　このような社会のイスラーム化に関しては、すでに多くの指摘がなされている。先行する諸研究の中でも、テレビドラマや出版物、服装のイスラーム化、イスラーム説教師やイスラーム歌謡の人気などを捉えて「イスラームの商品化」（見市 2006）や「イスラームのポップカルチャー化」（Saluz 2009）、西欧的文化と融合した形のイスラームの台頭が「イスラームのハイブリッド化」（Nilan 2006）などとして論じられてきた。この種のイスラーム化の担い

手は、グローバル化や経済成長の影響を受けて出現した中間層と呼ばれる人たちである。彼らの旺盛な消費意欲に訴える"現代的"で"おしゃれ"で"かっこいい"イスラームが、次々と生産され、市場に出回っているというのである。また先行研究では、こうしたイスラームの広がりの背景として、「イスラーム的なことが良いこと」、「敬虔なムスリム（イスラーム教徒）であることが良いこと」という価値観が中間層を中心とする人々に広まったことも指摘されている。流行とかっこよさだけで、ここまで広範にイスラーム化が広がったわけではない。

　本章では、こうした先行研究の成果を踏まえ、「イスラーム的価値」の広がりに着目する。人々が、「イスラーム的価値」を良いものとして、現代の自分たちの生活に合致するものとして受け入れた背景には、「イスラーム的価値」の大衆化があったのではないか、というのが筆者の見解である。ここで言う「イスラーム的価値」とは、イスラームの聖典クルアーンと預言者ムハンマドの言行をまとめたスンナから引き出され、人々の生活や言動の指針となる価値観や諸規定を指す。インドネシア語では、nilai Islam、あるいはnilai-nilai Islamと表記される。アラビア語を母語とせず、アラビア語で書かれたクルアーンの原典を読めないインドネシア人にとって、イスラーム的価値を理解することはそもそも非常に難しい。伝統的には、中東に留学し、アラビア語とイスラーム諸学を習得したほんの一握りのウラマーやキヤイと呼ばれるイスラーム知識人やイスラーム教師たちを通じて、人々はイスラームを学び、受容してきたのである。当然のことながら、「イスラーム的価値」は長い間、人々にとって、とっつきにくいものであった。本章では、この「イスラーム的価値」を人々に受け入れられやすい形で提示したものとして、イスラーム的小説を取り上げる。イスラーム的小説を事例に、その発展の歴史と内容、社会の受容のようすを論じ、「イスラーム的価値」の大衆化の一端を明らかにする。

　イスラーム小説（sastra Islam）、あるいはイスラーム的小説（sastra Islami、またはfiksi Islami）という単語については、必ずしも定義がはっきりと定まっているわけではない。のちに論じるイスラーム的短編小説の著名な作家ヘルフィ・ティアナ・ロサ（Helvy Tiana Rosa）は、その著作のエッセイの中で、

イスラーム小説の定義を3つ挙げている。1つは、作家が宗教の神聖さ（kesucian agama）について自覚的で責任を持つムスリムであること。2つ目は、作品がイスラームの教えに沿い、イスラーム法に反するものでないこと。3つ目は、作品が普遍的な主張を持ち、イスラームが万有のための宗教（agama fitrah）であることを考慮して、すべての社会に対して利益を与えうるものであること、である（Helvy 2003: 7）。しかしながら、ヘルフィの議論は必ずしも一般的に広く認知されているわけではない。研究のレベルのみならず、書店や出版社でも、何をイスラーム小説という分野に含めるかの基準は、はっきりとしてはいない。ある小説を、イスラームのジャンルに含めたり、イスラーム小説の書架に陳列したりするかどうかの判断は、それぞれの当事者や担当者によって恣意的に、あるいは思いつきでなされているだけのように見える。そこで本章では、ヘルフィの定義を念頭に置きつつ、ムスリムの生活を描き、イスラームの教えやイスラームに含まれる価値を読者に伝えようとする小説をイスラーム的小説と呼んで論じることとする。

イスラーム小説を並べた書店の店頭（筆者撮影）

　イスラーム的小説は、インドネシアにおいて主に2つの形態で広まった。1つは若い女性たちをターゲットにした短編小説の形態であり、もう1つは映画とタイアップした長編小説の形態である。両者が出現した時期は、異なっている。1990年代から2000年代初頭にかけて、つまりスハルト体制末期からポスト・スハルト期初頭にかけて、前者が先行して生産され、受容された。その後2000年代半ば以降、それに代わって後者が台頭した。本書では便宜上、前者をイスラーム的小説第一波、後者を第二波と呼ぶ。以下では、第一波と第二波それぞれの歴史と代表的作品を分析し、イスラーム的小説の変遷と受容のようすを論じる。

第 2 節　第一波――イスラーム的短編小説の流行

　イスラーム的小説は、1990 年代初頭、女子大生や女子中高生など、若い女性たちの間で、短編小説の形で読まれるようになった[1]。インドネシア語で cerita pendek（「短い物語」の意味）、略して cerpen（「チュルペン」と発音）と呼ばれる形態である。

　1990 年と言えば、スハルト大統領の側近中の側近と呼ばれたハビビを議長に、スハルト自身の祝福を受けて、インドネシア・ムスリム知識人協会（ICMI: Ikatan Cendekiawan Muslim se-Indonesia）が設立され、体制とイスラーム勢力の関係変化が顕在化した年である。スハルトは、体制内の反対勢力を抑え、新たな勢力になりつつあった在野のムスリム知識人たちを体制に取り込むため、これまで弾圧を加えてきたイスラームに対して寛容な態度を取り始めた（白石 1996: 182-210 など）。イスラーム的短編小説が出現したのは、この時期である。各地の国立大学を中心に、1980 年代頃から学生たちによって、ダアワと呼ばれるイスラームの学習会や活動が続けられてきていた（野中 2010）[2]。イスラームの短編小説は、このダアワ活動に参加する大学生たち、特に女子学生の間で、またそこから波及して、後輩の女子中高生たちに広く読まれるようになった。

1　『アニーダ』――イスラーム的短編小説専門誌

　イスラーム的短編小説の人気の火付け役は、短編小説を掲載した隔週刊誌『アニーダ（Annida）』である。『アニーダ』は、インドネシア大学の文学部でダアワ活動に参加していた女子学生たちが中心となり、1991 年に創刊さ

---

[1]　イスラームを題材にした小説は、ハムカ（Hamka）など著名な作家によって、インドネシアの独立前から複数書かれている。しかしながら、まとまった数の作家が同じようなテーマや文体でイスラームを語り、「イスラーム小説」というジャンルが確立したのは、1990 年代初頭に始まる、イスラーム的短編小説の流行以降のことである。

[2]　ダアワ（dakwah, da'wah）とは「呼びかけ」を意味するアラビア語に由来し、狭義には、「イスラームへの呼びかけ」を意味する。インドネシアでは特に、1980 年頃から、全国の国立大学の学生を中心に、自らがイスラームを学び実践しながら、他のムスリムにもより良いイスラームの理解と実践を呼びかけるこのダアワの活動が広まっていった。

れた。2004年に筆者が調査した際には、『アニーダ』の誌面の半分程度が小説に割かれていた。どれもイスラームを題材にし、イスラーム的短編小説と呼ばれる作品である。主な読者層は、13歳から25歳くらいの若い女性たちであり、この層が読者の7割を占めていた。また『アニーダ』に作品を提供する作家たちの多くも、同じ年代の女性たちであり、大学でダアワ運動に参加していた人たちが大部分を占める[3]。

『アニーダ』が創刊された1991年当時、各地の大学キャンパスでは、すでにダアワの活動が広まり始めていた。また、1980

雑誌『アニーダ（*Annida*）』
（筆者撮影）

年代にはスハルト体制によって禁じられていた公立の中学高校でのジルバブ（ムスリマが身に着けるヴェール）着用が1990年に解禁された直後ということもあって、若者の間でイスラームに対する熱意は盛り上がりを見せ始めていた[4]。しかしながら、イスラームに関する書籍のバラエティは依然として乏しかった。アラビア語から翻訳されたイスラーム思想書や運動書が出版され、流通し始めていたものの、多くの若い女性たちの興味を惹くようなテーマや文体を持つ作品は、ほぼゼロに等しかった。大学ダアワ運動に参加していた女子学生の中で、こうした状況に気がつき、自分たちで小説を書き始める人々が出現した。そしてその後、彼女らがグループとなって『アニーダ』の編集にも携わるようになったのである。彼女らは、自らのダアワの活動の一環として、小説を執筆した。また、『アニーダ』の主要な読者になったのは、彼女らと同様、大学や高校でダアワ活動に参加する女子学生たちだった。『アニーダ』は、作品を提供する作家も、作品を編集し流通させる編集サイ

---

3) 2003年『アニーダ』編集部が実施したアンケート結果「data Media Annida 2003」に基づく。
4) 1980年代、公立の中学・高校でのジルバブ着用禁止とその影響については、（野中・奥田 2005）を参照。

ドも、読者たちも、みなイスラームに目覚めた、あるいはイスラームの刺激や知識を求める若い女性たちだったというところに特徴がある。筆者が調査を実施した2004年当時、平均発行部数は5万部であった。インドネシアの若者の間では、1冊の雑誌を友人同士で貸し借りし、回し読みすることが一般的であり、『アニーダ』も1冊を平均4人で回し読みしているというアンケート結果が出ていた。よって、毎回平均すると20万人の読者が『アニーダ』を読んでいることになる[5]。

　『アニーダ』の編集長を1991年から2001年まで10年にわたり務めたヘルフィ・ティアナ・ロサは、イスラーム的短編小説の作家として、インドネシアで最も著名な人物の1人である。『アニーダ』の創刊当時から編集に関わり、作品を執筆し続けた人物であり、イスラーム的短編小説の草分け的存在とも言える。インドネシア大学文学部に1989年に入学した彼女は、大学在籍中、同学部のダアワ組織でイスラームを学び、広める活動に携わった。自分の能力を活かしてダアワを実践することはイスラーム教徒一人一人に課された義務だと知り、自分に与えられた能力は書くことだと悟ったヘルフィは、小説を書くことでダアワを実践することを決意した。彼女によれば、当時、ムスリム同胞団などのイスラーム思想書は、数多くインドネシア語に翻訳され、出版されていたけれど、特に女子学生たちの心に強く響くようなイスラーム小説は存在しなかった。ヘルフィにとって小説は、読者が感情移入し、より身近に感じられるものであり、作家の側から言えば、説教されている感覚を読者に持たせることなく、メッセージを伝えられるものであった。そこで、ヘルフィは自分自身で書き始めたのである[6]。

2　「ガガ兄さんが旅立つ時」

　ヘルフィの初期の代表作に「ガガ兄さんが旅立つ時（*Ketika Mas Gagah Pergi*）」がある。ヘルフィがまだインドネシア大学在籍中の1993年、雑誌

---

[5]　『アニーダ』編集長ディアン（Dian）へのインタビュー（2004年4月8日実施）。その後、イスラーム短編小説の人気の停滞とともに、雑誌『アニーダ』は2000年代半ばから休刊した。現在では、ウェブサイトとツイッターなど電子メディア媒体を通じた情報発信のみを行っている。

[6]　ヘルフィへのインタビュー（2007年6月21日）。

第 8 章　イスラーム的価値の大衆化　275

『アニーダ』に掲載されて大きな反響を呼んだ作品であり、高校生の主人公ギタと、インドネシア大学に通う兄ガガの物語である。大学に入学後、ダアワの活動に参加し、敬虔なムスリムになったガガ兄さんの変化が、ギタの目を通して描かれている。ガガ兄さんの変化を最初は受け入れられなかったギタも、兄さ

ヘルフィ・ティアナ・ロサ元編集長（著者撮影）

んの生活やダアワ活動のようすに接し、会話を重ねることで、次第にイスラームへと心が動いていく。ガガ兄さんから、再三勧められていたジルバブ着用を決心したその日、ガガ兄さんは交通事故でこの世を去るという物語である。

　1993 年に『アニーダ』に同作品が掲載されて以降、『アニーダ』編集部には、連日、数十通の読者からの手紙が届いたという。中でも多かったのは、「このチュルペンを読んで、自分もジルバブを着けるようになりました」という反応であった。1997 年には、『アニーダ』の出版部門プスタカ・アニーダから同タイトルの短編小説集という形で、他の 14 の短編小説とともに出版された。ヘルフィの最初の出版書籍である。雑誌『アニーダ』で掲載されて以降、読者の間で話題になり、同誌で出版の告知もされていたことから、出版前から予約で初版の 1 万冊は完売という状況であった[7]。出版が、多くの女性たちに待たれていた作品であったことがうかがえる。その後 2000 年代に入り、同書は、新興のイスラーム出版社シャアミルからも出版され、これまでに 20 版の再版を重ねている。2011 年には、『ガガ兄さんが旅立つ時、そして再び（*Ketika Mas Gagah Pergi dan Kembali*）』というタイトルで、妹ギタのその後を描いた続編付きの改訂版が出版された。1990 年代、自らの少女時代に「ガガ兄さんが旅立つ時」を読んで感銘を受けた人々の間で、再び

---

7)　『アニーダ』編集長ディアンへのインタビュー（2004 年 4 月 8 日）。

話題となっている[8]。

3 「赤い網」

　1998年に『アニーダ』に掲載された「赤い網（*Jaring Jaring Merah*）」[9]は、それまで若者の日常をテーマに描くことが多かったヘルフィの作風を広げ、イスラーム的短編小説の新しい分野を築いた作品である。この作品は、インドネシアの権威ある文学雑誌『ホリソン（*Horison*）』で、1990年代の10年間で最も優れた短編小説賞にも選ばれている。「赤い網」の舞台は、インドネシアからの分離独立闘争が続いていたアチェ州の農村である。アチェでは、1976年にGAM（Gerakan Aceh Merdeka: 独立アチェ運動）が結成され、中央政府と国軍に対し、ゲリラ活動を展開するようになった。1989年にスハルト政権がアチェの一部の地域を軍事作戦地域（DOM: Daerah Operasi Militer）に指定し、事実上の戒厳令が敷かれた。その後、国軍によりGAMに対して徹底的な弾圧が加えられ、GAMの支援者と疑われた民間人が、多数死傷し、拷問、強姦、不当逮捕などの人権侵害を被った。「赤い網」の主人公は、GAMの支援者と疑われた家族の娘イノンである。イノンは、家族全員を国軍に殺され、彼女自身も強姦された被害者であり、精神を病んでいる。その彼女の心理描写と言葉を通して、物語が展開する。愛する家族はなぜ虐殺されねばならなかったのか、なぜ自分は強姦されたのか、悲劇から3年が経っても憎悪が消えることはない。あらゆることに心を閉ざしたイノンが唯一、心を開いているのがNGOの活動家であり、彼女とともにいて常に彼女を支えるチュット・ディニだった。チュット・ディニは、白いヴェールを身に着ける敬虔なムスリマである。

　「ガガ兄さんが旅立つ時」では、イスラームの良さを伝えるということに対し、直接的で明白なアプローチを取っていたヘルフィであるが、この「赤い網」の中では、イスラームが前面に出ることはない。しかしながら、すべてを失ったイノンが唯一、心のよりどころとするチュット・ディニの発言や

---

[8]　ヘルフィへのインタビュー（2011年2月11日）。
[9]　2001年には、ヘルフィの短編小説集『霞の男と人形（*Lelaki Kabut dan Boneka*）』に掲載され、イスラーム系出版社シャアミルから出版された。

行動の端々に、イスラームの寛容さとイスラームによる癒しの可能性を感じ取ることができる。また、自国の政府が行った凄惨な弾圧と人権侵害に対するヘルフィの強い非難のメッセージも、読み取ることができる。ヘルフィは、この作品をきっかけに、その後、インドネシアの、またイスラーム世界の紛争地域を題材に、多くの短編小説を執筆するようになった。アチェ、パレスチナ、ボスニア、フィリピンのミンダナオなどを舞台に、作品を通じて、現地で虐げられている人々の状況とイスラームの役割を伝えることをめざしたのである。

4 「ピンカン」

　ヘルフィの作品以外にも、『アニーダ』には若い女性作家の作品が多く掲載されて人気を博した。ムスマイナ（Muthmainnah）が書いた「ピンカン（Pingkan）」も、ヘルフィの作品とともに、1990年代後半、若い女性たちに大きな影響を与えた作品の1つである。同作品は、1996年から1997年にかけ雑誌『アニーダ』に連載され、2000年にイスラーム系出版社シャアミルから、単行本として出版された。現在までに10版以上、約4万冊が出版されている。タイトルの「ピンカン」は、主人公のパダン出身の女性の名前であり、ピンカンが留学したオーストラリアのパースでの日々の出来事が、章ごとに描かれている。

　物語は、スマトラ島パダンの高校を卒業したピンカンが、留学のため、パースの空港に到着する場面から始まる。以前にパダンのピンカンの自宅にホームステイをしていたオーストラリア人のトムとそのガールフレンドのベスが住む家に暮らしながら、ピンカンはパースでの生活をスタートするのである。男女交際や家族とのつながり、服装、生活スタイルなど、あらゆることが故郷とは異なり、ピンカンはその都度困惑を経験するとともに、ムスリマとしてのアイデンティティを強く意識するようになる。その結果、それまで身に着けていなかったジルバブを、日常的に着用するようになり、また、現地のイスラミックセンターを拠点に、イスラーム学習や活動に熱心に参加し始める。さらには、周囲のオーストラリア人の友人たちにもイスラームの素晴らしさを伝えるダアワを実践するようになり、のちに、複数の友人がイス

278　第3部　教育・文化の変容

ラーム教徒に改宗するというストーリーだ。作品中、ピンカンは理想のムスリマとして描かれており、周囲に与える影響も非の打ちどころがなく、現実離れした内容との印象は否めない。しかし一方で、西欧社会や文化に対するインドネシア人のムスリムの若者たちが持つ憧れと拒絶を、端的に描いたという点で、「ピンカン」は優れた作品と言えるであろう。若者たちは、物質的に豊かで、オシャレで洗練された西欧文化や西欧に暮らす人々を、羨望のまなざしで見る一方で、インドネシアや、あるいはイスラームの価値観や世界観とは相いれない点が多い西欧文化や西欧での生活を、否定的に捉えてもいる。こうした意識を、ムスマイナは、短く、わかりやすい文章と若者たちが読みやすい文体を使って、イスラーム的価値を引き合いに出すことで表現した。

　ここでは、第一波の代表的な作品「ガガ兄さんが旅立つ時」、「赤い網」、「ピンカン」を挙げたが、その主人公は、いずれも若い女性である。兄妹の日常生活、紛争地帯、留学先と、セッティングはそれぞれ異なってはいるが、主人公の若いムスリマの目を通して、あるいは言葉を通じて、物語が描かれている点で、共通している。主人公と同世代の読者が想定されており、読者が感情移入しやすい登場人物や表現が使われている。世俗的な生活スタイルや西欧文化に対して、インドネシア人の若者が持つ羨望と拒絶という両面の感情を主人公の言動を借りて適切に描写するとともに、それに対峙する形でイスラーム的価値をわかりやすく伝え、後者の優位性を描いていくという手法も共通している。インドネシアの枠にとどまらず、世界の他のイスラーム地域や、グローバル社会を強く意識した作品が多いのも特徴的である。

5　FLP──イスラーム的短編小説普及を目指すコミュニティ

　また、1997年には、ヘルフィを中心としてイスラーム的小説の作家や編集者が集い、イスラーム的小説の作家や読者を増やし、社会に普及させていく目的で「FLP（Forum Lingkar Pena：ペンの輪フォーラム）」が創設された[10]。ヘルフィ自身、FLPの代表を1997年から2005年まで務めた。「ピンカン」の作者ムスマイナも、ヘルフィとともに、1997年にFLPを創設したメンバーの1人である。FLPを通じて、1990年代末から2000年代前半にかけ、

多くの作家が育成され、読者層や市場が開拓され、また作家と出版社のネットワークが形成された。FLPの作家たちは、いくつものイスラーム系出版社と連携し、自らが執筆した小説には皆、FLPのロゴを入れて出版した。また同時に、各地で小説を書くワークショップを開催したり、トークショーやセミナ

短編小説（cerpen）の数々（筆者撮影）

ーを開催するなど、読者を増やし、執筆を普及させるための活発な活動を展開した。FLPに集う作家たちによって、短編小説を中心に、イスラーム的小説が数多く出版され、またFLPのさまざまな活動を通じて、インドネシアの出版業界の中で、イスラーム的小説のジャンルの確固たる地位が築かれたのである[11]。

6　第一波の特徴とブームの終焉

　スハルト体制の崩壊は、自由とともに社会の混乱をもたらした。その状況下、イスラーム的小説の出版はブームとなり、特に、中学生や高校生、あるいは大学生や大学卒業直後の若い女性たちの間で非常によく読まれた。ミザン、グマ・インサーニ・プレス、シャアミル、エラ・インターメディアなど、1980年代から1990年代にかけて設立されたイスラーム系出版社はこぞって、イスラーム的小説を出版した。この時期、たとえばミザンでは、1カ月に2〜4タイトルのイスラーム的若者向け小説が出版されていた。1タイトルで、

---

10) FLPの2009年から2013年にかけての「戦略プラン」に掲げられたFLPの目的とは、1. インドネシアの社会文化に由来するイスラーム的アイデンティティを持った国家レベルの作家組織になること、2. よく組織され、自律的で、組織とメンバーに最善の利益を与える組織になること、の2つである。FLPのウェブサイト（http://forumlingkarpena.net/profil/）を参照。
11) FLPは、現在、国内約30の州と、日本や香港、サウジアラビアなどにも支部を持ち、約5,000人のメンバーを有している。

平均すると 5,000～1 万冊を売り上げたという[12]。この種類の作品は、平均すると 1 万 5,000～2 万ルピア（約 200～約 270 円）[13]と、安価な価格で販売され、表紙には、少女マンガ的なイラストが入ることが多かった。若い女性たちに読んでもらうことを狙った価格設定であり、本の体裁であると言うことができるだろう。

　こうして 2000 年代半ばには、市場は飽和状態に陥った。短期間のうちにあまりに多くの短編小説が書かれ、出版されたことが大きな原因であった。雑誌『アニーダ』では、創刊まもない 1990 年代前半から、誌面上で作品を募集し、編集部に認められた作品は、続々と誌面に掲載された。つまり、読者だった若い女性たちが、次々に小説を書く作家になっていったのである。こうした作品は、出版ブームに乗って 2000 年代初頭にかけて、上に挙げたイスラーム系出版社から出版された。よって、作品のクオリティは低下し、玉石混交の状況に陥った。ストーリーも二番煎じ的なものが多くなった。非イスラーム的な生活を送っていた若い女性が、何らかのきっかけでイスラームに目覚め、学んだり、活動に参加して、敬虔なムスリマになる、というような内容は、当初は非常に新鮮なものだったが、次第にワンパターン化し、読者の関心を引くものではなくなっていった。

第 3 節　第二波——映画化を伴う長編小説の流行

1　『愛の章句』

　イスラーム的短編小説が過当競争化し、読者に飽きが生じた 2000 年代半ば、市場には、より長編のイスラーム的小説が登場した。時代の転換点、あるいはエポックメーキング的な作品と言えるのが、2004 年に出版された『愛の章句（*Ayat Ayat Cinta*）』である。エジプトのカイロにあるイスラーム学の世界的権威、アズハル大学に留学したインドネシア人男子学生ファハリの日常と、彼を取り巻く 4 人の女性との恋愛小説である。多妻婚や非ムスリム女性との恋愛、という現代的なテーマを主題に、爆発的なヒットとなっ

---

[12]　ミザン編集部ベニーらへのインタビュー（2012 年 1 月 27 日）。
[13]　2002 年当時の平均レート、1 円＝74 ルピアで算出。

た。これまでのイスラーム的短編小説の人気が、女子大生や女子高生たちという限られた読者層の中での盛り上がりだったことと比較し、『愛の章句』に始まるイスラーム的長編小説の人気は、より広い層を取り込んだという点に特徴がある。

作者は、エジプトのアズハル大学に留学した経験を持つハビ

『愛の章句（*Ayat Ayat Cinta*）』（筆者撮影）

ブラフマン・エル・シラジ（Habiburrahman El Shirazy）である。ハビブラフマンは、エジプト滞在中、イスラーム短編小説の作家や『アニーダ』編集部などが中心となり創設されたFLPのエジプト支部代表を務めており、第一波の作家たちとも深い交流を持っていた人物である。その彼が、エジプト留学での経験を題材に『愛の章句』を書き下ろした。主人公のファハリは、インドネシア人留学生の友人とともに、インドネシア人留学生街であるナセル・シティのアパートに暮らしている。異国の地での学業や生活に困難を抱えながらも、優しく誠実に生きるファハリは、物語中4人の女性たちと出会う。その4人の女性とは、電車の中で偶然に出会ったアラブ系ドイツ人ムスリマのアイシャ、同じインドネシア人留学生の後輩ヌールル、同じアパートの上の階に住むキリスト教コプト教徒のマリア、そしてエジプト人ムスリムの父親に暴行を受け、ファハリに救われるノウラである。ファハリは、敬愛するイスラーム教師の勧めでアイシャと結婚するが、ファハリを愛するマリアは傷心から事故に遭い、またノウラはファハリにレイプされたと裁判を起こして、ファハリは投獄されてしまう。アイシャとマリア、ヌールルの証言によって釈放されたのち、ファハリはマリアも第二夫人に迎えるという、日本人の筆者から見るとかなり突拍子もないストーリーだ。

しかしながら、『愛の章句』は、空前の大ヒット作となった。初版が出されて以降7年が経過した現在でも、版が重ねられ、すでに30版以上、40万冊が出版されている。『愛の章句』の背表紙には、FLPのメンバーが自作の

出版物に付ける FLP のロゴが付けられている。さらにこの作品は、2008 年に映画化されたあと、より広い層に、その人気が広まっていった。出版後 3 年が経ったのちの人気小説の映画化ということで、ある程度のヒットは織り込み済みであった。しかしながら、上映が始まると、その人気は予想をはるかに超えていた。これまでに映画館に足を運んだことのなかった人々まで、『愛の章句』を見るために映画館を訪れた。それまで、映画を映画館で見るのは都市部の若者たち、あるいは富裕層の家族に限定されていたが、この作品は、映画を見る層をも広げたのである。都市近郊の年配の女性たちが、町内会の仲間たちと、あるいはプンガジアンと呼ばれるイスラーム勉強会の仲間たちと、連れだってバスをチャーターして映画館を訪れるケースもあったと地元メディアでも報じられた[14]。

　『愛の章句』の成功の背景には、さまざまな要素が指摘されているが、ここでは筆者が重要と考える 4 つの点を挙げたい。1 つ目は、主人公ファハリが、敬虔で優秀、誠実でハンサムな理想の現代的ムスリム男性として描かれていることである。上述した「ガガ兄さん」同様、ムスリムとして敬虔であることと誠実であること、あるいはハンサムであることが相乗効果を生み、女性読者を惹きつける強烈な要素となっている。

　2 点目は、現代のインドネシア社会で注目を集める話題である多妻婚、異教徒との恋愛や結婚が、物語の中心的テーマに据えられている点である。これらは、それぞれの立場や信仰心によって意見が分かれ、実生活においても議論の尽きないテーマである。

　3 点目は、多くのインドネシア人留学生が暮らすエジプトのカイロが物語の舞台になっている点である。カイロのアズハル大学は、歴史上、多くのインドネシア人が、イスラーム諸学を学んだ大学であり、現在でも、常に数千人のインドネシア人学生が留学している。巡礼先のメッカとともに、インドネシアのイスラーム教徒にとって、特別な場所であると言ってもよい。その

---

[14] ヒクマット・ダルマワン（Hikmat Darmawan）へのインタビュー（2011 年 9 月 6 日）。ヒクマットは、インドネシアの映画文化発展のための非営利組織ルマ・フィルム・インドネシアのメンバーの 1 人であり、インドネシア映画業界の調査、評論に従事している。

カイロの状況やインドネシア人留学生の生活のようすを、情景豊かに描写した同作品は、多くのインドネシア人の好奇心を満たし、心を摑むことに成功したのである。さらに、ファハリを取り巻く4人の女性たちは、異なる国籍を持つ異なる民族である。現代イスラーム世界のマルチナショナル性、エジプト社会のメトロポリタン的な状況を描写することにも成功しており、ムスリムが大多数を占めるインドネシア人の興味をそそるものであったことに間違いはない。

　最後に4つ目は、映画化を伴った点である。映画の大ヒットとの相乗効果で、作品の認知度は飛躍的に高まり、さらに再版が重ねられた。上述のとおり360万人の観客が映画館を訪れたとされ、ユドヨノ大統領も同映画を鑑賞し絶賛、各国の大使や大師館員を映画館に招待して貸し切り上映会を開催したことなども話題になった。『愛の章句』は、長編化したイスラーム系小説の最初の大ヒットであり、映画化を受けてさらに人気を博した点においても、イスラーム系小説の新しい潮流を生み出した作品であった。

2　『虹の兵士』

　『愛の章句』と時を同じくして出版され、映画化された『虹の兵士（Laskar Pelangi）』もまた大ヒット作品である。同時期に出版され、映画化された時期もほぼ同時だった点で、両者はしばしば比較の対象となる。『虹の兵士』もまた、第二波の代表的作品と呼べるものである。1970年代のスマトラ島ブリトゥンを舞台に、イスラーム社会組織ムハマディヤが運営する小さなイスラーム系小学校に通う10人の子どもたちと敬虔な若い女性教師ムスリマの物語である。作者のアンドレア・ヒラタ（Andrea Hirata）は日系のインドネシア人で、同作品は彼の子ども時代をモデルにした処女作である。主人公の男子生徒のイカルは、作者アンドレア・ヒラタの小学生時代の姿であるとされている。日本の映画祭で映画が上映された際には、「インドネシア版『二十四の瞳』」と紹介されていた。物語は、ブリトゥンのムハマディヤ小学校の新年度の初日、ムスリマが校長とともに登校してくる生徒たちを待つ場面から始まる。生徒が10人集まらなかったら学校閉鎖、という地方政府の通達に対し、集まった子どもは9人。諦めかけたムスリマと校長のもとに、

10人目の生徒ハルンがやってきて、無事にムハマディヤ小学校は開校する。

　貧しいがゆえに一般の小学校に通えない子どもたち10人が、教師ムスリマの指導のもと、素直にたくましく成長する姿が生き生きと描かれている。特別に大きな事件が起こるわけではない。淡々と進行する物語の中に、1970年代のインドネシアの農村の人々の素朴さや純粋さ、前向きさが垣間見える。日本人が『二十四の瞳』を読んだときに感じるような郷愁を、インドネシア人も思い浮かべるのかもしれない。古き良きインドネシアが、そこには描かれている。

　『愛の章句』が明確にイスラーム的小説として売り出されたのに対し、『虹の兵士』は、通常、イスラーム小説、あるいはイスラーム映画というカテゴリーに分類される作品ではない。しかしながら、ムハマディヤの小学校と敬虔な女性教師、そこで成長する生徒たちを肯定的に描いて、イスラーム的な価値を広めることに成功している。映画評論家のエリック・サソノ（Eric Sasono）は、「『虹の兵士』が描く希望や夢は、イスラームの倫理に由来するもの」であると述べている[15]。同映画を製作したプロデューサー、ミザン・プロダクションのプトゥット・ウィジャナルコ（Putut Widjanarko）は、筆者とのインタビューの中で『虹の兵士』について、「イスラームを声高に謳っているわけではない。けれど、イスラームを日常に生かし、登場人物の言動に表した。だから、暗黙的なダアワ、と言えるかもしれない」と答えた[16]。友情や教育の重要性、夢を持ちそれに向かって努力することの大切さなど、イスラームの教えにも見られる普遍的な価値が、同作品には含まれている。出版元のミザンによれば、『虹の兵士』はこれまでに20万〜30万冊を出版した。また『Sang Pemimpi』、『Edensor』、『Maryamah Karpov』と続編も3冊刊行されており、全4編の合計出版冊数は、50万冊にのぼるという。さらに『虹の兵士』も、『愛の章句』と同様、映画化によって、本を読まない層にも広くメッセージを伝えることに成功した作品である。2008年の断食明けの大祭休暇に合わせて上映され、映画館には、若い家族連れが目立っ

---

15) *Tempo*, 28 Desember, 2008。
16) プトゥットへのインタビュー（2011年2月12日）。

第 8 章　イスラーム的価値の大衆化　285

たと論じられた[17]。同作品を本で読んで感銘を受けた若い両親が、子どもたちに映画を見せようとするケースが多かったのである。映画はこれまでに460万人を動員し、インドネシア映画で最大の観客数を記録した。この記録は、現在に至るまで破られていない。

3　『5つの塔の国』

　『愛の章句』と『虹の兵士』の成功以降、次々と出版されたイスラーム的と呼べる長編小説は、映画化を伴い、インドネシア社会の中で幅広い人気を集めることとなった。『愛の章句』と『虹の兵士』が作った、映画化を伴う長編小説という形態を踏襲し、この新しい潮流に乗って読者や観客を集めた作品に、『5つの塔の国（Negeri 5 Menara）』がある。イスラームの伝統的寄宿学校ポンドック・プサントレンを舞台に、成長する5人の男子生徒たちの物語である。スマトラ島西部のマニンジャウ地方で中学を卒業した主人公のアリフは、両親の半ば強制的な勧めによって、東部ジャワのポノロゴにある現代的プサントレン、ポンドック・マダニに入学させられる。アリフは生まれて初めて親元を離れ、生まれて初めてスマトラ島を離れて、寮生活をしながらイスラームを学ぶことになった。その彼がインドネシア各地からやってきた仲間たちとともに成長する姿が描かれている。物語の中で象徴的に何度も繰り返されるのは、「Man Jadda Wajada」、つまり「真剣に努力したものは、必ず成功するであろう」というメッセージである。それに加え、誠実さ、教育、友情の大切さなども、作品を通じて伝えられている。

　作者のアフマド・フアディ（Ahmad Fuadi）は、現代のインドネシアで著名な現代的プサントレン、ゴントルの出身で、インドネシアの著名な週刊誌テンポの元記者である。『5つの塔の国』の舞台となったポンドック・マダニは、ゴントルをモデルに、また主人公のアリフは、作者アフマド・フアディをモデルにしている。『虹の兵士』と同じく、作者の幼少時代の経験をもとにした自叙伝的作品である。『5つの塔の国』は、ジャーナリストとしてアメリカのワシントンDCに住む主人公アリフのもとに、現在はカイロに住

---

17)　Tempo Interaktif, 06 Oktober 2008, URL: www.tempo.co/read/news/2008/10/06/111138849/Antrian-Penonton-Laskar-Pelangi-Menggila

むプサントレン時代の5人の仲間の1人から、インターネットのメッセンジャーで連絡が入るという場面からスタートする。同時に、もう1人の仲間はロンドン在住との知らせも受け、そこからアリフの思い出を辿る形で物語が進行する。この作品は、インドネシアの伝統的イスラーム教育施設と認識されてきたプサントレンの現在を描き、また、そこで学んだアリフらが成長し、海外で仕事をするようになるというサクセスストーリーを描いている。プサントレンの教育は、決して時代遅れなどではなく、むしろ現代社会に適合しながらも、敬虔かつ優秀な人材を育てるものだということが伝えられている。

『5つの塔の国』は、2009年に初版が出されて以来、現在までに12版、20万冊以上が出版された。映画は2012年3月に上映されて、70万人以上の観客数を記録した[18]。書籍の出版元は、インドネシア出版業界最大手のグラメディアである。イスラーム的小説の出版は、もはやイスラーム系出版社に限られたものではなく、拡大する人気を反映して、多くの出版社が参入する市場となっているのである。

4　第二波に見る共通性

　ここに挙げた第二波の代表的な作品、『愛の章句』、『虹の兵士』、『5つの塔の国』の共通点を挙げるとすれば、現代のグローバル社会の中でイスラームを論じた点、現代の時代に適合するイスラームを描いた点にあるだろう。『愛の章句』は、エジプトのカイロを舞台に、さまざまな民族や宗教が混在するグローバル社会に暮らすインドネシア人男子学生を主人公にし、また後者の2作品は、成人してグローバル社会で成功した主人公の幼少時代の物語である[19]。イスラーム的環境で育ったことが、あるいはイスラーム的価値を教育されたことが、誠実で敬虔な個人を作ること、さらに現代社会で成功する人材を生み出すことを示している。イスラームを声高に主張したり、

---

18)　http://filmindonesia.or.id/movie/viewer#.UBK29HqesaM 参照。
19)　『虹の兵士』の主人公イカルは、その後も地道に勉強を続け、奨学金を得て、フランスのソルボンヌ大学に留学する。『5つの塔の国』のアリフが、記者としてアメリカのワシントンに暮らすのと非常に類似して、幼少時代の努力によって、成人後に成功を収めるというストーリー設定である。

イスラームの優位性を直接的に説いたりすることはない。共通するメッセージは、友情や家族愛、イスラームの清廉さや公正さなどであって、非イスラーム教徒であっても共感できる普遍的なメッセージである。第一波の作品よりも長編であり、書籍1冊の単価は高価である。女性作家よりも男性作家が多く目立ち、映画化を伴って、出版と映画との相乗効果で成功を収めている。

　現在までに、イスラーム的小説は、インドネシアの出版業界の中で、不動の地位を確立している。インドネシア出版社協会（IKAPI: Ikatan Penerbit Indonesia）に登録された全国700程度の出版社のうち、現在では、100～150社がイスラーム系出版社であり、その多くがイスラーム的小説を出版している。さらに、『5つの塔の国』のケースに見られるように、グラメディアなど一般の出版社でも、イスラーム的小説を含め、多くのイスラーム関連書籍を出版している[20]。これは人々の間にイスラーム関連の書籍が浸透し、ニーズが高まっている証拠と言えるであろう。

第4節　社会変容とイスラーム的小説

　1990年代初頭に始まるイスラーム的小説の出現と拡大は、この間にインドネシアが経験した劇的な社会変容と不可分である。イスラーム的小説は、1990年代から現在に至る時代の変革期の申し子であると同時に、変容する社会や人々に対し、新しい価値を提示するものであった。

　1990年代初頭から2000年代前半にかけ、イスラーム的短編小説が出現し、高学歴の若い女性たちにより書かれ、読まれ始めた背景には、1980年代以降のスハルト体制下での教育水準の向上と、それに伴いそれ以前には例外的だった女子の大学生の数が増加したことがある。彼女らの一部は、1980年代以降、各地の大学で活発化したダアワ活動に、男子学生に混ざって参加し、スハルト体制や社会の圧力をはねのけてジルバブを着用したのである。それと同時に、女性たちは、自分たちのアイデンティティを確認する言葉を必要

20）　IKAPIメンバーのヌルホリスへのインタビュー（2012年1月26日）。

とした。中東で出版され、インドネシア語に翻訳されたイスラームの運動書や思想書ではなく、自分たちの身の回りの題材と、自分たちが慣れ親しんでいる言葉や表現を用いて、イスラームを受容する自らの行動を肯定し、確認するものが必要とされたのである。イスラーム的短編小説は、こうした彼女たちの需要を満たすものであった。

　イスラーム的短編小説が発展した時期は、スハルト体制末期からその崩壊、新しい時代の幕開けの時期と重なっている。世俗的な権力や覇権に対する反発とアンチテーゼとして、イスラームが人々に期待され、受け入れられた時期である。イスラーム的短編小説は、強圧的なスハルト政権や世俗的文化、あるいはスハルト体制崩壊後にインドネシアを席巻するかに見えた西欧的価値の負の部分や不完全さを示し、これらに対して優位に立つイスラームの公正さや正義、善行を説いた。同時にこの時期には、政治的にはイスラーム政党、特に、既存の支持基盤を持たない新しい形の政党、正義党（2002年には、福祉正義党に名称を変更）が出現し、支持を拡大した。イスラーム的短編小説の主要な読者は、各地の大学でダアワ活動に参加していた女子学生たちであり、彼女らの多くは正義党の支持者たちでもあった。

　イスラーム的価値を含んだ長編小説の人気が目立ち始めた2000年代後半から現在にかけては、スハルト体制崩壊後の民主化への制度改革が落ち着き、民主的な選挙の実施やテロリズムの撲滅に向けた対策がある程度成功を収めた時期である。経済も目に見えて成長し、国外からも注目される新興国になりつつある。一方で、官僚機構の隅々まで行き渡ったと言われる汚職はなくならず、貧富の格差は解消せず、必ずしも一般庶民が経済成長の恩恵を等しく受けているわけではない。また、福祉正義党も含め、イスラーム政党は選挙で伸び悩み、かえって支持を失い始めている。こうした中、イスラーム的長編小説は、定着し始めた民主主義や経済成長を支え、インドネシア社会の紐帯を維持する役割を担う価値観を提示した。家族愛や同胞愛、誠実さや勤勉さなど、普遍的とも言えるイスラーム的価値を、長編小説という、読み物としても洗練された形態で、人々に示したのである。これらの小説は、非イスラーム教徒にも広く読まれうるものであった。さらに、書籍の形で出版されたこれら小説のメッセージは、のちに映画として上映されることにより、

より広い社会階層に広まっていったのである。

　ここまで個別に論じてきた第一波と第二波の間には、作品を供給する作家の特徴や、作品の受け手である読者層、また描かれるテーマにも違いが見られた。しかしながら、両者を合わせてイスラーム的小説として捉えてみれば、これは、ウラマーら伝統的宗教権威に代わって、人々にイスラーム的価値を示してくれるものであったと言えるであろう。インドネシアでは、長い間、イスラームの教えを知るため、あるいは生活上のトラブル解決のために、人々は、イスラームを長期間学び修めたウラマーと呼ばれる人たちに出向いて、教えを乞うてきた。しかし現在、人々は自らで探し求めて、必要な情報を手に入れるようになった。一部の人たちは、ムスリム同胞団など中東の現代的イスラーム運動の思想に飛びついたが、大部分の人たちは、よりインドネシア的なものを求めていた。イスラーム的小説は、こうした人々のニーズに合致し、イスラーム的価値の大衆化をもたらしたと言ってよい。そしてこの大衆化したイスラーム的価値は、スハルト体制末期から民主的社会への移行期という社会変革の時期に、社会を支える新たな価値の必要性を感じていた人々に、広く受け入れられていった。イスラーム的価値の大衆化によって、多くの人々がイスラームを肯定的に捉え、自らの生活に取り入れるようになった。自分の行動や発言を正統化するための判断基準として、イスラームに言及するということもしばしば見られるようになった。現在、社会のさまざまな場面にイスラームが顕在化する背景には、このようなイスラーム的価値の大衆化と人々の受容が存在するのである。

　イスラーム的価値の大衆化をもたらしたイスラーム的小説の発展は、イスラームを学びながら現代的な小説を書こうとする人々の増加、作品を出版し流通される『アニーダ』のような雑誌、FLPのような組織、それに各種出版社や映画化を試みる映画製作者の存在によって可能となった。イスラーム的小説が、短編小説の形で出現してからすでに20年が経過しようとしている。イスラーム的小説は、書籍や映画の1ジャンルとして、すでに確固たる地位を確立している。今後も、時代の変化とともに、その形態を変化させつつ、作品は次々と市場に出されていくことであろう。

【参考文献】

〈日本語文献〉

白石隆 1996『新版　インドネシア』NTT出版。

野中葉・奥田敦 2005『インドネシアにおけるジルバブの現代的展開に関する総合政策学的研究——イスラームと向き合う世俗高学歴層の女性たち』総合政策学ワーキングペーパーシリーズ、No. 75、慶應義塾大学大学院政策・メディア研究科。

野中葉 2010「インドネシアの大学生によるタルビヤの展開——大学ダアワ運動の発展を支えた人々とイスラーム学習」『東南アジア研究』48(1)、25-45頁。

見市建 2006「イスラームの商品化とメディア」『アジア遊学 90 ジャカルタのいまを読む』117-127頁。

〈外国語文献〉

Ahmad Fuadi, 2009, *Negeri 5 Menara*, Kompas Gramedia.
Andrea Hirata, 2005, *Laskar Pelangi*, Mizan.
Eickelman, Dale, F. and Jon W. Anderson, 1999, *New Media in the Muslim World: The Emerging Public Sphere*, Indiana University Press.
Geertz, Clifford, 1960, *The Religion of Java*, University of Chicago Press.
Habiburrahman El Shirazy, 2004, *Ayat Ayat Cinta*, Republika.
Helvy Tiana Rosa, 1997, *Ketika Mas Gagah Pergi*, Syaamil.
———, 2002, "Jaring-Jaring Merah", *Lelaki Kabut dan Boneka*, Syaamil, pp. 1-10.
———, 2003, *Segenggam Gumam*, Syaamil.
Muthmainnah, 2000, *Pingkan*, Syaamil.
Nilan, Pam, 2006, "The Reflexive Youth Culture of Devout Muslim Youth in Indonesia," Pam Nilan and Carles Feixa (eds.), *Global Youth? Hybrid Identities, Pulural Worlds*, Routledge.
Saluz, Claudia Nef, 2009, "Youth and Pop Culture in Indonesian Islam," *Studia Islamika* 16-2, pp. 215-242.

〈新聞・雑誌〉

Tempo

Column　現代インドネシア人の「音楽」における消費傾向

　日本を代表するアイドル・グループ、AKB48 の海外姉妹ユニット、JKT（ジャカルタ）48。2012 年 11 月には AKB48 からメンバー 2 人が移籍し、ますます注目される存在となった。2012 年にオープンした JKT48 の専用劇場には、毎公演熱狂的なファンがメンバーへのプレゼントを手に、長蛇の列を成している。1 日 1 ～ 2 回行っている同公演だが、チケットの入手は容易なものではない。映画のチケットが平均価格 3 万 5,000 ルピア（約 320 円）、大部屋のカラオケのフリータイム（時間無制限）が 1 人当たり 1 万ルピア（約 90 円）で利用できるインドネシアにおいて、1 公演 2 時間で 1 人 10 万ルピア（約 900 円）という JKT48 劇場のチケットは決して安くはない。しかし、それよりも価格の張る海外アーティストのコンサート・チケットとなればさらに桁が違う。50 万～ 400 万ルピア（約 4,500 ～ 3 万 6,000 円）とかなり高額にもかかわらず、人気アーティストとなるとスタジアム・クラスの公演チケットが完売することもある。さらに、ギャラが高く、予算と見合わないため来日が見送られるような大物アーティストたちが、昨今では多数インドネシアを訪れている。現代のインドネシアでは、アーティストとファンとの間の需要と供給が成り立っているのである。

音楽を消費する若者たち

　ではなぜ昨今、こういった音楽イベントが増加してきたのだろうか。その理由はいくつかあるが、まず挙げられるのが、中間層が富裕層のエンターテインメントに手を出すことを恐れなくなったこと。たとえば、月収が 500 万ルピア（約 4 万 5,000 円）に満たない人であっても、200 万ルピア（約 1 万 8,000 円）するコンサート・チケットを購入しているということが少なくない。また、大きなマーケットを形成する若者たちが、まだ自分のお金をうまく管理できないことや、録音された音楽にお金を払うことに抵抗があっても、

10万ルピアする入場チケット（筆者撮影）

音楽イベントには大群を成して押しかけるという傾向にあることも挙げられるだろう。コンサートであれば何であれ出席するというコミュニティも存在するインドネシアは、イベント・プロモーターにとっては大きなビジネス・チャンスの場である。そこに目をつけてインドネシアへの参入を決意したのが、イギリス発のライブ音楽ファンのための便利なインターネット・サービスを提供する、Songkick だ。

　Songkick は、ユーザーのお気に入りのアーティストのコンサートを簡単に見つけ出し、一番安くチケットを購入する手助けをすることで、このビジネスをスタートした。また、ファンが開催してほしい街のライブ・チケットを事前に一定数購入することで、初めて開催が決定し、ツアーを企画する新しいコンサート支援システム、Songkick Detour も運営している。そんなサービスが参入してきたのは、インドネシアの音楽イベント市場にはまだまだ発展の余地があるという証拠だろう。なお、ライブ情報を掲載しているウェブサイトは、Songkick 以外にも、MyTicket Indonesia や JakartaConcerts の Twitter、freemagz.com など多数ある。

著作権侵害の問題

　ライブ・チケットの購入者の多くは、インターネット（RajaKarcis.com といったサイトなど）のクレジット決済を利用している。そのため、1枚購入すればもう1枚無料でもらえるというような、カード会社が企業と提携したキャンペーンも多く存在する。しかし、こういった高額チケット代が払えない人たちは、楽曲をダウンロードしたり、海賊版 CD/DVD を手に入れたりして音楽を楽しむ。そのため違法ダウンロードを紹介するサイトも豊富に存在する。

東南アジア最大級の経済大国であるインドネシアの音楽著作権侵害は深刻で、知的所有権保護の監視対象リストに入っている 12 カ国の中の 1 カ国である。2012 年 6 月に米国のアップル社が音楽、映画、電子書籍などの配信サービスを実施している iTunes Store をアジア諸国 12 カ国に新たにオープンするも、

JKT48 専用劇場に群がる若者たち（筆者撮影）

インドネシアとインドは、その大きな人口にもかかわらず参入国から省かれていた。しかしその約半年後の 12 月、ついにインドネシアとインドにも iTunes Store がオープンしたのだ。残念ながら書籍の取り扱いはないものの、音楽と映画の購入が可能となった。価格は曲とリング・バック・トーン（RBT：携帯の着信音、日本で言う「待ち歌」）が 1 曲当たり 5,000～7,000 ルピア（約 45～65 円）で、アルバムが 4 万 5,000～6 万 5,000 ルピア（約 410～590 円）。ちなみに 2012 年に日本でも公開されたインドネシア映画『ザ・レイド』の HD クオリティが 1 本当たり 14 万 9,000 ルピア（約 1,640 円）である。

　Facebook も Twitter も利用者数が世界のトップ 5 に入るインドネシアだが、世界でトップ 3 に入るモバイル市場でもあり、固定インターネットへのアクセスが可能なのが全国民の 20% に満たないことから、iTunes Store の今後の展開が注目されている。

売れない CD と「待ち歌」

　海賊版 CD や DVD が 5,000 ルピア（約 45 円）で購入できるインドネシアでは、これまでアップル社が利益を生むことなど不可能だと言われてきた。そんな中、ついに革新的な一歩を踏み出したアップル社だが、インドネシアでビジネスを展開するにあたって唯一有利な点として挙げられるのが、先進国と違って競合が存在しないこと。また、国産の映画や楽曲は外国のものと

違って海賊版の販売が限られていることから、国産の作品からであれば、収益が見込めるということが考えられる。

　違法ダウンロードやデジタル化が進んだことによって、ますますCDやDVDが売れず低迷の一途をたどる音楽業界だが、皮肉なことに、RBT、つまり「待ち歌」の登場によって救われたところがある。ほんの30秒にカットされたお好みの楽曲を購入（平均価格1万ルピア：約100円）する人が増え、業界の売り上げは上がった。2007年以降、急成長を遂げたこのRBTサービスは、インドネシア音楽録音協会（ASIRI）が発表したところによると、2009年時点で1億7,000万人いる携帯電話利用者の20％が利用、国内のデジタル音楽コンテンツの売り上げの95％を占めている。RBT市場の発展の理由の1つとして、ある楽曲全てをコピーする海賊版と違って、曲を短く編集する手間が必要なこと、また海外の音楽配信サービスが参入をためらっていた時期に誕生したため、国内市場を独占する形となったことなどが挙げられる。

　昨今の音楽関係者はCDで利益を生むという考えを捨て、RBTと公演で収益を得ることをめざしている。そんなRBTだが、2011年10月、一時的に利用停止となる悪夢に見舞われる。RBTのみならず、モバイル・コンテンツそのものに規制ができたのだ。その理由は、プロバイダーがユーザーに対して不正を働くという問題が多発したこと。たとえば、退会しようとするユーザーの退会手続きをあえて困難な手順にしたり、購入したRBTが届かないうえにポイントばかりが引き落とされてしまったり、希望していないユーザーを自動的に入会させてしまったりという事例が続出したのである。自分の意志とは裏腹にどんどん携帯のポイント（多くのユーザーが日本のように月額ではなくプリペイド形式を利用しているため）がなくなっていくという苦情も多く寄せられた。それで政府が規制をかけることになり、音楽業界は痛手をこうむってしまった。アーティストにとって、CDは今では数あるプロモーション・ツールの1つとしての存在でしかない。元をとれるわけではないが、表向きに活動しているという見せかけのためにあるようなもの。デジタル化以前のカセットテープの時代、アーティストはせいぜい月1回のペースでライヴを行っていたが、今では毎週のように実施しなくては生活で

きない。そんな時代だからこそ、収入の8割を占めるRBTが廃止となってしまってはキャリアが危ぶまれると、インドネシアを代表する多くのアーティストたちは当時記者会見を開き、RBTの早期再開を訴えた。

　決して明るいとばかりは言えないインドネシアの音楽業界の現状だが、人気コンサートの増加や世界大手のiTunes Storeの参入といった前向きな動きが見られること、そして何よりもインドネシア人が、仕事中であっても鼻歌を大声で歌うほど「音楽」が大好きな人種であることから、今後もどんどん革新的かつ合法的な音楽サービスが広まって、ゆくゆくは経済成長につながっていくことに期待したい。

（猪俣ロミ：フリー・ジャーナリスト）

Column　ムスリマによるムスリマのためのもう１つのミスコン
──ムスリマ・ビューティー

　2011年9月、ブラジルのサンパウロで、世界3大ミスコンの1つと言われるミス・ユニバースが決定した翌日、ジャカルタでもう1つのミスコンの優勝者が決定した。ジャカルタのサヒド・ジャヤ・ホテルで選ばれたのは、美しい容姿で落ち着いた雰囲気を持つ23歳の女性、ディカ・レスティヤンティだ。サンパウロで選ばれたミス・ユニバースとの違いは、ディカが露出度の高いセクシーな衣装ではなく、コンテストの審査中すべての衣装で、顔と手以外の身体のすべてを隠す衣装を着こなしていたこと、それから、ビキニを着た水着審査の代わりに、クルアーンの朗誦の審査で優秀な成績を収めたことである。それもそのはず、ディカは、インドネシアで初めて開催されたムスリマによるムスリマのためのミスコン、ムスリマ・ビューティーの優勝者なのである。

元ニュースキャスターの挫折と夢
　ムスリマ・ビューティーの創始者であり、実施責任者であるロフィ・エカ・シャンティ（Rofi Eka Shanty）は、2005年まで、インドネシアの国営テレビTVRIのニュースキャスターを務めていた。敬虔なムスリマだった彼女は、ムスリマとして神の命令に従って、イスラーム式のヴェール、ジルバブの着用を始めた。けれどこの決断によって、彼女は、ニュースキャスターという彼女自身のキャリアを諦めざるを得なくなった。「ニュース番組は"普遍的"であり、"中立的"でなければならない」とする局の意向により、イスラームのヴェールを身に着けた彼女がテレビの画面に出ることが禁じられたのだ。ジルバブを着用した私は、"中立"ではなくなってしまったのか、イスラームの教えに従うことは"普遍的"ではないのか、と思い悩んだロフィは、ジルバブをまとい、イスラーム服を身に着けたからと言って、その人

が排他的になるわけでも、普遍的でなくなるわけでもない、という結論に至った。彼女は上司の決定に納得することはできず、TVRIを退社した。

家庭では3人の子どもの母であるロフィは、TVRIの退社後まもないあるとき、4歳だった末娘から質問された。「テレビに出るアーティストの服装と、ママのような服装と、どっちが本当は正しいの？　ママのような格好が正しいって言っても、どうしてママのような格好の女の人は少ないの？」と。ロフィは、幼い娘の率直な問いかけを聞いて、「現代的な生活スタイルとしてのイスラーム的生き方を、多くの女性たちが選択できるようにする仕掛けが必要」だと、強く感じた。ムスリマの権利を正しく尊重しながら、イスラームの教えと現代的な生き方が矛盾しないということを示す新しいメディアとして、これまでのミスコンに代わるムスリマのためのミスコンのアイディアが誕生したのは、このときだった。

ムスリマ・ビューティーの創始者、ロフィ（筆者撮影）

ムスリマ・ビューティーの条件

ロフィによって考案されたムスリマのためのミスコンは、ムスリマ・ビューティーと名付けられた。応募資格は、18歳から24歳までの女性で、165センチ以上の身長があること。また、クルアーンを上手に読めて、日常的にジルバブを着用しており、さらには、何らかの社会的活動に従事していることも、応募の条件だった。年齢や身長の制限は、これまでのミスコンにも一般的に見られるが、クルアーン読誦やジルバブ着用、また社会活動への参加などの基準は、ムスリマ・ビューティーに特有のものと言ってよいであろう。

ムスリマ・ビューティーの選考のユニークさは、グランド・ファイナルに至るまで、応募や審査のプロセスがすべてインターネットを通じて行われることである。2012年の応募と選考のプロセスは、おおよそ以下のようなも

ムスリマ・ビューティーのウェブサイト

のであった。まず応募者は、自分の写真と応募書類をネットにアップする。そこで書類選考が行われ、セミファイナリスト100人が選ばれる。選ばれた100人のセミファイナリストには、各自5分間のプロモーションビデオを作成し、ネットにアップすることが課される。その5分間には、自身の社会活動やジルバブ着用に関する思い、またクルアーンを朗誦する姿を含めることが求められている。20人のファイナリスト選出までは、すべてオンラインでの審査であり、その後、この20人のみが、実際の審査員の前で審査を受けることになる。

　ムスリマ・ビューティーは、選考の基準を3つのS、すなわちSholehah（宗教的敬虔さ）、Smart（知性）、Stylish（スタイル性）に設定した。これは、ミス・ユニバースが、Brand（ブランド）、Beauty（美しさ）、Behavior（行動）という3つのBを基準にしていることを意識したものである。ムスリマ・ビューティーにとって、最も重視されるのは、宗教的精神性であり、敬虔さである。その次に、知識や教養を身に着けているかどうか。スタイル性、つまり外見の美しさは、3番目の条件である。ムスリマ・ビューティーにおける美しさとは、宗教性と教養を兼ね備えていることから出る、内面の美しさである、と説明されている。

2012年、ワールド・ムスリマ・ビューティーへ

　2012年、第2回のムスリマ・ビューティーは、前年の初回のムスリマ・ビューティーを規模の点でも、質の点でも上回るものになった。名称をワールド・ムスリマ・ビューティーと変更して、インドネシア国内にとどまらず、参加者を世界中から募ったのである。1,170人の応募の中には、インドネシアのほか、ナイジェリア、エジプト、イギリス、オーストラリアなどからの参加者も含まれている。グランド・ファイナリストに選ばれた20人のうち1人は、ナイジェリアからの参加者である。2011年第1回のコンテストは、

創設者ロフィの個人的ネットワークと、オンライン審査という手法で、大きな資金をかけることなく実施されたが、2012 年第 2 回のコンテストには、イスラーム関連の商品やサービスを扱う企業からの資金的サポートが集まった。代表格は、ワールド・ムスリマ・ビューティーの正式スポンサーになった、ハラール化粧品企業のワルダである。また、イスラーム服のデザイナーたちからは、コンテスト中に、ファイナリストたちが着用するさまざまな衣装が提供された。

2012 年ムスリマ・ビューティーのグランド・ファイナリストたち（筆者撮影）

　前回同様、ラマダン月の 3 カ月前からオンラインでの募集が始まり、グランド・ファイナルはラマダン月明けの 9 月半ばに設定された。グランド・ファイナルは、ジャカルタのコンベンション・センターで開催された国際的なイスラームのビジネス展示会、第 3 回ワールド・ムスリム・ビズ（World Muslim Biz）の会場で実施された。インドネシア商工会議所が主催し、イスラーム関連産業の企業が世界中から集まったこの展示会で、2011 年に選ばれた初代ムスリマ・ビューティーのディカと、2012 年のファイナリストたち 20 人は、開会式に参加し、会場を視察したり、イスラーム諸国連合加盟の 28 カ国から派遣された代表団を表敬訪問して、会を盛り上げた。グランド・ファイナルの審査員は、ジルバブを着用した著名な芸能人であるインネケ・クシャラワティ（Inneke Koesharawati）や、若手イスラーム服デザイナーの第一人者であるディアン・プランギ（Dian Pelangi）が務めるなど、話題性の点でも、前回をはるかに凌ぐものになった。
　ムスリマ・ビューティーは、現代的なムスリマの生き方を提示するという、

創始者ロフィの思いから生まれたものである。しかし現在では、当初からのこうした役割に加え、インドネシアにおいて成長するムスリムファッション業界や、イスラームマーケット全体の"大使"、あるいは"宣伝塔"としての役割を期待され始めている。インドネシア政府や産業界は、先頭に立って世界のイスラーム市場を盛り上げていこうと本腰を入れ始めている。ムスリマ・ビューティーは、こうした政府や産業界の思惑に合致するものであり、今後ますます注目され、利用されていくであろう。同時に、イスラームの教えに従いながらも、オシャレでありたいと願う若いムスリマ女性たちからの注目や支持も、今後、ますます高まっていくであろう。

（野中葉：慶應義塾大学SFC研究所上席所員（訪問））

Column　美と健康のジャカルタ
──拡大するマッサージ産業

　初めてインドネシアを訪れたのは、かれこれ20年以上も前のことである。当時ジョグジャカルタのガジャマダ大学近くに間借りをしていたが、ある日インドネシアの友人がマッサージ師の女性を連れてきてくれた。60歳以上に見えたが、体や頭を揉む手や指の強さは痛いほどで、膏薬とも香草とも言い難い独特な匂いの油を体中に塗りたくられた。1時間のマッサージを終える頃には積もり積もった日々の疲れが溶け流れてしまったかのように心地よかったのを覚えている。

　当時、日本でもアメリカでも、マッサージなどというものは学生風情が気軽に頼むほどお手軽なものではなかったが、筆者同様学生の友人でも馴染みにしているマッサージ師がいるほど、インドネシアの生活ではマッサージ (pijat) は身近なものであった。昭和の日本でもよく目にしたが、インドネシアでも目の不自由な人 (tuna netra) の職業の1つとしてのマッサージがあり、足裏や掌のツボを刺激するマッサージをしてくれた。そもそもインドネシアでは、家族同士でもマッサージをする習慣があり、風邪のひきかけや体調不良のとき、薬油を塗った背中に、跡が残るほど強くコインで擦るようなマッサージ (kerok) を子どもの頃から経験している。使用するコインも、現在流通しているインドネシアのコインのように側面に凹凸があるものではなく、のっぺりしたコインがよいという。家庭によっては、マッサージ用の特別なコインを持っており、その中にはオランダ東インド会社時代の古銭を「ファミリー・コイン」として大事に使っている家庭もある。

高級化するマッサージ産業
　このような旧来からのマッサージとは少々意を異にする、美顔や痩身術といった美容マッサージ（エステ）に関して言えば、20年前当時のインドネシ

モール内のマッサージ店（筆者撮影）

アではあまり目にしなかった。たまたま訪れたリゾートのメッカ、バリ島のホテル内には、エキゾチックで贅沢な雰囲気の美容と癒しのマッサージ・サロンがあった。もちろん、そのような「ハレ」の場では、雰囲気だけではなく値段も破格で、まさに外国人観光客相手のビジネスであり、インドネシアの日常生活とはかけ離れたものであった。

　1990年代の半ばから2000年にかけて、インドネシア経済は大きく変化した時期であった。90年代半ば、インドネシア特に大都市ジャカルタでは、当時のバブル経済を享受する女性たちの美と癒しの要求に応えるかのように、マッサージ・シーンが拡大していった。すでに健康マッサージが生活に取り入れられていたインドネシアの社会では、美容マッサージも容易に人々に受け入れられていったようだ。美容サロンが増加し、最近日本で話題のヘッドスパのクレムバスやルルールという泥状にした薬草の全身パックで体の角質や老廃物を取り除くエステは、そのころ急増した小中産階級――19世紀ヨーロッパ社会に当てはまる言葉だが、当時のインドネシアの状況を考えあえてここでも使うこととする――の女性が頻繁に利用していたし、後に男性も利用するようになった。しかし、貧富の差の大きいインドネシアでは、当然のことながらその享受に浸れるのも一部だけだった。右上がりの経済成長とともに、新展開を見せたマッサージ産業ではあるが、健康を増進し疲れを癒す「伝統的な」出張マッサージも相変わらず続いていた。

経済危機を乗り越えて
　その後1997年のタイの通貨危機に端を発した経済危機によりルピアは暴

落、物価が高騰したものの、バブル期に大都市を中心に拡大したマッサージは、すでにサロン通いが習慣化している女性たちによって支えられ生き残った。また、シンプルかつ合理的なサービスによってある程度低価格で利用できるようなサロンも少しずつ出現し、美と癒しを求めるジャカルタの女性たちの最低限のニーズに応えるものも登場した。

クマンにある1戸建てのサロン（筆者撮影）

　急激な経済変化でも生き抜いたマッサージ産業は、2012年現在一大成長産業の1つとして、ジャカルタを中心としたインドネシア大都市で、消費者の動向に順応しながら多様化している。マッサージの客層は広がり、美

サロンの中庭（筆者撮影）

容や健康はもはや都市に住む中間層や富裕層の人々だけのものではなくなった。店ごとに棲み分けが進み、それぞれのニッチに応じた値段設定とサービスがある。大規模モールへ行けば、3～4軒のマッサージ・サロンは容易に見つけられ、店ごとに専門化したサービスを売り物にしている。足つぼマッサージに特化した店、健康マッサージやエステ、10年前には見られなかった痩身マッサージ、フェイス・リフトの店まである。同様な状況は、日本やアメリカでも目にするが、その店舗の多さやサービスの種類の多さは、比較にならないほどである。

　ある大手化粧品メーカーがジャカルタに開いている12店舗の美容サロンは、ジャカルタの多くの市民にとっては少々高めの価格設定であるが、サービスは細分化しA4サイズの価格表が10頁に及ぶほど種類が豊富である。

同じタイプのマッサージでも値段に幅があり、客は自分の懐具合で好みのサービスを選ぶことができる。ヘッドスパであれば8万4,000ルピア（約760円）の「伝統的な」マッサージからその10倍もするものまである。手足のエステは、13万5,000〜17万ルピア（約1,200〜1,500円）と幅があるが、基本的には足や肘の角質をヤスリのようなものでこそぎ落し、手（肘下）や足（膝下）にクリームやオイルを摺り込み爪に艶をかけるというエステである。値段はオイルやクリームの種類で変わってくる。面白いことにインドネシアでは手足のエステをマニキュア、ペディキュアと言い、これはネイル・エナメルをつけることではなく、あくまでもマッサージによるケアである。ここのサロンも例外ではないが、インドネシアの一部のイスラーム教徒は、「自然でないもの」を身体に塗ることをタブー視しているため、ネイル・エナメルに関しては別に注文し別料金を支払うことが一般的である。

　17世紀にマタラム王室で始まったと言われるルルールという薬草泥ピーリングパックは、一度泥状の薬草を乾かしてから角質をとるというプロセスを踏むため、100分以上の時間を要するエステであり値段も19万8,000ルピア（約1,800円）と、似たような効用のあるボディー・スクラブ（30分間）の11万4,000ルピア（1,000円強）より高額なエステになる。しかしながら、これらのマッサージも、使用するクリームやオイルの種類や時間の長短で値段が変わり、そのサービスの種類は枚挙に暇がないほどである。

　サロンの形態は多種多様で、一軒家の店舗も数多くある。これらは立地条件を生かし、庭園をなごみの空間として客に提供している店もある。ジャカルタの中心部にほど近いクマンにあるサロンは、古くからある裕福な屋敷街に近くまた外国人が多く住む場所柄も手伝って、おしゃれな外観の美容サロンである。中庭にはゆっくり寛ぎながらお茶を飲めるような設えもあり、内装も凝っていて、まるでリゾートホテルのサロンのような雰囲気である。35室に70人前後のスタッフ、93種類のサービスで、客の希望に添えるようになっている。基本的に、高級化粧品会社直営サロンより1割程度低い値段に設定されている。同じクマンにある別のサロンは、以前出張マッサージを行っていたそうだが、現在は店で行うだけということだ。日本人や韓国人の客が多いそうで、マッサージの説明はすべて英語で書かれている。外国

値段をおさえたマッサージ・サロン（筆者撮影）

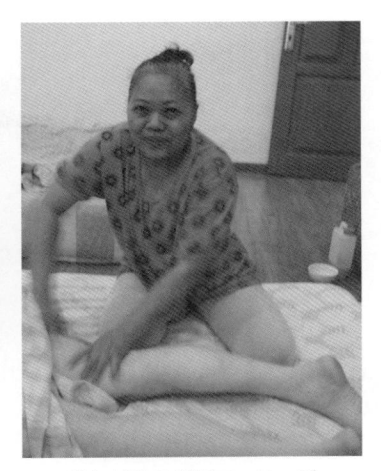

昔ながらの出張マッサージ
（筆者撮影）

人客が多いからといって価格設定が高いということはないが、ほかのサロンと異なりヘッドスパといった髪の毛や頭皮のエステはない。美容サロンは、ある意味雰囲気で客を引き付ける部分もあり、ほとんどのサロンの敷居は少々高いが、値段に多少バラツキがあり、学生などの若い女性たちも個別にサービスを利用して美を楽しむことができるようだ。

　一方、健康マッサージ・サロンは、店ごとにかなり棲み分けができている。富裕層の多い郊外の住宅地ポンドック・インダからさらに南へ10～15分ほど行った地域に、ジャカルタを中心に11店舗ある家族向き健康マッサージ・サロンの店舗の1つがある。このサロンは、ちょうど都心部と郊外の住宅地を結ぶ中間に位置し、郊外に住む経済的中間層の客が多い。「清潔・健康」というインドネシア語を店の名前にしているとおり、美容サロンというより健康増進・疲労回復を目的とするマッサージが中心になっている。「伝統的な」マッサージから足裏マッサージ、指圧、針に加え、ボディー・スクラブやアロマ・セラピーまで用意されている。健康や疲労回復マッサージは1時間以上2時間半までで、料金は30分刻みの時間単位で決まる。1時間のマッサージは11万ルピア（1,000円）、2時間半になると27万5,000ルピア（約2,500円）になる。エステサロンで行われるような全身マッサー

ジは1時間半19万ルピア（約1,700円）から2時間半30万ルピア（約2,700円）となっている。もちろん手足の爪の手入れもあり、600円強もあれば充分で、都心のサロンより破格に安い値段でエステを堪能できる。また「家族のための健康マッサージ」という店の看板からもわかるように、家族連れがゆっくりとくつろげるように、3階建てのサロンには50のベッドに50人のマッサージ師だけではなく、レストランまでも併設されている。

2 極化するマッサージ産業

　健康マッサージでは、より安価な施設も登場している。大学生や働き始めたばかりの若者、また最低賃金ギリギリの月給150万ルピア（1万4,000円弱）の派遣工場労働者や家政婦も利用可能な料金設定になっている。もちろん、外見もサービスも前述の店とはかなり異なるが、4分の1以下の値段で90分のマッサージが利用できるので需要はある。

　20年前には、多くの庶民にとって手の届かない存在だったサロンのマッサージが、経済の浮き沈みを経て、多くの庶民のニーズに応え、彼らが選択、利用できる幅広い美容サロン、健康サロンの環境を生み出しているのである。あたかもジャカルタっ子が美と癒しと健康を「平等」に享受できるかのように。一方、マッサージを提供する側にも、その形態に大きな変化が現れ、以前は中高年女性の出張マッサージが主流であった、健康を増進し、疲れを癒すマッサージは今でもあるものの、サロンで行う形態が少しずつではあるが多くなってきた。また、以前には多く見られた目の不自由なマッサージ師も、サロン型のリフレクソロジーや健康マッサージに押され、今ではクルプックと呼ばれる揚げせんべい売りになって生計を立てている人々が多くなっているとのことだ。

　　　　　　　　　　（山本まゆみ：早稲田大学大学院文学学術院非常勤講師）

執筆者紹介 (執筆順)

倉沢愛子(くらさわ あいこ)〔編者／はしがき、序、第6章、コラム〕
　慶應義塾大学名誉教授
　1970年東京大学教養学部卒業、1972年同大学大学院社会学研究科修士課程修了、1978年コーネル大学大学院修士課程修了、1979年東京大学大学院社会学研究科博士課程単位取得退学。1988年コーネル大学よりPh.D.(歴史学)。2012年東京大学より学術博士。1982年摂南大学国際言語文化学部助教授、1989年同大学国際言語文化学部教授、1991年在インドネシア日本大使館付専門調査員、1993年名古屋大学大学院国際開発研究科教授、1997年慶應義塾大学経済学部教授を経て現職。専門はインドネシア社会史。
　業績：『日本占領下のジャワ農村の変容』(草思社、1992年)、『二十年目のインドネシア――日本とアジアの関係を考える』(草思社、1994年)、『女が学者になるとき』(草思社、1998年)、『ジャカルタ路地裏(カンポン)フィールドノート』(中央公論新社、2001年)、『「大東亜」戦争を知っていますか』(講談社〔講談社現代新書〕、2002年)、『インドネシアイスラームの覚醒』(洋泉社、2006年)、『インドネシアと日本――桐島正也回想録』(論創社、2011年)、『戦後日本=インドネシア関係史』(草思社、2011年)、『資源の戦争』(岩波書店、2012年)ほか。

内藤耕(ないとう たがやす)〔第1章〕
　東海大学文学部教授
　1985年信州大学経済学部卒業、1987年慶應義塾大学法学研究科政治学専攻修士課程修了、1991年同後期博士課程単位取得退学。1991-93年外務省専門調査員(在ジャカルタ日本大使館)、1994年静岡英和女学院短期大学国際教養学科専任講師、1995年同助教授、2001年東海大学文学部アジア文明学科助教授(2007年より准教授)、2010年より現職。専門はインドネシア都市研究、国際コミュニケーション論。
　業績：『叢書21COE-CCC多文化世界における市民意識の動態14　ニュースの国際流通と市民意識』(共著、慶應義塾大学出版会、2005年)、『開発途上国の政治的リーダーたち――祖国の建設と再建に挑んだ14人』(共著、ミネルヴァ書房、2005年)、『都市下層の生活構造と移動ネットワーク』(共著、明石書店、2007年)、『変わるバリ、変わらないバリ』(共著、勉誠出版、2009年)、「ジャカルタ・コタ、華人街の情景――パンチョラン通りの調査から」『東海大学文学部紀要』第93輯(2010年9月)ほか。

松村智雄（まつむら としお）〔第 2 章〕

東京理科大学・亜細亜大学非常勤講師、東京大学大学院総合文化研究科学術研究員

2006 年東京大学教養学部卒業、2008 年同大学大学院総合文化研究科修士課程修了、2013 年同博士課程修了。2009 年東京大学社会科学研究所学術支援専門職員。専門は東南アジア地域研究、華人研究、歴史学。

業績：「真正のインドネシア人（Indonesia Asli）とは誰か？――2006 年国籍法の制定過程と革新性についての分析」『アジア地域文化研究』第 6 号（2010 年 3 月）、「インドネシアにおける国籍法（1958 年）施行過程における華人の反応――中国語紙の分析から」『南方文化』第 38 号（2011 年 12 月）、「インドネシア西カリマンタンにおける 1967 年華人追放事件の経緯」『アジア地域文化研究』第 8 号（2012 年 3 月）ほか。

間瀬朋子（ませ ともこ）〔第 3 章〕

上智大学アジア文化研究所客員所員、非常勤講師

1994 年上智大学外国語学部卒業、1999 年同大学大学院外国語学研究科博士前期課程修了、2002 年同博士後期課程単位取得退学。博士（地域研究）。2002 – 2004 年インドネシア・ガジャマダ大学農学部農業社会経済学科留学。2009 年より現職。専門はインドネシア地域研究、社会経済論。

業績：「地縁・血縁にもとづく連鎖移動論を乗り越えて――中ジャワ州ソロ地方出身のモノ売りの事例から」『アジア経済』51 巻 9 号（2010 年）、『インドネシア検定』（共著、加納啓良監修、めこん、2010 年）、「インドネシア・中ジャワ州ソロ地方特定地域における人間関係と出かせぎ様式」『東南アジア研究』48 巻 4 号（2011 年）、『現代インドネシアを知るための 60 章』（共編著、明石書店、2013 年）ほか。

新井健一郎（あらい けんいちろう）〔第 4 章〕

共愛学園前橋国際大学准教授

1993 年上智大学経済学部卒業、1996 年東京都立大学大学院社会科学研究科修士課程修了、2002 年同博士課程単位取得退学。専門は東南アジア研究・都市研究。

業績："Only Yesterday in Jakarta: Property Boom and Consumptive Trends in the Late New Order Metropolitan City"『東南アジア研究』第 38 巻 4 号（京都大学東南アジア研究所、2001 年）、「寡占的郊外化――スハルト体制下のインドネシア首都圏開発」『アジア経済』第 46 巻第 2 号（アジア経済研究所、2005 年）、"From Water Buffaloes to Motorcycles: The Development of Large-scale Industrial Estates and Their Socio-spatial Impact on the Surrounding Villages in Karawang Regency, West Java"『東南アジア研究』第 49 巻 2 号（京都大学東南アジア研究所、2011 年）、『首都をつくる――ジャカルタ創造の 50 年』（単著、東海大学出版会、2012 年）ほか。

南家三津子（なんけ みつこ）〔第5章〕
　岡山大学大学院社会文化科学研究科研究生
　1983年成城大学法学部卒業、1991年筑波大学大学院修士課程地域研究研究科（東南アジア地域研究）修了、1997年ワシントン大学（シアトル）大学院政治学研究科修士課程修了、2000年一橋大学大学院社会学研究科博士後期課程単位取得退学。その後、オーストラリアで長期にわたり研究。拓殖大学、早稲田大学などで非常勤講師、インドネシア語通訳を経て現在に至る。専門はインドネシア地域研究（社会変容、ジェンダー）。現在は、東ジャワ、海外出稼ぎ村における消費行動と社会変容を研究。

新井和広（あらい かずひろ）〔第7章〕
　慶應義塾大学商学部准教授
　1991年埼玉大学工学部卒業、2004年ミシガン大学大学院近東研究学科博士課程修了。Ph.D. (Near Eastern Studies)。2006年東京外国語大学アジア・アフリカ言語文化研究所助教、2008年慶應義塾大学商学部専任講師を経て、2010年より現職。専門は地域研究（中東、東南アジア）。
　業績：「旅する系図——南アラビア、ハドラマウト出身サイイドの事例より」『シリーズ歴史学の現在8　系図が語る世界史』（青木書店、2002年）、「南アラビア、ハドラマウト地方出身移民の変遷」宮治美江子編著／駒井洋監修『叢書グローバル・ディアスポラ3　中東・北アフリカのディアスポラ』（明石書店、2010年）、「東南アジアにイスラームをもたらしたのは誰か？——ワリ・ソンゴの起源をめぐる問題とアラブ系住民」永原陽子編『生まれる歴史、創られる歴史——アジア・アフリカ史研究の最前線から』（刀水書房、2011年）ほか。

野中葉（のなか よう）〔第8章、コラム〕
　慶應義塾大学SFC研究所上席所員（訪問）、同大学総合政策学部講師（非常勤）
　2005年慶應義塾大学政策・メディア研究科修士課程修了、2011年同後期博士課程修了。博士（政策・メディア）。専門は地域研究（インドネシア）。主な関心は同地域におけるイスラームの受容と広がり。
　業績：『インドネシアにおけるジルバッブの現代的展開に関する総合政策学的研究——イスラームと向き合う世俗高学歴層の女性たち』慶應義塾大学総合政策学ワーキングペーパーシリーズ、No. 75（2005年）、「インドネシアの大学生によるタルビヤの展開——大学ダアワ運動の発展を支えた人々とイスラーム学習」『東南アジア研究』48巻1号（2010年）、「インドネシアの大学におけるダアワ・カンプスの成立と拡大——組織と活動家に対する調査を通じて」『イスラム世界』75号（2010年）、「インドネシアの大学ダアワ運動黎明期におけるマシュミの残映」『東南アジア　歴史と文化』40号（2011年）、「インドネシアにおけるダアワの継続実践に見るイスラームの豊かさ」奥田敦・中田考編『イスラームの豊かさを考える』（丸善出版、2011年）ほか。

〈コラム執筆〉
ウィリアム・ブラッドリー・ホートン（William Bradley Horton）
　早稲田大学日米研究機構次席研究員
林英一（はやし えいいち）
　日本学術振興会特別研究員
山口元樹（やまぐち もとき）
　日本学術振興会特別研究員 PD
メタ・アストゥティ（Meta P. S. Astuti）
　ハサヌディン大学文学部講師
井桁美智子（いげた みちこ）
　東京外国語大学大学院卒業
猪俣ロミ（いのまた ろみ）
　フリー・ジャーナリスト
山本まゆみ（やまもと まゆみ）
　宮城大学共通教育センター准教授・早稲田大学大学院客員准教授

消費するインドネシア

2013年4月20日　初版第1刷発行
2014年5月15日　初版第2刷発行

編著者――――倉沢愛子
発行者――――坂上　弘
発行所――――慶應義塾大学出版会株式会社
　　　　　　　〒108-8346　東京都港区三田2-19-30
　　　　　　　TEL　〔編集部〕03-3451-0931
　　　　　　　　　　〔営業部〕03-3451-3584〈ご注文〉
　　　　　　　　　　〔　〃　〕03-3451-6926
　　　　　　　FAX　〔営業部〕03-3451-3122
　　　　　　　振替　00190-8-155497
　　　　　　　http://www.keio-up.co.jp/
装丁――――後藤トシノブ
組版――――株式会社キャップス
印刷・製本――港北出版印刷株式会社
カバー印刷――株式会社太平印刷社

　　　　　　　ⓒ2013 Aiko Kurasawa, Tagayasu Naito,
　　　　　　　　　Toshio Matsumura, Tomoko Mase, Kenichiro Arai,
　　　　　　　　　Mitsuko Nanke, Kazuhiro Arai, Yo Nonaka
　　　　　　　Printed in Japan　ISBN 978-4-7664-2015-9

慶應義塾大学出版会

慶應義塾大学東アジア研究所叢書
現代における人の国際移動
アジアの中の日本

吉原和男編著　アジア人の日本への移動（移住・国際労働力移動・留学など）を中心にその歴史的側面と現状を分析・考察し、日本在住外国人の人口増加と多文化シフト、近未来における日本人労働人口の減少に対し、あるべき方策を講じるための指標となる意欲的研究。
●6,000円

慶應義塾大学東アジア研究所叢書
日中戦争とイスラーム
満蒙・アジア地域における統治・懐柔政策

坂本勉編著　満蒙から東南アジアへと日中戦争が拡大していく過程で戦略的な重要性が高まるイスラーム教徒住民に対する日本の政策的取り組みを諜報・工作活動、統治・支配の面から解明する。
●4,800円

東アジア研究所講座
東アジアの近代と日本

鈴木正崇編　東アジアの近代のあり方を、東南アジアや南アジアを比較の視野に取り込み、日本の動きと関連付けながら、歴史学・社会学・人類学・政治学・経済学・思想史など多様な学問分野の12人により論考する。
●2,000円

表示価格は刊行時の本体価格（税別）です。